Beatrice von Weizsäcker | Norbert Roth

Haltepunkte

Gott ist seltsam

HERDER

FREIBURG · BASEL · WIEN

Was du begreifst, ist nicht Gott.

Augustinus

© Verlag Herder GmbH, Freiburg im Breisgau 2021
Alle Rechte vorbehalten
www.herder.de

Emojis: Betende Hände: Seljan Gurbanova / shutterstock; Smileys: Popicon / shutterstock
Fotos: © privat
Satz: Daniel Förster, Belgern
Herstellung: GGP Media GmbH, Pößneck

Printed in Germany

ISBN Print 978-3-451-03677-4
ISBN E-Book 978-3-451-82475-3

Inhalt

München

Wie alles begann

Eigentlich ist Robert Menasse schuld. Sein Buch »Die Hauptstadt«. Ein kurzer Abschnitt daraus, gepostet von Beatrice von Weizsäcker am 28. Oktober 2017. Auf Facebook. Norbert Roth kommentierte. Das war der erste Kontakt. Und der Beginn einer wunderbaren Freundschaft.

zu ... , er verachtete sich dafür.
dem Leim, sen, in Brüssel zählte man die Zeit nicht in Jahren, sondern in Kilos. Er rauchte in Hemd und Unterhose eine Zigarette am offenen Fenster, dann setzte er sich in den Fauteuil am Kamin, in dem die alten Bücher standen, zündete die Kerze an, warum? Weil sie da war. Er trank Bier, sah zu, wie Insekten durch das offene Fenster ins Zimmer flogen und das Licht der Kerze suchten, in die Flamme hineinflogen und verbrannten.

Für ihn der Beweis, dass es keinen Gott gab, keinen Sinn in der Schöpfung, also keine Schöpfung. Denn was soll der Sinn darin sein, eine Gattung zu erschaffen, die erst in der Nacht aktiv wird, dann aber, in der Dunkelheit, das Licht sucht – nur um darin zu verbrennen? Wofür sind diese Tiere nützlich, welchen Beitrag zu der behaupteten oder erhofften Harmonie in der Natur leisten sie? Wahrscheinlich haben sie sich vorher noch irgendwie vermehrt, Nachkommen in die Welt gesetzt, die sich, so wie sie, den ganzen hellen Tag irgendwo in einem Dämmerzustand befinden, um dann bei Einbruch der Dunkelheit auszuschlüpfen und das Licht zu suchen, das sie verschlafen haben, nur um ihr Leben aus einem grotesken Todestrieb sofort zu beenden. In der Dämmerung beginnt der Flug in den Tod. Sie kleben an Fenstern, hinter denen Licht ist, als böte das Glas Nahrung, sie umschwirren Lampen und Laternen, als gäbe es so nahe am Licht etwas anderes als Blendung, und wenn sie eine Kerze oder anderes offenes Feuer entdecken, dann finden sie ihre Bestimmung, den sofortigen Tod, in den sie sich stürzen, also in die Finsternis, aus der sie kamen.

245

Beatrice von Weizsäcker
Ist und bleibt genial:
Robert Menasse (»Die Hauptstadt«) über den »Beweis, dass es keinen Gott gab, keinen Sinn in der Schöpfung, also keine Schöpfung«.

Norbert Roth
Genial? Vielleicht bin ich ja zu schlicht – aber ich finds nicht so nachvollziehbar.

Beatrice von Weizsäcker
Ich finde es bestechend logisch. Darum: genial.

Norbert Roth
Das Motiv der sterbenden Motte, an menschlich (!) erschaffenen Dingen das Zeitliche segnend, ist in meinen Augen sowohl schöpfungstheologisch als auch evolutionstheoretisch widersprüchlich ...

Beatrice von Weizsäcker
Ich bin keine Theologin, erlebe aber immer wieder, dass theologisch geschulte Menschen kaum Argumente gegen Logik haben. Tatsächlich finde ich die Textstelle genial. Sie besticht durch Logik, der die Theologie nichts entgegensetzen kann. Das macht mich keineswegs froh. Logik hat mir schon mehr als einmal einen Strich durch meinen Glauben gemacht.

Norbert Roth
Das mag sein – 😊 die Logik ist keine theologische Disziplin. Eher das, was Paulus zurückweist. Das Kreuz Jesu ist einfach nicht logisch. Die Trinität auch nicht … da bin ich ganz in Ihrer Gruppe 😊
Doch den Text find ich nicht logisch
Doch dafür is mir die Handytastatur zu winzig :)))

Beatrice von Weizsäcker
Macht trotzdem Spaß! 😏

Norbert Roth
das stimmt … des Hirn is ja mehr n Geschenk Gottes für die Logik als weniger n Geschenk der Logik für Gott 😛

Beatrice von Weizsäcker
ENDLICH verstehe ich die Sache 😊

Norbert Roth
Puh … 😃

Beatrice von Weizsäcker
Hat sich doch gelohnt. Werde mir es merken 😕
Vielleicht komme ich ja mal in Ihren Gottesdienst, falls Sie Logik-Schäfchen akzeptieren … 😊

Norbert Roth
Herzlich Willkommen … 😏

Norbert Roth

Gott ist unlogisch

Der Schlüssel hatte schon die Temperatur meiner Hände angenommen. Mit ihm spielte ich, während der Hausmeister mir, ohne Punkt und Komma redend, alle Räume erklärte. Die Zacken des Bartes am Schlüssel zog ich unter den Nägeln hindurch. Immer wieder. Und überflog flüchtig die Wände, den Boden, die Decke im Flur. Ich besah die Küche, das Bad, die Toilette. Das Zickzack des Parketts schien wie ein Spiegel meines Inneren. Rauf und Runter, willkürlich verlegt und heute etwas stumpf. Eine hohe, hallige Wohnung, im Herzen der Stadt. Vor der Haustür Kastanien, mit Wiese und Bänken. Und direkt gegenüber ein backsteinroter, grünspanig bedachter Kirchturm. Ganz spitz. Mit goldenem Doppelkreuz oben und einer riesigen Uhr. Die II scheint verblasst mit den Jahren. Schaut aus wie abgewetzt, herausgefallen oder gestohlen – aus der Zeit.

Wenige Tage zuvor war ich gewählt worden, zum Pfarrer einer Kirchengemeinde in München. Die erste richtige Stelle nach Studium, Lehr- und Wanderjahren. Ich wurde berufen, mit allem, was dazu gehört. Eben auch diese Pfarrwohnung. Heute war ich das erste Mal drin. Es roch noch nach Farbe, Silikon und Staub. Ich könne dem Maler nachträglich Bescheid geben, ließ der Hausmeister mich wissen, wenn ich eine Wand anders gestrichen haben wollte. Nicht nur in weiß. Ochsenblutrot ist bis heute die Wand hinterm weißen Klavier. Im Wohnzimmer eine Seite taubenblau.

Alles dreht sich, alles kreist

Es ging alles sehr schnell. Es war, als ob ich eben noch in einem Karussell gesessen hätte, das sich schneller und schneller drehte, und ich den Moment verpasst hatte, rechtzeitig abzusteigen. Nachdem es mich rausgeschleudert hatte, befand ich mich dort, wo ich jetzt war.

Ein Großstadtpfarrer! – Gott pflegt einen seltsamen Führungsstil. Denn geplant hatte ich das nicht. Leicht benommen, musste ich mich neu orientieren. Und fand mich in dieser fremden Wohnung wieder, meinem künftigen Zuhause. Als wir im leeren Kinderzimmer standen, schlug die Turmuhr mit der abgewetzten Zwei, dreiviertel wasweißich. Der Hausmeister erzählte von neu eingebauten Schallschutzfenstern und Denkmalschutzdingen. »Ach ja? Aha. Soso ...« Und ich merkte, dass der Schwindel blieb. Als wäre ich ins nächste Karussell gesetzt worden. Diesmal mit der Zuckerwatte einer gewonnenen Wahl in der Hand. Alles drehte sich, alles kreiste. Und ich hatte nicht mal die Chance, es von außen genau zu betrachten. So versuchte ich, mit den Augen eines der Gefährte zu fassen: War das ein Ross, eine Kutsche, ein Feuerwehrauto? Wollte sehen: Was erwartet mich? Aber es wirbelte alles, sodass ich nur bunte Streifen sah, wie man sie sieht, wenn etwas an einem vorbeieilt. Man steht und weiß, da passiert etwas, aber ich kann nur zuschauen.

Manchmal kommen Veränderungen schleichend. Ein anderes Mal ändert sich Alles von heute auf morgen und man kommt mit dem Denken kaum nach. Die Seele erst recht nicht. Ach, die Seele! Die humpelt dem Leben sowieso hinterher. Immer braucht sie länger. Braucht ihre Zeit, bis sie sich gewöhnt. An einen neuen Menschen, an einen neuen Ort. Sie dunkelt langsamer nach und hellt sich verzögert auf – wie ein Foto im Entwicklungsbad. Ich glaube, das liegt dran, dass Gefühle Vertrauen brauchen. Man zeigt nicht jedem Angst und Unsicherheiten. Man zeigt Abneigung nicht – man ist ja seriös. Und Zuneigung macht anfangs sowieso nur nervös.

Die erwachsene Seele überwacht immer ihr Tun. Trägt ihr Herz nicht – mehr – auf der Zunge und plappert drauf los. Sondern sie verschränkt ihre Arme und legt den Kopf leicht nach links. Beobachtet die Szenen, die Menschen, die Welt und legt, je länger je mehr, eine Schablone darauf: »Tat das schon mal weh?«, »Kenn ich das nicht?«, »Was will der von mir?«, »Nein, das geht doch so nicht!« Deswegen sind junge Tage und neue Orte oft so diffus. Weil alles innerlich flüstert und man mit sich selbst Stille Post spielt. Was man sich am Morgen sagt und sich vornimmt, klingt schon am Abend anders.

Schick mich, wohin du willst

Eigentlich waren wir schon kurz davor gewesen, ins Kloster einzutreten. Und ein Teil von mir war auch schon dort. Oder jetzt: noch dort. Die Zeit, in der man sich vorzustellen und auszumalen beginnt, was man alles werden könnte, hatte bereits begonnen. Fünf Freunde und ich. Mönche im Kloster Heiligenkreuz. Sechs protestantische Zisterzienser.

Es kam anders. Gott lenkt unsere Wege, auch wenn wir hinkend gehen. Es taten sich andere Türen auf. Wie ich es eigentlich schon gewohnt war von meinem Gott, dem mein Leben gehört. »Schick mich, wohin auch immer du mich brauchen kannst!«, war mein Gebet als junger Kerl. Brannte und glühte vor Jesuseifer. Und er nahm mich beim Wort. »Doch bloß nicht in den Busch.« Ergänzte ich scheufrech. »Da will ich nicht hin, lieber Gott! Das schaff ich nicht. Aber sonst – tu, was du willst.« Und wurde erhört.

Mitten im Studium, mit 25 Jahren, malte ich mir aus, wie später meine Gemeinde gedeihen würde – gedüngt mit dem Wort und zur Liebe bereit. Ach, wie man halt träumt, wenn man so träumt von Zukunft und Wirkung. Mit 25 denkt man eh, man reißt die Welt ein. Strotzt vor Kraft und Lust und Mumm. Versteht auch den Satz nicht, dass die großen Heiligen von dem Gedanken durchdrungen waren, dass Gott sie nicht brauche. Man will das nicht verstehen, denn Gott braucht einen doch! Wenn nicht mich, ja wen denn dann? Wozu dann Berufung? Wenn's am Ende eh wurscht ist, wer den Job übernimmt? Berufung ist doch, wenn Gott aus einem armen Fischer einen Apostel macht, aus einem, der verleugnet, jemanden, der am Ende bis in den Tod kopfüber treu bleibt. Wenn Gott aus einem, der zweifelt, einen macht, der dort hinfassen darf, wovon es seit Jahrhunderten heißt: »Durch diese Wunden sind wir geheilt.« Wenn Gott aus einem Planlosen einen Teil seiner Liebesgeschichte mit der Welt und den Menschen macht. Das ist Berufung. Wenn Gott etwas aus einem macht. So stellte ich mir mit 25 Jahren Berufung vor.

Jetzt, in dieser neuen, leeren Münchner Wohnung war ich mir da nicht mehr so sicher. Ich hatte im Laufe der Jahre feststellen müssen, dass Berufung heute mehr und mehr vom Wort Beruf geprägt ist.

Stärker als vom Wörtchen Ruf. Denn auch im geistlichen Leben gibt es so etwas wie Karrieredenken, einen Drang, sich zu optimieren. Nicht nur bei den hauptamtlichen Profis im Hierarchienspiel. Nein, auch außerhalb kirchlicher Kreise.

Wir lesen die biblischen Berufungsgeschichten heute oft wie eine Art Muster und Ratgeber, um zu lernen, wie die eigene Lebensrolle am besten zu performen sei, die man im Drehbuch des Lebens zugewiesen bekam. Am besten mit Happy End, versteht sich:

Abraham und Sara: Aus zwei kinderlosen Alten werden Eltern eines erfolgreichen Jungen.

Mose: Aus einem stotternden Bauern wird eine Führungsperson, mit allen Wassern gewaschen.

David: Aus einem verträumten Hirtenjungen wird ein messianischer König.

Petrus: Aus einem Fischer wird ein Papst.

... und aus einem Mörder wird ein Heiliger: Paulus.

Ja, man kann die Berufungsgeschichten in der Bibel oder auch die Biografien der Mütter und Väter im Glauben von einem Vorher zu einem Nachher lesen. Wie beim Frisurencheck. Oder einer Nulldiät. Doch die Bibel kennt diese Art zu denken nicht. Sie denkt nicht in Evolutionen. Weder in den großen Entwicklungen noch in den kleinen. Für die Menschen der Bibel gibt es kein Upgrade fürs Meilensammeln oder für die Besten, die Schnellsten – die am meisten trainieren oder sich am leichtesten anpassen. Es gibt bei Gott kein Vorher. Kein Nachher. Es gibt immer nur Jetzt.

Zwischen Nostalgie und Purzelbaum

Jetzt standen wir im Wohnzimmer, ich richtete mich schon ein. Hier kommt die Couch hin, der Fernseher daneben, und dorthin passt die weiße Kommode. Und ich sehe meine Möbel vor dem inneren Auge, Möbel mit Kratzern und Geschichten. Was waren das früher für schöne Zeiten. Schüchtern war ich und unglaublich nett. Ich weiß nicht, ob das heute noch gilt. Und ich seh an den Möbeln die Spuren und denke: Meine Seele ist wie sie, wie eine Schallplatte gerillt. Manche Kratzer, doch die Melodie stimmt.

Die drei Jahre Frankfurt, die Wohnung war zu klein. So wurde ein Regal zersägt und verschraubt, damit es passte. Was anfangs noch schön war, verlor nach und nach. Weil ich mich verlor, auch im Wissen zu sein, wer ich bin und was ich werde. Drei Jahre spannende Arbeit im großen Freischwimmerbecken der ökumenischen Welt. Ein Job für die Einheit der Kirche. Das war okay. Aber war ich nun immer im Dienst, lieber Gott, ein Mönch ohne Kloster? Ich war zwar gerne allein, aber auch einsam. Das macht duster – das Lachen und Freuen, die Seele, den Glauben. Das war nicht mein Platz. Und Frankfurt reihte sich ein in die Schlange der Orte, die ich durchstreifte auf der Reise durchs Leben. Ich wusste, dass ich hier nicht bleibe, dass ich weitermusste und es Zeit war, meine Regale wieder ab- und an einem neuen Ort aufzubauen.

Ich liebe das Leben. Es ist eines der Schönsten! Doch wo gehöre ich hin? Wo darf ich Liebe leben? Ich war wie gespreizt zwischen Nostalgie und Neugier, zwischen Panik und Purzelbaum. Und war froh, als die Zeit endlich verging. Doch ist so das Leben? Dass ich nur lebe im Schauen nach Drüben und Morgen? Wo das Gras grüner ist und kleiner die Sorgen. Was will ich eigentlich? Was ergibt denn Sinn? Und dann plötzlich München. Ich plante das nicht.

Die Zukunft ist wie ein leeres Zimmer. Ein halliger Raum, den man füllt. Mit sich. Man kauft ja nicht nur neu. Sondern stellt auch sein bisheriges Leben, sein Hab und sein Gut aus der Herkunft hinein – in neue, bis dahin unberührte Umstände. Ich glaube, die Leute, die sagen, dass wir in bestimmten Phasen des Lebens dazu neigen, im Modus »Wenn-dann« zu leben, haben recht. Ein Leben nach dem Motto: Wenn alles erreicht ist, der Abschluss, die Titel, das Ja-Wort und Wohlstand, *dann* beginnt das Leben. *Dann* bin ich wer. *Dann* hab ich was. *Dann* ist es bewiesen! Und *dann* hab ich Ruhe. Endlich. Ja, ich glaube, es stimmt. Jedenfalls für die Jugend. Was will ein Kind nicht gern älter sein, als es ist? Zeigt fünf kleine Finger und weiß, es ist drei. Das Sehnen nach vorne, weil das Altern ermöglicht, was das Kind noch nicht darf. Das Führen eines Fahrzeugs, um frei sein zu können, gehörte früher zu den wichtigsten Einschnitten. Auf dem Land. Heute ist das anders, ich weiß.

Doch so wie die Jugend sich durchhofft aufs *Dann*, so schwelgen die Alten im *Damals-als*. *Damals*, als die Hüfte noch heil war, die Ehe intakt. *Damals*, als bei Tisch noch kein Smartphone regierte und Bonn als Hauptstadt nur drei Parteien noch kannte, *damals* war die Welt noch in Ordnung. Was nicht stimmt, wie jeder weiß. Aber im Rückblick erscheint das Leben von *damals* viel leichter. Besser zu bewältigen als im Hier und im Jetzt.

Im Wenn-dann und im Damals-als liegen die Sehnsucht nach Gänze, nach Heilsein und Liebe. Nach Gott und einer Ahnung vom wirklich Besseren. Alles wird – später oder wieder – gut. Bloß *jetzt* ist's grad schwierig. Doch das geht vorbei.

Tatsächlich ging es mir so, als ich im neuen Wohnzimmer stand. Das erste Mal. Und einerseits Erleichterung empfand, nicht mehr nach Frankfurt zu müssen. Und andererseits innerlich schon anfing, es zu vermissen. Was war da nur los in mir? Was will denn die Seele? Jetzt, wo ich weg war, war der Apfelwein doch nicht so schlecht? Ich traue mir selbst nicht. Gott, was war denn jetzt echt?

In Kirche und Glauben gibt's diese zwei Seiten auch: Die Damals-als-Fraktion sehnt sich zurück in die alte Zeit. Die gute! Man verklärt die Urkirche, von der wir nur ahnen und wenig wissen. Aber ach, wäre das schön, wenn es so wäre, wie es *damals* war! Nur nicht wie *jetzt*, so wie heute. Oh mein Gott! So ein Darben.

Der Wenn-dann-Fraktion ist das zu verstaubt, sie tritt die Flucht nach vorn an. Am besten alles über Bord, was an Dogma und Ursprung im Weg steht und an ethischen Normen, die nur Abbild der Gestrigkeit von Kirche noch sind. Was da nicht alles appelliert, reflektiert und perfektioniert wird. Es scheint mir, als sei das Gestern die goldene Zeit gewesen oder nur im Morgen das klare Licht weiterer Erkenntnis zu erwarten. Aber auch in ökologischen, ökonomischen, sprachlichen und politischen Dingen drängt es sich weiter. Manchmal fürchte ich, wir meinten, wir seien angesprochen, wenn es im Vaterunser heißt: »Es komme Dein Reich.«

In vielem, was kirchlicherseits gesagt und geboten wird, wird ein klarer Weg gezeigt: Wenn wir nur alle etwas anständiger werden, die Kanten abschleifen und die Welt (wieder) rund machen, *dann* ... *Dann* werden wir die Welt heilen und retten. Als ob wir nur genügend Bio-Lebensmittel, Gregorianik, Windräder, Wohlstand oder Seenotschiffe brauchen, um uns geistig zu verbessern und zu mehr Reinheit von Herz und Verstand zu gelangen. Als könnten wir darüber verfügen. Freilich, hier kann man mich missverstehen.

Wer sich für einen Moment mal in die Wiese legt und die Wolken vorbeiziehen lässt, wird verstehen, dass nicht nur im Damals-als, sondern auch im Wenn-dann eine große Versuchung liegt, der wir auch im geistlichen Leben auf den Leim zu gehen drohen. Denn einige Spielarten dieser »Frömmigkeit« von Welt- und Selbstverbesserung sind nichts weniger als ein Versuch, unser unendliches Bedürfnis nach Gott zu verbergen, unsere passive Erlösungsbedürftigkeit zu delegieren – auf andere – und die rauen Flächen des menschlichen Daseins zu glätten. An uns. Uns selbst.

Dabei sind doch diese wunden Stellen des Menschscheins, die großen und kleinen Kratzer in unserem Lack, genau das, was uns mit Gott und miteinander verbindet. Ich will die Sünde nicht heiligsprechen. Aber unsere Schuldigkeiten, unsere Narben und Misserfolge, unsere Missverständnisse und Fehler schaffen an uns doch erst die Textur, die es braucht, damit Gott und unsere Mitmenschen überhaupt etwas zu greifen haben. Und um uns wirklich lieben zu können. Denn wären wir fehlerlos, perfekt und rein, bedürften wir der Liebe nicht. Dann wären wir uns selbst genug. Ein jeder für sich. Denn wir hätten ja uns allein. Für mich. Mein Ich. Ich, ich. Ich wäre mir selbst mein Gott. Mein Schöpfer und Erhalter. Und auch zuständig dafür, mich zu richten und zu erlösen. Da darf es keine Schwäche geben. Man hat sich zu optimieren.

Natürlich! Auch hier gilt nicht schwarz oder weiß, Licht oder Schatten. Es sind Skizzen, Stile, Schattierungen. Aber eines lässt sich nicht verhehlen: Wir wären gern anders, als wir sind. Und wenn's ich nicht bin, der's verbockt, dann sind's halt die anderen. Es bleibt noch nachzudenken über Unschuld und Schuld. Über Klage und Anklage und das Verhängnis, in das es uns zerrt. Und weil das so ist, drängt's uns hin zum idealen Selbst. Autonom und frei. Ein Selbst, das recht tut und niemanden scheut. Aber dass das nicht stimmt, spürt auch jeder gleich. Daher plagt uns die Distanz zwischen Ideal und Wirklichkeit. Weil wir ahnen, wie wir wirklich sind. Selbst.

Leben, Version eins bis drei

Woher kommt es, dass in meinem Kopf diese andere Version von mir existiert? Eine Version, die freundlich ist und langmütig, liebevoll und frei von Ambitionen. Eine Version, die alle Mängel des Charakters überwunden hat. Witzig, charmant und organisiert ist, fließend Englisch und Französisch und Ivrit spricht, keine Wunden mehr an Körper und Seele hat. Diese Version rastet beim Autofahren nie aus, hat keine Angst vor Konflikten oder dem Tod, hat zwei Gemeinden und ein Kloster gegründet, mindestens. Die Einheit der Kirche mit geschafft, ein Haus gebaut, drei Kinder gezeugt, spielt Klavier wie ein Gott und kann Hölderlin rezitieren. Hach! Ja, diese andere Version ist im Grunde nicht wie ich und aus irgendeinem Grund denke ich, dass ich mit genug Anstrengung mehr diese Version sein könnte und halt weniger ich.

Ob das Ende Zwanzig mein Motiv war, das Kloster zu suchen? Heiligenkreuz. Ich weiß es nicht. Die Regel Benedikts sagt: »Such allein Gott nur – dann komm!« Alle anderen Gründe soll der Abt klug erkennen und fragen, ob das oder dies, was auch immer es ist, eine Lebensentscheidung wirklich trägt. Zisterzienser: »Der einzige Grund, Gott zu lieben, ist Gott selbst.« Wie Bernhard von Clairvaux es lehrt. Jedenfalls wäre das mit dem Kinderzeugen dann wieder eine andere Version von mir. Ach, wie ich's auch drehe und wende, es wird niemals ganz gerade. Ich komm an kein Ende.

Wenn ich ehrlich bin, sehne ich mich manchmal nach der Version von mir, die ganz verschwunden in Kapuze, Kukulle und Kloster genau das nicht mehr denken und nicht mehr kämpfen muss. Schweigend verborgen, geworden zum Nichts. Ein zweckfreies Leben und

Beten. Doch sofort springt die Sucht an, dann doch etwas zu gelten. Ich könnte im Kloster ja Bücher schreiben, übers Schweigen und Beten. Natürlich zurückgezogen, des Zugriffs beraubt. Aber doch relevant, bekannt und gebraucht. Die Version Nummer drei. Ich seh schon, ich werde nicht frei. Als wohnte ich einer Satire-Show bei. Scharfsinnig entlarvender Spott über mich und alle meine Versionen.

Ob es das ist, was man Anfechtung nennt, was mich emotional und geistlich in die Zange nimmt? Jedenfalls werde ich, ach – zum Glück, ehrlicher mit mir und der Welt durch diese kleinen Leiden. Und sofort zeigt der Komparativ an: Ich komme da niemals heraus. Denn unsere Zeit, unsere Kultur und unsere Kirche sind ohne diese Vorstellung der Selbstverbesserung nicht zu denken. Wir sind gezwungen, in Evolutionen zu denken. Von unten nach oben. Von böse zu gut. Es gibt immer eine Version von uns, die auf jeden Fall überlegen und besser ist. Und weil Evolution und Gott sich gedanklich widersprechen, außer es ist alles ein stetes Fressen auf Erden und: auch im Himmel!, trauen wir Mechanismen mehr zu als Wundern. Strengen uns an und entwerfen uns selbst als zukünftiges Ich.

Was für eine Last wir da tragen. Immer mit diesem Unterschied leben zu müssen und daran zu leiden. Dass ich nicht der bin, der ich gern wäre und den die anderen gern hätten. Diese Kluft zwischen idealem Ich und dem wirklichen Ich. Zwischen idealem Einkommen und tatsächlichem Lohn. Zwischen Idealgewicht und der Zahl auf der Waage. Zwischen idealer Beziehung und täglichem Drama.

Die Tyrannei dieses Raumes zwischen Sollselbst und Ist, zwischen meiner Ideal-Version und der Wirklichkeit nennt die Bibel Gesetz. So lehrt es Martin Luther. Dieses fiese Gefühl, verurteilt zu sein – sich zu fühlen wie ein Mönch, der seinen Gott heimlich hasst, weil er sich zutiefst getäuscht fühlt, beraubt und betrogen um die Freuden des Lebens. Oder verurteilt wie die Eltern, die versuchen, den Spagat zu schaffen zwischen Beruf und Familie und es niemandem recht machen können. Oder einem Streetworker, der nicht in die Augen des Junkies schauen kann, den er berät, weil es ihn anwidert, wie vergeblich sich sein Tun oder Lassen anfühlen kann. Sie alle wissen, was das Gesetz anrichten kann. Die Anklage, nie genug zu sein. Sie alle wissen,

wie grausam sich die Distanz zwischen unserem idealen Selbst und
dem wirklichen Selbst anfühlen kann.

Gottes unlogisches Ja

Mittlerweile sind wir im Esszimmer angekommen. Es ist der letzte
Raum – glaube ich. Ich weiß es nicht. Es sind gefühlt schon zwei Stunden. Wir besichtigten davor schon die Küche, das Bad, den Minibalkon.
Eine kleine Flucht in den Hinterhof raus, mit Blick auf Praxen, Büros
und fünf Etagen Parkhaus. Das Esszimmer liegt auf der anderen Seite,
geht wieder nach vorne raus und hat große Fenster. Draußen streckt
sich die kleine Grünfläche von rechts nach links, weiß blühende Kastanien und der spitze, grünrote Turm gegenüber. Keine 100 Meter weg.
Mit dem goldenen Doppelkreuz, das mir erneut auffällt.
Ein Freund schenkte mir vor Jahren einen Tisch. Ein Unikat. Er hatte
ihn selbst geschreinert und lackiert, doch für mein altes Leben war er
viel zu groß. In Frankfurt und Maxhütte passt er nicht in die Wohnung.
In diesem Raum würde er endlich seinen Platz finden. Hier passte er
rein. Ich schaute durchs Fenster: die Straße, die Bäume, die Bänke,
das Grün. Dann zog es meinen Blick nach oben. Was für eine Kirche
das sei, wollte ich wissen. Ach, die sei katholisch, er würde nach-
schauen müssen, es fiel ihm gerade nicht ein. Sie sei aber sehr schön
und er möge das Kreuz. Er ist »fast orthodox«, sagte er, das Kreuz mit
den zwei Querbalken erinnere ihn an daheim.

Orthodox. Katholisch. Und lutherisch ich. Wie klein und zersplit-
tert sind wir doch! In Gruppen zerteilt. Wir meinen oft, dass wir das,
was wir sind, sind, weil wir selbst es so wollten. Doch das glaube
ich nicht. Nicht mehr. Ich glaube: Wir sind alles erst geworden. Nicht
selbst so gemacht, sondern geprägt und geformt. Denn das braucht ja
Zeit, braucht manchmal auch eine Krise, die erschüttert. Wir müssen
selbst werden wollen, was wir schon sind. Christ werden, auch wenn
wir es schon sind.

Das gilt auch für die Kirche. Sie wähnt sich auf ewig gesetzt. Sie
muss neu lernen, Kirche zu werden, auch wenn sie es schon ist. Sich

ehrlich befragen, ob die Form denn noch passt. Ob es Zeit für eine Rückformung ist, eine Reformation. Passt der alte Tisch noch immer oder ist es Zeit, den Tisch abzubeizen?

Was einst die Reformation auslöste, war die Tatsache, dass Luther, während er sich auf ewig verloren fühlte, im Muss zwischen dem Soll und dem Haben, bei Paulus las: *Alle haben gesündigt und entbehren der Herrlichkeit Gottes.* Alle! Da ist keine und keiner gerecht. Schon gar nicht die, die sich selbst so wähnten. Es ist nie zu schaffen – so bin nicht nur ich es, der sich nach Genugtuung und einem fairen Gericht sehnt. Es sind alle. Alle, die tasten und hoffen und bangen und sich Wege und Brücken suchen, um ans Ziel zu gelangen. Das Ziel ist der Frieden. Mit sich und der Welt. Mit Gott und den anderen, damit nichts mehr zerbricht, was uns trägt und uns hält, was leuchtet und das Gesicht wärmt.

Was die Kirche so lange gelehrt hat und leider heute oft immer noch lehrt – nämlich, dass wir durch die Füllung der Leere in uns eine Brücke über die Lücke zwischen dem idealen Selbst und unserem wirklichen Selbst schlagen könnten – ist zerstörerisch. Denn wir füllen das Loch mit allem, was geht. Wir strengen uns an und schaufeln das Loch mühsam zu, um hinüberzugelangen. Zum himmlischen Ich! Wenn das mal geschafft ist, *dann* ist Frieden erreicht. *Dann* wird die Welt wieder heil und ich bin nichts schuldig mehr, niemandem nichts. Denn ich habe ja geackert, gemahnt und gemacht. Wenn es dann geschafft ist – und bis dahin schaffe ich das schon selbst, das wäre doch gelacht.

Da ist es wieder, diese Wenn-dann-Logik. Auch sie ist Gesetz: »Wenn du alle Regeln in der Bibel befolgst, *dann* wird Gott dich lieben und du wirst glücklich sein. Wenn du dich 20 Kilo runterhungerst, *dann* wirst du schön sein und wert, geliebt zu werden und begehrt. Wenn du kein Auto mehr kaufst und nie wieder Fleisch, *dann* gehörst du zu den Guten und den Rettern der Welt. Wenn du jeden Tag Bibel liest und auch richtig wählst, *dann* bist du erweckt und erkennst die verborgenen Zusammenhänge der Welt. Wenn du nie wieder auch nur einen dunklen Gedanken mehr hast, rassistisch, sexistisch oder homophob, *dann* wirst du hochwürdig sein, andere Leute zu lehren, sich weg von Rassismus, Sexismus und Homophobie zu bekehren. Das Gesetz stellt immer Bedingungen. Wenn, dann! Und letztlich ist niemand da, der es perfekt machen kann. Sagt Paulus. So ist Gesetz. Es ist niemals genug. Zu tun gibt es immer. Es ist niemand gerecht.

Das Gesetz kann niemals retten. Das will es auch nicht, denn es funktioniert nach den Regeln der Logik. Und auch die Erfüllung des offenen Anspruches des Gesetzes vermag dies nicht zu tun. Denn unter dem Gesetz gibt es nur zwei Möglichkeiten: entweder Stolz oder Verzweiflung. Entweder macht es uns – ganz gleich, ob offensichtlich oder heimlich – stolz auf unsere Fähigkeit und unser Tun und Leisten im Vergleich mit anderen, oder wir verzweifeln an unserer Trägheit und der Unfähigkeit, alles perfekt zu machen. So oder so, es bindet und macht nicht frei. Es vermag nicht zu lösen. Und ich spreche hier nicht vom Recht. Das muss es geben und Normen ja auch. Um das Zusammenleben zu steuern und eine Richtschnur zu haben, wie das Miteinander gelingt. Aber das ist etwas anderes. Wie auch das Evangelium etwas anderes ist als die Erfüllung des christlichen Gesetzes.

Paulus sagt das im Römerbrief so: *Wir sind jetzt durch Gottes Gnade gerecht.* Aber ich lerne auch von ihm: Gnade ist nichts Weichliches. Herablassend oder jovial. Nein, Gnade ist eine ernste Sache. Es ist die unbeirrbare Zuwendung Gottes an uns Menschen. Wir sind durch diese Zuwendung, die persönlich im Glauben wirksam wird, gerettet, befreit und erlöst. Ja! Wovon? Vom Tod und all seinen Fratzen. Hier schon und auch drüben, im ewigen Licht. Das lernte Luther und er ging in den Streit. Um leuchten zu lassen, was Gott für uns tat, und nicht das, was wir tun, die wir feilschen und sammeln, um uns zu rühmen und selber zu feiern.

Das Evangelium von Jesus, dem Christus, ist kein Wenn-dann-Satz.
Das Evangelium ist kein Damals-als-Satz.
Das Evangelium ist die Geschichte Gottes mit uns, seinen Kindern.

Das Evangelium stellt klar, dass Gott sich nicht abwendet, auch wenn wir gegen unsere Geschöpflichkeit rebellieren und darauf bestehen, Richter und Erlöser – kurz: Gott – für uns selbst zu sein. Gott wendet sich auch nicht ab angesichts des menschlichen Misstrauens, das ihn zu unserem heimlichen Gegner macht, weil er uns ja irgendetwas vorenthalten könnte. Er wendet sich nicht ab und versucht, uns zu überzeugen, indem er in Jesus selbst menschlich wird. Das zeigt, wer und wie Gott wirklich ist. Gott lässt sich nicht abschrecken von der Feindseligkeit, die ihm entgegenschlägt, weil die Menschen an ihrem Wenn-dann-Versprechen festhalten wollen. Wie damals zu Jesu Zeiten, als die Menschen überzeugt waren: »Wenn die Römer erst mal aus dem Land gejagt sind – *dann* kommt das Reich Gottes.« Er ging sogar so weit, dass er die Konsequenz dieser Wenn-danns auf sich nimmt: »Wenn wir diesen Jesus erst mal beiseitegeschafft haben, *dann* sind wir wieder Herr im Ring.«

Und er spielt das tödliche Spiel mit, bis zum Ende, bis zum Schachmatt, wenn der König fällt. Und als er am Kreuz hing, das wir zimmerten, nicht mit gleicher Münze zurückzahlte und nicht sagte: »Wenn die Menschheit sich selbst erst mal ausgerottet hat, dann kann die Schöpfung sich erholen.« Nein! Um Verzeihung betet er. Um Nachsicht für uns. Weil wir nie wissen, was wir tun. Einst nicht und auch heute nicht.

Gott wendet sich nicht ab, obwohl wir alle sündigen und immer wieder fallen und uns in uns verkrümmt haben und vergessen wollen, es leugnen, dass wir zu Gott gehören, und keiner unserer Erfolge dies garantiert und keiner unserer Misserfolge dies zerstört. Gott rettet, er verurteilt nicht. Diese Wahrheit macht frei. Weil es bisher niemand jemals geschafft hat, sein ideales Selbst zu werden. Es bleibt eine Fata Morgana von Wasser auf Wüstensand, für das wir unsere ganze Energie aufbringen, um zu versuchen, den Durst nach Leben zu stillen, und es nichts bringt, außer, dass wir noch mehr Durst haben werden. Und verzweifeln. Und hassen.

Der Gott, der den Durst löscht, sagt Ja zu dir selbst. Ganz wirklich. Dein Ideal braucht er nicht. Denn das Ideal braucht auch ihn nicht. Den Gott, der heilt. Das Ich, zu dem Gott eine Beziehung aufbaut, ist dein wirkliches Ich, nicht das, was du musst oder sollst.

Gott wartet nicht, bis ich dünner bin oder vegan. Bis ich die Bibel draufhabe und makellos bin, bis ich mich selbst lieben kann. Das ideale Selbst ist nicht real. Ich bin. Du bist. Sie ist. Er auch und auch es. In all dem, was nicht stimmt und schräg ist und wehtut und stinkt.

Das bin ich! Und obwohl ich bin, was ich bin, bin ich geliebt und genannt. Gerufen zu folgen, zu stillen den Durst. Nach Leben, nach Geltung, nach Wirkung und Sinn. Ein Sünder. Oh ja. Von oben bis unten, ganz und gar, durch und durch. Und auch ich bin ein Heiliger. Ich glaub es noch nicht. Ganz. Gott braucht mich nicht. Das weiß ich inzwischen. Und doch ruft er mich. Er sagt Ja. Gott sagt, ganz gleich wo wir sind und wie wir sind – das bedingungslose Ja.

Danach sehnt sich meine Seele. Danach verzehrt sich die ganze Welt. Nach diesem bedingungslosen, völlig unlogischen Ja – in und über dem Leben. Ich auch. Und so lang ich denken kann, haben Menschen zu mir Ja gesagt. Ein liebevolles Ja. Ja! Aber immer mit Bedingungen: Wenn du der Tante Helga artig die Hand gibst, *dann* bist du ein braver Junge. Wenn du gute Noten nach Hause bringst, *dann* bist du ein guter Schüler, wenn du das macht – *dann* – immer nur DANN.

Und auf einmal steht man vor einem Gott, der sagt: »Nein! Nicht wenn *dann* – sondern so wie du bist und da wo du bist, sag ich ein bedingungsloses Ja.«

»Aber Herr, du kennst …«
»Ich kenn dich besser als du selbst.«
»Aber weißt du, Herr, all die Abgründe. All meine Macken, Kratzer und
   Schrammen.«
»Ich kenn das alles.«
»Ich genüge den Geboten nicht.«
»Weiß ich.«
»Den Ansprüchen der Bergpredigt schon gar nicht.«
»Weiß ich.«
»Kennst du die Abgründe und die Perversionen in mir, die ich zu verbergen suche, Herr?«
»Kenn ich alles.«
»Und dazu sagst du Ja?«
»Und dazu sage ich Ja! Ich sag nicht ›gut‹, nein, aber ich sage Ja!«

Gewiss, das bedingungslose Ja der Liebe Gottes führt nicht in ein Weiterso. Als wäre die Gnade nur billiges Blech. Sie kostete alles. Das

Leben. Den Tod. So führt diese Liebe dahin, dass sich im Leben was ändert. Es ist Gott, der verwandelt. Denn man kann Menschen mit Appellen und Geboten bestenfalls dressieren. Verwandeln kann man Menschen damit nicht. Ein Mensch wird verwandelt, wenn er unter die wärmende Liebe dieses göttlichen Ja kommt, wenn einer hören darf: »Du musst nicht mehr, niemand zwingt dich mehr und wenn dir alles misslingt: Ich stehe zu dir.« *Dann* wandelt sich Leben.

Ein Tisch mit viel Platz

Dies alles habe ich schon manchmal begriffen. In Kopf und Gemüt, im Leben an sich. Dass Gottes Ja ohne »Wenn«, ohne »Dann« steht. Und schon gar nicht mit »Aber«. Dass in den finstersten Stunden sein Licht glimmt und bleibt und in den größten Freuden er sich ausgelassen mitfreut. Dankbar. Total. Und doch mit viel Sehnsucht. Nach Einheit, nach Ganzsein, nach Fülle und Frieden. An einem Tisch gemeinsam zu essen, zu trinken, das Leben zu feiern. Die Bibel darauf. Das stell ich mir vor, im leeren Esszimmerraum, in dem bald mein Tisch stehen würde. Der große, schwere, geschenkt für viele.

Ich sehe den großen Tisch dort schon vor meinem inneren Auge stehen und bin auf einmal sofort wieder im Kloster Heiligenkreuz. Dem Ort tiefer Sehnsucht. Nach Gott. Wesentlich. Mit dem Abt war ein Projekt angedacht, das sich leider zerschlug. Über Grenzen hinweg. Im freien Flug.

Vor gut 500 Jahren verlor sich die Einheit der Kirche im Kloster, als Luther die Klarheit des Wortes erfuhr und als elender Sünder, von Gott freigeküsst, gerecht wird und heilig und wirklich geliebt, den Mut aufbrachte, sich den alten Wenn-dann-Geschichten in den Weg zu stellen. »Wenn du genug zahlst, dann kommen die armen Seelen deiner Lieben aus dem Fegefeuer.« Nicht sofort, aber etwas schneller. Daran zerschellte die brüchige Einheit. Weil die Einsicht in Rom fehlte, dass die Wenn-dann-Predigt Menschen bindet, sie knechtet und Gott völlig verzerrt. Ihn zum Dämon macht mit reißenden Zähnen, der eher Wunden zufügt, als sie selbst doch zu tragen. Kein Jesus. Kein Heiland. Nur

Richter und Quäler. Es ging um nichts weniger als um das ewige Heil. Was ist mehr wert? Die Strukturen der Macht? Oder der unendliche Frieden? Daran hat sich Europa lange und blutig aufgerieben.

Damals wie heute war und bin ich überzeugt: Heute die Einheit wiederzufinden, geht nur im Gebet. Gemeinsam an einem Tisch, an dem wir uns betend an Gott und sein Wort binden, um genau hinzuhören, was der Geist den Gemeinden sagt. Das war auch die Idee des Projekts in Heiligenkreuz gewesen: aus dem Kloster die Einheit zu stärken. Miteinander. An einem Tisch. Aus unterschiedlichen Strängen der Geschichte. Und Neues zu lernen. Es wäre fast geglückt. Lutherische Zisterzienser. Doch die Zeit war noch nicht reif. Es tat in der Seele noch lange weh. Haben wir etwas versäumt? Einen Fehler gemacht? Ich kann es bis heute nicht sagen. Es ist, wie es ist.

Nachdem sich das Projekt in Heiligenkreuz zerschlagen hatte, schrieb ich eine Bewerbung an die Gemeinde in München und war nun statt in Heiligenkreuz hier in dieser Pfarrwohnung.

Ich stand am Fenster des Esszimmers. Schaute nach drüben zu dem Kirchturm. Fragte den Hausmeister ein zweites Mal, ob er wisse, wie die Kirche heißt. Halb in Gedanken bei den Gesprächen in Heiligenkreuz wenige Tage zuvor. Mit dem Nein dort und hier nun das Ja. Das alles in mir. In Hirn und in Herz.

Es wisse es nicht, habe es leider vergessen, sagte er leise. Und wir gingen hinaus. Er ließ mir die Schlüssel gleich in der Hand. Dass ich einziehen könne, wann immer ich wolle, um meine Zimmer mit den Möbeln, den Büchern und meinem Leben zu füllen. Ich fuhr mit ihm runter. Die Garage anschauen. Dann auf die Straße. Noch ein paar Höflichkeiten austauschen. Unter den Kastanien. Der rote Turm mit dem goldenen Doppelkreuz keinen Steinwurf weit weg. Die Sonne schien. Ganz viel Licht. Auch ihm ging eins auf. Er erinnerte sich. Die Kirche – und er zeigt mit dem Finger auf den backsteinroten, spitzen Turm mit der riesigen Uhr, dem grünspanigen Dach und dem goldenen Doppelkreuz, den ich von meinem Sofa und meinem Esstisch aus jeden Tag nun sehe – heiße Heilig Kreuz. Glaubt er.

Gott ist seltsam.

Und ich ging, kurz winkend, davon.

Beatrice von Weizsäcker

Dreh- und Engelpunkt

Er schenke dir, was dein Herz begehrt, und er erfülle all dein Planen.

(Ps 20,5)

Woher soll man wissen, was richtig ist und was falsch? Welche Entscheidung gut war und welche schlecht? Ob es nicht besser gewesen wäre, jenen Weg zu wählen statt diesen? Die Wahrheit ist: Man weiß es nicht.

Als ich vor fast zwanzig Jahren nach München zog, hatte ich viele Pläne. Berufliche, private, was einen halt so antreibt, von einer Stadt in die andere zu übersiedeln. Etliches hat sich erfüllt. Anderes nicht, so ist das Leben. Tatsächlich hatte ich keine Ahnung, was mich erwarten würde.

Das Leben hat mir sehr viel geschenkt, seit ich hier bin. Und sehr viel genommen. Segen empfing mich. Aber auch Unglück. Freude und Leid. Leben und Sterben. Gottesferne und Gottes Nähe. Jesus als Mensch, als Vorbild, aber nicht als Immanuel, dessen Geburt der Prophet Jesaja angekündigt hatte. (Jes 7,14) Und Jesus als Christus, der leibhaftige Sohn Gottes. Der Messias.

München ist der Dreh- und Angelpunkt meines Lebens. München wurde mein Engelpunkt.

Wie viel Zweifel braucht der Mensch?

Gottes Wege sind unergründlich. Das sagt sich leicht, doch es ist wahr. Ich hatte gute Gründe, nach München zu ziehen. Was kommen würde, wusste ich nicht. Es ist gut, dass man nicht in die Zukunft schauen kann. Denn wer weiß schon, was er tun würde, wenn er es wüsste.

Vielleicht hätte ich nichts anders gemacht. Vielleicht war ich bereit, mich dem Leben zu stellen, und gewappnet, mich ihm auszusetzen. Vielleicht hatte mich Gott zur rechten Zeit in diese Stadt geführt, die mir Heimat und Zuflucht wurde, die mir Menschen schenkte, ohne die ich nicht leben will; Menschen, die mir halfen, mit Unglück zu leben und trotz des Zweifels zu glauben. Die mir nah kamen und nah blieben. Die Freunde wurden. Und Freundinnen. München hat mich gelehrt, wie gut das Leben sein kann. Und wie gut es ist.

München hat mir das Leben aber auch von seiner dunklen Seite gezeigt. In seiner Endlichkeit und seiner Unberechenbarkeit, in seiner Ungerechtigkeit und Erbarmungslosigkeit, in seiner Flüchtigkeit und seiner Härte. Natürlich war vorher nicht immer alles gut. Aber jetzt geriet mein Leben aus den Fugen. Weil zwei meiner Brüder starben, seit ich hier lebe.

»Du bist im besten Sinne fromm«, schrieb mir eine Freundin, nachdem ich wieder Fuß gefasst hatte.

Ich und fromm?

Vielleicht. Denn in München lernte ich zu glauben, trotz meiner Zweifel. Und die waren stark gewesen. Und sehr mächtig.

Ich zweifelte an dem, was mir vorher selbstverständlich erschien. Ich verzweifelte am Leben und am Sterben, ich zweifelte am Sinn und am Glauben. Ich verzweifelte am Tod und an Gott. Weil ich nicht glauben konnte, was Gott zuließ. Weil ich nicht glauben wollte, dass er es tat. Ich zweifelte an Gott und an Jesus und auch daran, dass er rettet. Dass er den Tod überwunden hat, für uns. Denn an die Auferstehung glaubte ich nicht.

Mit der Zeit erfuhr ich, dass ich nicht allein war mit meinen Zweifeln. Dass selbst versierte Theologen und Pfarrerinnen den Zweifel kennen. Aus ihrem Mund klang nicht hohl, was sie sagten, klang es nicht nach Theorie; anders als so viele Predigten, die ich hörte. Weil auch sie das Leben kannten, das Werden und das Sterben. Das Leben und den Tod.

Die wohl wichtigste Erkenntnis – und sicher die größte Erleichterung dieser Zeit – war, dass meine Glaubenskrisen kein Versagen bedeuten, kein Versagen vor Gott. Denn solange ich zweifele, ist etwas da. Wenn ich zweifele, will ich es genauer wissen. Ob es stimmt. Oder was da ist. Wenn ich nicht glauben würde, insgeheim, hätte ich keine Zweifel. Solange ich also zweifele, glaube ich. Der Zweifel ist kein Fehler. Er ist Beleg meines Glaubens.

Das war mir neu, obwohl es logisch ist und mir hätte klar sein müssen. Weil ich ein Logikmensch bin.

Je stärker meine Zweifel waren, desto größer wurde mein Bedürfnis nach Gottes Nähe und Gegenwart. Es war, als wollte ich Gott zwingen, sich mir zu zeigen. – Oder war es vielleicht umgekehrt und Gott forderte von mir, mich zu ihm zu bekennen?

Es war wie ein Zweikampf, in dem ich zu Gott rief: *Ich lasse dich nicht los, wenn du mich nicht segnest.* Und Gott erwiderte: *Ich lasse dich nicht los, bis du dich segnen lässt.*

Als seien wir beide Jakob, irgendwie.

Im Nebel der Gebete

Bis ich nach München zog, war Beten für mich kein Thema. Beten kann man immer, dachte ich leichthin. *Der Herr ist mein Hirte* – der Psalm geht jederzeit. *Danke für diesen guten Morgen* – das ist ein wundervolles Liedgebet. Das Vaterunser rauf und runter – ist Routine. Bitten, danken, beten, im Himmel und auf Erden, fertig. Nur das mit dem Vergeben und der Herrlichkeit in Ewigkeit ist so eine Sache. Aber, egal. Es sind ja bloß Sätze und tausendfach gesprochen. Und eh man sich's versieht, ist man beim Amen angekommen.

Warum dann noch beten?

Wozu überhaupt beten, wenn Gott mich doch kennt; wenn er meine Gedanken bereits »von fern« durchschaut, »ob ich sitze oder stehe«; wenn er sogar »schon völlig erkannt« hat, was ich sagen will, bevor es mir einfällt und »das Wort auf meiner Zunge« ist? So heißt es doch im Psalm 139! Und dann steht da auch noch: *Wie kostbar sind mir deine Gedanken, Gott! Wie gewaltig ist ihre Summe!* Wie soll ich das toppen? Wie kann ich da überhaupt wagen zu beten? An Gottes Gedanken komme ich ohnedies nie heran.

Doch Beten ist kein Wettbewerb. Beten ist sich öffnen. Beten ist schweigen genauso wie reden. Beten kann sehen, singen und hören sein. Beten ist auch, wenn ich nicht weiterweiß. Manchmal fängt das Beten dann erst an.

Aber das lernte ich erst in München.

Beten beginnt, wo die Routine nicht mehr hilft, weil ich zu wütend bin, um Altbekanntes nachzubeten. Erst recht, wenn sich mein Zorn auch gegen Gott richtet und ich ihn anklagen will, wie Jeremia es tat:

> *Du hast mich betört, o HERR, und ich ließ mich betören; du hast mich gepackt und überwältigt. Zum Gespött bin ich geworden den ganzen Tag, ein jeder verhöhnt mich. Ja, sooft ich rede, muss ich schreien, Gewalt und Unterdrückung! muss ich rufen. Denn das Wort des HERRN bringt mir den ganzen Tag nur Hohn und Spott. Sagte ich aber: Ich will nicht mehr an ihn denken und nicht mehr in seinem Namen sprechen!, so brannte in meinem Herzen ein Feuer, eingeschlossen in meinen Gebeinen. Ich mühte mich, es auszuhalten, vermochte es aber nicht.* (Jer 20,7–8)

Solche Wutgebete kenne ich gut.

Ist das überhaupt noch ein Gebet? Ich glaube schon. Denn wenn ich so verzweifelt bin, dass ich kein Blatt mehr vor den Mund nehme, dann will ich etwas von Gott. Dann will ich, dass er zuhört und mir hilft, dass er mich sieht und ernst nimmt, wie ich bin. Weil ich ihn ernst nehme und an ihn glaube. Und weil ich weiß, dass er mir helfen kann.

Wenn ich am Boden liege, hilft er mir wieder auf. Wenn ich im Finstern bin, ist Gott mein Licht. Er ist es, der mich hinausführt ins Licht. Er. Gott allein. Nicht ich.

Weil ich es nicht kann.

München hat mich gelehrt, dass Beten auch dort beginnt, wo die Routine nicht mehr weiterhilft, weil ich zu schutzlos bin und bestenfalls noch flehen kann. Wenn meine Sorgen überhandnehmen und mir nichts bleibt, nicht einmal Altbekanntes. Wenn ich im Nebel der Gebete stochere und dort nichts finde, das zu mir passt. Wenn ich erlöst werden will von meinen Zweifeln und die Gebete, die ich kenne, mein Herz nicht mehr erreichen. Wenn ich nur noch flehen kann: »Mein Gott!« und keine anderen Worte finde. Dann setze ich auf die Hoffnung, die Papst Franziskus einmal so beschrieb:

»Komm, komm Heiliger Geist, erwärme mein Herz. Komm und lehre mich, wie man betet; lehre mich, wie man auf den Vater schaut, auf den Sohn. Lehre mich, was der Weg des Glaubens ist. Lehre mich zu lieben – und vor allem lehre mich, eine Haltung der Hoffnung zu haben.«

Doch was, wenn der Geist mich nichts lehrt, nichts lehren kann, weil ich nicht offen bin und ich nicht beten kann, weil nichts mehr da ist in mir, nicht einmal die Hoffnung?

Wenn ich nicht weiß, was ich *in rechter Weise beten soll*, dann tritt der Geist für mich ein mit *unaussprechlichen Seufzern*, die ich nicht in Worte fassen kann (vgl. Röm 8,26).

Und Gott fängt an.

Er hört mir zu, wenn ich nichts sage. Er hört mir auch zu, wenn ich das Stillsein lasse, weil ich nicht einmal mehr schweigen kann. Er hört selbst dann noch zu, wenn andere genug von mir haben und mein Schweigen nicht mehr hören können, und sei es noch so beredt.

Dann betet Gott. Er betet für mich, in mir, durch mich; auch im Schweigen. Und es entsteht etwas, was ich am meisten brauche: Demut. Demut, die mich erdet und wieder empfänglich macht für Gottes Wort. Das ist vielleicht die Haltung der Hoffnung, von der Franziskus sprach.

Diese Demut, diese Hoffnung bringt für mich nur ein einziges Gebet zustande. Es ist ein Gebet, das mich Sonntag für Sonntag verstummen lässt, seit ich katholisch bin.

Es ist der Satz des römischen Hauptmanns, der Jesus bittet, seinen kranken Diener zu heilen, obwohl er Mitglied der Besatzungsmacht war und außerdem kein Jude. Darum sagt er zu Jesus: *Herr, ich bin es nicht wert, dass du unter mein Dach einkehrst; aber sprich nur ein Wort, dann wird mein Diener gesund!* – Als Jesus das hört, ist er erstaunt und sagt zu seinen Jüngern: *Amen, ich sage euch: Einen solchen Glauben habe ich in Israel noch bei niemandem gefunden.* Und er heilt den Diener *in derselben Stunde.* (Mt 8,5 ff.)

Die Worte des Hauptmanns von Kafarnaum sind der Schlüsselsatz der Eucharistiefeier: *Herr, ich bin nicht würdig, dass du eingehst unter mein Dach. Aber sprich nur ein Wort, so wird meine Seele gesund.* Noch kein einziges Mal habe ich das einfach so heruntergebetet, noch nie ist mir der Satz Routine geworden.

Es ist die reinste Form des Betens, die ich kenne. Wenn ich nicht würdig bin, Gott um etwas zu bitten, ja, überhaupt zu beten, wenn ich ganz unten bin und erkenne, dass ich vor Gott immer ganz unten bin, wenn ich begreife, dass Erlösung nur durch seine Gnade kommt, dass es nie auf mein Wort ankommt, sondern allein auf sein Wort, dass er nur *ein* Wort sprechen muss, um mich zu erlösen, ein einziges Wort, dann … wird meine Seele gesund.

Das ist für mich gebetet werden.

In München habe ich erfahren, was das bedeutet. Weil ich erfuhr, was das Ganzunten ist. Und meine Kraft zum Selberbeten nicht mehr reichte. Hier begriff ich zum ersten Mal, dass Jesus meinen Weg mit mir geht bis hinein in den Abgrund, bis hinunter ins Ganzunten. Weil er das Ganzunten selber kennt, der *hinabgestiegen (ist) in das Reich des Todes,* wie es im Glaubensbekenntnis heißt.

Dieser Jesus, der Christus, der gekreuzigte Auferstandene, war mir vorher ein Rätsel gewesen.

Christusrätsel

Jesus faszinierte mich schon als Kind. Jesus, den wir einluden, »unser Gast« zu sein, wenn wir aßen, interessierte mich von klein auf.

Ich war überzeugt, dass es Jesus gegeben hatte. Die Geschichten über ihn, das Weihnachtsfest, Ostern, die Konfirmation, all das prägte mein Leben. Ich bewunderte seinen Mut ebenso wie seine Wut, seine Entschlossenheit und Radikalität, seine Klarheit und Deutlichkeit. Seine Bergpredigt. Jesus als Vorbild, damit konnte ich etwas anfangen. Das Unbedingte imponierte mir an ihm. Und seine Menschlichkeit.

An seine Göttlichkeit aber glaubte ich nicht. Jesus als Gottessohn, der leibhaftig auferstanden ist und den Tod überwunden hat, kam mir unwirklich vor, ja lebensfremd. Weil es den Naturgesetzen widerspricht. Und jeder Logik.

Doch der Glaube ist kein Naturphänomen. Und es ist unlogisch zu glauben. Für mich aber war logisches Denken von jeher wichtig, nicht erst später als Juristin. Darum hinterfragte ich den Glauben und überprüfte ihn auf Vernunft und Schlüssigkeit.

Ich konnte das Glaubensbekenntnis zwar sprechen, jedoch nicht alles glauben, was darin vorkommt. So glaubte ich zwar, dass Jesus gekreuzigt wurde, nicht aber an die Sätze »Auferstanden von den Toten, aufgefahren in den Himmel; er sitzt zur Rechten Gottes, des allmächtigen Vaters«.

Und ebenso wenig an das »Von dort wird er kommen, zu richten die Lebenden und die Toten«.

Es war mir ein Rätsel, wie es eine personenbezogene Gottheit geben konnte, der all das widerfahren war. Es war mir schleierhaft, wie man diesen Teil des Glaubensbekenntnisses glauben kann. Darum sprach ich ihn nicht mit. Ich brauchte ihn auch nicht, um zu glauben, was ich glaubte.

Ich war mir sicher, dass Gott niemanden zu einem Glaubensbekenntnis zwingt. Und dass die, die beim Credo schweigt, weil sie es nicht glaubt, nicht besser oder schlechter ist als der, der es spricht, weil er es glaubt oder meint, es gehört sich so.

Davon bin ich immer noch überzeugt.

Ich fand Trost in den Worten des evangelischen Theologen Heinz Zahrnt, der in seinem Buch »Glauben unter leerem Himmel« einmal schrieb:

»Mit wachsender theologischer Reife habe ich mir immer weniger vorstellen können, dass die Sache mit Gott so kompliziert sein soll. Gott ist wohl verborgen, er kann sogar sehr tief verborgen sein – Gott aber ist niemals kompliziert. Die Kompliziertheit der Theologie ist eine Erfindung von uns Theologen.«

Die Theologie, so Zahrnt, drohe »zu einer Angelegenheit hochgezüchteter Spezialisten zu werden«. Aus der »Rede mit Gott« werde erst die »Rede von Gott«, dann die »Rede über Gott« und schließlich das »Reden über die Möglichkeit des Redens über Gott«. Auf diese Weise entstehe »eine theologische ›Verschlusssprache‹, die die Herzen verschließt, statt sie zu öffnen«.

So kamen mir damals die Bemühungen befreundeter Theolog:innen vor, die mir das Glaubensbekenntnis näherbringen wollten. Was sie gut meinten, verwirrte mich. Doch das behielt ich für mich. So blieb mir der Glaube an Jesus Christus schleierhaft, ein Rätsel, das Menschen nicht lösen können, weil der Glaube ein Geheimnis ist, dessen Hüter Gott alleine ist.

Der Glaube an Gott kommt von Gott. Er entzieht sich dem Willen der Menschen. Denn Wollen ist Zwang. Glauben aber ist Loslassen. Er ist ein Geschenk.

Und tatsächlich erhielt ich dieses Geschenk im Laufe der Münchner Jahre. Wie es dazu kam und was geschehen war, weiß ich nicht. Die Frage kann ich ebenso wenig beantworten wie die nach dem Grund meiner Konversion. Es passierte. Und ich glaubte an Jesus, den Christus. Vielleicht war es mir ja ergangen wie jenen, denen Jesus einst sagte:

Aber wenn ich sie vollbringe, dann glaubt wenigstens den Werken, wenn ihr mir nicht glaubt! Dann werdet ihr erkennen und einsehen, dass in mir der Vater ist und ich im Vater. (Joh 10,38)

Ja, es war dieses »Glaubt wenigstens den Werken, wenn ihr mir nicht glaubt«, das mir widerfuhr. Ich hatte mit der Zeit tatsächlich

»erkannt und eingesehen«, dass Gott es war, der durch Jesus handelte, dass Gott in Jesus war und Jesus in Gott. Das ging über meine ursprüngliche Bewunderung für den Menschen Jesus weit hinaus. So seltsam es mir vorher erschien: Nun glaubte ich es.

Nun glaubte ich an ihn.

Von der Erbärmlichkeit zum Erbarmen

Vielleicht lag es an der Finsternis, die ich kennenlernte, nachdem ich nach München gezogen war. Die Dunkelheit, die sich zuweilen wie ein schwarzer Nebel über alles legte, ein Schatten, der jedes Licht erlosch. Vielleicht brauchte ich die Dunkelheit, um das Hoffnungslicht erkennen zu können, das winzig und doch da war, ein kleines Licht, das mich nach und nach zurückholte ins Leben, zu Gott und mir Jesus zeigte, der an meiner Seite war und den ganzen Weg mit mir ging.

Vielleicht brauchte ich die Demut der Schwäche, »um von der Erbärmlichkeit zum Erbarmen zu gelangen«, wie Papst Franziskus einmal sagte. Vielleicht musste ich die Armut des Lebens erfahren, seine Geringfügigkeit, meine Bedeutungslosigkeit, ja die Nichtigkeit, dieses Nichtleben ohne die Brüder, das Nicht-Ich, um zu verstehen, dass Immanuel »Gott mit uns« bedeutet und dass »Immanuel« nicht bloß ein Wort, ein Name ist, sondern eine Tatsache.

Wer weiß das schon …

Vielleicht lag es auch an Israel, einer Pilgerfahrt dorthin, nach all diesen Erfahrungen. Zu den Orten, an denen Jesus lebte und lehrte, wo er wirkte und litt, wo er geboren wurde und wo er starb: in Jerusalem, am See Genezareth, auf dem Berg Tabor, in Nazareth, am Jordan und in Bethlehem, das im palästinensischen Autonomiegebiet liegt. Davon wird noch die Rede sein.

Israel jedenfalls war weit mehr als eine Sightseeingtour für mich. Ich besichtigte das Land nicht nur, ich erlebte, ja, ich lebte es, weil Jesus dort gelebt hatte. Jesus war das Heilige Land. Und das Heilige Land war Jesus. Er selbst. Fast leibhaftig.

Ich ging auf seinen Spuren, und ich spürte seine Spuren. Ich ahnte sein Ringen in der Todesangstbasilika und sein Flehen. Ich litt mit, und das war kein Mitleid im Sinne bloßer Anteilnahme. Ich fand Jesus auf dem Berg der Seligpreisung und am See Genezareth. Das war ein ganz anderer Jesus als der, den ich bislang kannte. Nicht bloß ein Vorbild, sondern … ja, was, wer? … der Gottessohn! Hier war er da, der Glaube an Jesus, von dem ich vorher nichts ahnte.

In Israel hatte ich eine Ahnung von Jesus bekommen, vom leibhaftigen Sohn Gottes. Von Jesus, der mir abnimmt, was ich mir nicht abnehmen kann. Der mir gibt, was ich mir nicht geben kann. Der Anteil nimmt an meinem Leben und Anteil gibt an seinem Leben mit Gott. Der mit mir geht, sodass ich nie alleine bin. Bis in den Tod und über ihn hinaus. Für alle Zeit. Weil er für mich gestorben ist.

Ich kann nicht behaupten, dass ich das alles durchdringe. Aber das spielt keine Rolle. Mir genügt die Ahnung. Mehr werde ich nie begreifen. Weil es weder zu begreifen noch zu greifen ist. Darum muss ich auch nicht wissen, warum das so ist. Und woher meine Ahnung rührt, der Glaube ist.

Endlich.

Nackter Glaube

Wäre es nicht schön, wenn dieser Jesus auch zu uns käme und hier jemanden heilen würde, wie er es in den biblischen Geschichten getan hatte? Wenn er helfen könnte, wo die Medizin an ihre Grenzen stößt und Ärzte nichts mehr ausrichten können? Wenn er jemanden retten würde, der unheilbar krank ist? Wenn er ihn von seinem Leid befreien könnte? Ja, das wäre gut. Doch das ist Träumerei.

Ich glaube nicht, dass Jesus jemanden heilen kann, wie wir es aus den Gleichnissen kennen. Ich halte auch nichts von Gebeten, die das erbitten. Das kommt mir anmaßend vor. Auch wenn Jesus selbst am Abend vor seinem Tod gefleht hatte: *Mein Vater, wenn es möglich ist, gehe dieser Kelch an mir vorüber.* So ist dieses Flehen doch unvollständig ohne den Zusatz: *Aber nicht wie ich will, sondern wie du willst.* Gibt es ein innigeres Gebet? Ganz und gar und buchstäblich Gott-ergeben? Und als er so gebetet hatte, *erschien ihm ein Engel vom Himmel und stärkte ihn.* (Lk 22,43)

Das ist ein Gebet!

Ich glaube auch nicht an einen strafenden Gott. An einen, der vernichtet. Denn wenn es stimmt, was fast alle Theologinnen und Pfarrer sagen, dass das Leben von Gott kommt und deshalb nur von ihm genommen werden darf, wäre Gott es auch gewesen, der erst das Leben des einen Bruders durch eine Krankheit und später das des anderen durch ein Verbrechen genommen hätte. Das glaube ich aber nicht. Weil ich es nicht glauben kann.

Genauso wenig glaube ich, dass Gott will, dass jemand leidet, dass Menschen unerträgliche Schmerzen haben, ohne jede Aussicht. Und doch passiert es. Andauernd.

Wie viel Schmerz kann man ertragen, wie viel Angst aushalten? Wie viel muss ein Mensch erdulden? Und was ist, wenn er keine Kraft mehr hat, wenn er nicht mehr kann? Und auch nicht mehr will? Wie viel muss er dann aushalten? Und wie lang? Was verlangen theologisch bewanderte Menschen Todkranken ab, wenn sie ihnen sagen, das musst du ertragen, denn alles Leben kommt von Gott und nur Gott darf es nehmen? Was fordern die, die so ein »Leben« selbst gar nicht kennen, die vielleicht nie in einer Intensivstation miterlebt haben, was eine Krankheit mit einem Menschen machen kann? Und was aus ihm?

Was verlangt Gott?

Als mein Münchner Bruder im Krankenhaus war, haben wir viel geredet, oft auch gelacht, wir haben uns wie die Kinder davongestohlen und heimlich geraucht, wir haben geschwiegen, wir haben geflucht. Wir unterhielten uns über Familie und Freunde, über Politik und Fußball, und nie werde ich vergessen, wie er mir die Abseitsregeln beibrachte, indem er die virtuellen Spieler auf dem Notfallknopf nachstellte, nie …

Wir sprachen über alles, über früher und heute und am Ende buchstäblich über Gott und die Welt. Über das Leben und den Tod. Über das Sterben und Sterbehilfe. Das auch. Natürlich. Ich hätte ihm geholfen, ohne Frage, und er wusste das auch. Zum Glück kam es nicht dazu. Vielleicht genügte das Wissen, dass er nicht allein gewesen wäre.

Aber ich hätte geholfen und würde es tun. Nicht, weil es rechtlich erlaubt ist, denn Beihilfe zur Selbsttötung ist mangels strafbarer Haupttat nicht strafbewehrt. Auch nicht, weil das Bundesverfassungsgericht die letzten juristischen Zweifel daran beseitigt hat. Sondern weil ich es richtig finde zu helfen, wenn jemand vor Schmerzen und Ausweglosigkeit weder ein noch aus weiß. Denn wer bin ich, einem Menschen meine Hilfe zu verweigern? Was wäre ich für eine Freundin, was für eine Schwester? Eine, die nur da ist, Heiterkeit zu verbreiten, und wenn die Not überhandnimmt, wegzuschauen und zu sagen, sieh zu, wie du damit zurechtkommst, mach, was du willst, aber halt mich da raus? Was wäre das für eine Liebe, wenn ich versuchte, ihm oder ihr den Plan auszureden, und mich abwende, wenn mir das nicht gelingt? Es wäre keine Liebe. Es wäre bloß der Blick auf mich. Der Weg des geringsten Widerstands.

Ich würde helfen, würde begleiten bis zuletzt und mitgehen, in die Schweiz oder wohin auch immer. Weil Freundschaft und Liebe für mich nicht enden, wenn es an der Zeit ist, sie zu beweisen.

Ich rede nur von mir. Über das, was andere tun, urteile ich nicht, weil die Frage der Sterbehilfe vermutlich zu den schwierigsten Fragen gehört, die es gibt. Niemand sollte kritisiert werden, der sie ablehnt. Aber auch niemand geächtet, die anderen hilft. Es gibt gute Gründe für beides. Und schlechte Motive für beides. Die Entscheidung, ob man jemandem hilft, das Leiden zu beenden, muss jede und jeder für sich beantworten – vor dem eigenen Gewissen und mit den eigenen Überzeugungen, ob sie vom ärztlichen Eid geprägt sind, von juristischen Gedanken geleitet oder vom Glauben bestimmt.

Vor dieser Frage steht jede und jeder allein. Es ist eine Gewissensentscheidung, die uns auch der Gesetzgeber nicht abnehmen kann.

Eines aber weiß ich. Gott würde es nicht gutheißen, wenn wir uns anmaßen zu wissen, was richtig und was falsch ist, wenn wir uns über andere erheben und sie womöglich moralisch verurteilen; wenn wir anderen sagen, was sie zu denken oder zu glauben, zu tun oder zu lassen, was sie zu erdulden haben und was zu ertragen. Weil Gott uns nimmt, wie wir sind. Mit unseren Stärken und unseren Schwächen. Mit unseren Entscheidungen, wie immer sie ausfallen. Denn Gott urteilt nicht nach unseren Maßstäben. Und er verurteilt nicht. Das tun nur Menschen.

***

Auch im Fall eines Suizids würde Gott niemanden verstoßen, da bin ich mir sicher. Natürlich will Gott, dass wir leben. Aber er zwingt uns nicht, am Leben zu bleiben.

Niemals würde er am Ende eines Lebens sagen: Du hast es geschafft, du hast Krisen überwunden und wieder Lebensmut gefasst, dich nehme ich an. Dich aber lehne ich ab, weil du deinen Lebensmut verloren und den Tod gewählt hast. So ist Gott nicht.

Selig sind, die da Leid tragen, denn sie sollen getröstet werden, sagte Jesus in der Bergpredigt (Mt 5,4). Ich bin zutiefst davon überzeugt, dass das für alle gilt. Vielleicht sogar besonders für die, die es nicht schaffen, ihr Leid zu tragen, die das Leid nicht mehr ertragen, die keinen Trost finden, bei nichts und niemandem, und keinen anderen Ausweg sehen, als sich das Leben zu nehmen.

Auch die sind selig. Auch sie werden getröstet. Gerade sie. Sonst wäre Jesus nicht Jesus, sondern einer, der berechnet. Das aber tut Jesus nicht. Jesus beurteilt uns nicht danach, ob wir Leid ertragen können und wie wir es aushalten. Jesus ist da, wo das Leid ist, selbst im tiefsten Abgrund, im Abgrund der Verzweiflung. Dort, wo der letzte Lebensfunke erlischt. Jesus geht mit, er geht mit in den Abgrund und durch den Abgrund hindurch. Das gilt auch für die, die nicht mehr leben wollen. Für sie ganz besonders.

Gott ist keiner, der die Starken bevorzugt; jene, die das Glück haben, die Ausweglosigkeit nicht zu kennen. Und die Schwachen zurückweist; jene, die das Pech haben, nicht weiterzuwissen. Gott lässt niemanden fallen. Weil wir ihm gehören, *ob wir leben oder sterben*. (Röm 14,8)

Wenn jemand sich das Leben nimmt, ist das vielleicht der einzige Trost für die, die übrig bleiben. Das glauben zu können, ist nackter Glaube, weil außer dem Glauben nichts mehr bleibt. Denn am Freitod selbst ist nichts, was für einen barmherzigen Gott spricht, nichts, das die anderen einfach weiter an Gott glauben lassen kann, als sei nichts gewesen. Wer einmal erlebt hat, wie es ist, um jemanden zu trauern, der sich das Leben nahm, dem bleibt nur die Hoffnung auf Gottes Barmherzigkeit für den, der nicht mehr lebt. Dem bleibt nur die Hoffnung, dass Gott seine Zusagen hält: Ich lasse dich nicht fallen. Du gehörst mir. Ich verlasse dich nicht. Dem bleibt nur, auf Jesu Versprechen zu setzen: *Siehe, ich bin mit euch alle Tage bis zum Ende der Welt.* (Mt 28,20)

Gott schenkt uns das Leben, ja, das glaube ich. Aber verantwortlich sind wir. Gott führt uns nicht wie Marionetten an unsichtbaren Fäden. Gott liebt uns, und er leidet mit uns. Er leidet auch an uns. Er leidet an unserer Ohnmacht und unserem Unvermögen, am Zerstörerischen und Selbstzerstörerischen. Er leidet an uns, wenn wir Entscheidungen treffen, die uns und anderen schaden oder Leid zufügen. Aber er verlässt uns nicht. Er lässt uns nicht fallen.

Ich kann zu ihm beten, ihn anflehen, ihn suchen oder verfluchen, ihn lieben oder vor die Tür setzen. Er ist immer da.

… auch wenn ich nicht mehr weiterweiß.

… gerade, wenn ich am Ende bin.

… vor allem wenn ich nicht mehr leben kann. Und nicht mehr hier sein will.

Wenn der Tod nicht länger mein Feind ist, sondern mein Freund. Dann ist Gott da.

Höflich sind nur die Friedhöfe

Es gibt Sätze, die hätte ich mir gerne ausgedacht. Das ist so einer: »Höflich sind nur noch die Friedhöfe.« Er stammt von Robert Menasse. Ich fand ihn in seinem Buch »Die Hauptstadt«. Ich weiß nicht mehr, in welchem Zusammenhang er stand. Aber er blieb mir in Erinnerung. Weil er etwas Wahres zum Ausdruck bringt.

Ich mag keine Beerdigungen. Den Anblick des Sarges, wenn er im Grab versenkt wird, ertrage ich nicht. Gestorben und begraben, hinabgelassen in das Reich des Todes. Mit Blumen und Erde, geworfen auf die Endgültigkeit. Mit Tränen der Hoffnungslosigkeit. Und Ohmachtsverstummen. Dann hasse ich Friedhöfe. Dann will ich fort.

Sonst aber bin ich gern auf Friedhöfen, egal, ob dort jemand liegt, den ich zu Lebzeiten kannte oder nicht. Regelmäßig besuche ich den Friedhof im Münchner Stadtteil Nymphenburg. Ich mag ihn, weil er ganz abseits liegt, fern jeden Trubels. Und weil wir als Chor dort immer singen am 1. November, zum Hochfest Allerheiligen. Mich bewegt die Stimmung, das Feierliche dieses Tages. Trotz der Trauer, die ihn umgibt.

Ich bin gern auf Friedhöfen wegen des Friedens, den die Orte schon in ihrem Namen tragen. Manche nennen Friedhöfe »Gottesacker«. Andere sprechen von »Ruhestätte«. Frieden und Gott und Ruhe. Das suche ich dort, diese drei. Hier finde ich sie leichter als in den Kirchen. Weil es hier friedlich ist. Weil Gott da ist.

Und niemand spricht.

Ich mag die Friedhofsruhe, die keine Grabesstille ist, weil Grabesstille Totenstille ist und Tote viel zu sagen haben.

Ich mag die Friedhofsruhe, weil sie die zum Schweigen bringt, die noch am Leben sind. Weil sie nicht zulässt, dass jemand Fragen stellt. Ich gehe gern auf Friedhöfe, weil mir oft zu viel geredet wird. Wenn Trost zu schnell gespendet und darum oft Vertröstung wird. Wenn jemand Hoffnung machen will, wo keine Hoffnung ist. Wenn jemand etwas sagt, was ich nicht glauben kann. Wenn Schweigen nötig wäre, doch keiner schweigt. Wo Schweigen nicht bloß höflich wäre, sondern angebracht.

Friedhöfe sind höflich, weil sie mir Ruhe geben und mich in Ruhe lassen. Weil sie Distanz und Nähe schaffen. Weil sie Achtung fordern und Demut. Friedhöfe sind höflich, weil sie Rücksicht nehmen und sich selbst zurücknehmen. Weil sie sich niemals in den Vordergrund drängen. Weil sie nicht reden und auch keine Predigten halten, in denen angeblich Gottes Wort verkündigt wird, auch dann, wenn Gott gar nichts zu sagen hat. Ich mag Friedhöfe, weil selbst Gott hier still wird.

Weil er durch seinen Sohn die Trauer kennt und das Verstummen.

Weil niemand besser weiß als Jesus, dass Trauer und Verstummen, dass Zweifel und Verzweiflung zum Leben gehören wie das Sterben und der Tod.

In solchen Momenten ahne ich, was hinter Augustinus' Satz stecken mag: »Gott ist uns näher als wir uns selbst.« Es ist seltsam, dass mir das gerade hier einfällt und nicht in einer Kirche, wo ich Gottes Nähe doch erwarte. Vielleicht weil angesichts der Sterblichkeit, die nirgends klarer wird als auf dem Friedhof, Gott ganz anders in Erscheinung tritt. Ohne drum herumzureden. Ohne Anläufe und auch ohne Umwege. Sondern ganz direkt. Und wortlos. Hier gibt es nur uns beide, Gott und mich.

Auf Friedhöfen liegt die Hoffnung begraben. Aber eine neue beginnt.

Gott ist seltsam

»Wenn du Gott nur in der Kapelle findest und nicht im Stall und auf dem Acker, dann kennst du Gott nicht«, sagt Meister Eckhart. Ja, das stimmt. Vielleicht schaue ich deshalb immer in den Himmel, wenn ich auf Friedhöfen bin. Ich tue es, um den Brüdern einen Gruß zu schicken. Einmal tat ich es auch, um Gott zu fragen: Warum bist du hier? Willst du mir etwas sagen? Da schwirrten mir plötzlich lauter Bibelstellen durch den Kopf.

Mein Konfirmationsspruch, der mich begleitet, seit ich ihn kenne:
Fürchte dich nicht, denn ich habe dich erlöst; ich habe dich bei deinem
Namen gerufen; du bist mein! (Jes 43,1)

Der Satz aus dem Paulus-Oratorium von Mendelssohn, der zu meinem Lebenssatz geworden ist:
Mache dich auf, werde licht; denn dein Licht kommt, und die Herrlichkeit
des HERRN geht auf über dir! (Jes 60,1)

Die bewegende Arie aus Mendelssohns Elias:
Ja, es sollen wohl Berge weichen und Hügel hinfallen, aber deine Gnade wird nicht von mir weichen. (Jes 54,10)

Dieser Vers aus dem Matthäusevangelium:
Bei euch aber sind sogar die Haare auf dem Kopf alle gezählt. (Mt 10,30)

Schließlich das Gleichnis vom verlorenen Schaf:
Wenn einer von euch hundert Schafe hat und eins davon verliert, lässt er dann nicht die neunundneunzig in der Wüste zurück und geht dem verlorenen nach, bis er es findet? Und wenn er es gefunden hat, nimmt er es voll Freude auf die Schultern, und wenn er nach Hause kommt, ruft er die Freunde und Nachbarn zusammen und sagt zu ihnen: Freut euch mit mir, denn ich habe mein Schaf wiedergefunden, das verloren war! (Lk 15,3–6)

Und ich wusste auf einmal, was Gott mir sagen wollte, genau hier, auf dem Friedhof:

Das bin ich, dein Gott: Ich nenne dich bei deinem Namen, ich kenne dich. Ich sporne dich an und verheiße dir Herrlichkeit. Ich weiche dir nicht von der Seite, und wenn die Welt um dich zusammenstürzt. Ich kenne jedes Haar an dir. Ich suche dich, wenn du dich verläufst, und wenn du glaubst, verloren zu sein, dann suche ich dich erst recht. Ich suche nach dir, bis ich dich wiederfinde. Und wenn ich bis in den letzten Winkel gehen muss, ich finde dich. Denn du bist mein, du gehört zu mir, du gehörst mir. Ich habe dich erlöst. Vergiss das nicht. Ich bin da.

Und ich kam aus dem Staunen nicht mehr heraus. Das alles macht Gott für mich? Er ist immer da, für mich?

Gott ist wirklich seltsam.

Norbert Roth

Stadt der Engel

»Was muss ich glauben und was kann ich wissen?« Oh, was macht mich diese Frage müde. Als sei das Wissen freundlich und der Glaube eine Pflicht! Immer wieder werde ich in solche Gespräche verwickelt. Man sitzt im Biergarten. Sitzt da, allein oder zu zweit. Und man wird schnell mehr. Fremde Menschen fragen, ob noch Platz sei. Setzen sich dazu. Und je nachdem, ob's was Wichtiges zu besprechen gibt oder nicht, signalisiert man unbewusst Freude am Gespräch mit den neuen Nachbarn.

Es werden oft lustige Runden, Gespräche über das Leben, das Wetter, den Fußball und München. »Und wo kommst du her?« – »Ah geh, a Franggnge!« Dann geht's um Wohnungen, Biersorten und eine Prise Politik. Nichts Wildes, aber auch nichts langweilig Oberflächliches. Häufig sind es bemerkenswerte Begegnungen. Auf die Neige der ersten Maß Bier hin kommt früher oder später die unvermeidliche Münchner Frage: »Und was machst du so beruflich?« Heiteres Beruferaten. Immer. Man scannt sich ein wenig ab. »Bin bei der Bank.« – »Ich studiere noch. Später will ich irgendwas mit Medien machen« – »Versicherungsbranche.« – »Ich bin bei BMW.« – »Ich bin Pfarrer.« Und manchmal bereue ich das kurz. Aber selten. Also nicht, dass ich's bin, sondern dass ich gesagt habe, ich sei's.

»Katholisch oder evangelisch?« Das ist immer die erste Frage, die nach meiner genuschelten Auskunft kommt. Wetten werden abgeschlossen. »Puh, das geht ja noch!«, sagt man erleichtert, wenn ich mich als Evangelischer bekenne. »Schaugst aber gar net so aus, wie a Pforra.« Der Klassiker. »Ah geh! Du bist ja tätowiert. Darfst du des?« Wenn das alles geklärt ist, wird mal kurz gelacht, um das Wohlwollen zu signalisieren, und das Thema dann für gewöhnlich die nächsten 90 Minuten ignoriert. Man will ja nicht persönlich werden.

Häufig jedoch kommt die Unterhaltung später wieder zurück zur Kirche. Da sind so viele offene Fragen. Aber auch so viele billige Antworten und blöde Klischees. Ich höre oft, dass Menschen gern Ministranten waren. Tolle Pfarrer hatten. Oder ganz schlimme. Ganz tolle Relilehrerinnen oder schlimme. Sie trafen Engel. Oder ... halt Menschen. Oft sehr berührende Erzählungen. Auch sehr witzige. Und ehrliche. Sollte es vorkommen, dass es so gefunkt hat, dass man nicht mehr nur über die Kirche sprechen will – über die zu reden kein großes Ding ist, man findet ja genug zu schimpfen –, sondern über den lieben Gott, fängt es an zu lodern wie am Lagerfeuer, dann werden die Abende lang.

Was muss ich glauben, was kann ich wissen?

Die Frage »Was muss ich glauben – was kann ich wissen?« zwängt sich zwischen den mit handelsüblichen Bodenplatten zubetonierten Weltdeutungen wie frisches Grün hervor. Als wäre eine sichere Antwort darauf der einzige Halm, an den man sich klammern kann, wenn die Frage nach dem persönlichen Woher und vor allem nach dem eigenen Wohin in immer kürzeren Abständen in den Alltag drängt. Es steckt in dieser Muss-Kann-Frage – hinter aller Abwegigkeit – die Sehnsucht nach einer klaren Antwort. Was ist denn sicher? Was ist denn gewiss?

Ich frage mich, wer den Leuten beigebracht hat, dass die Gegenüberstellung von Glauben und Wissen überhaupt Sinn ergibt. Für mich klingt das immer so, als wäre der Glaube der kleine, zurückgebliebene Bruder vom Wissen. Als gäbe es den Glauben nur als löchrigen Strumpf. Wie ein einsamer runzliger Apfel, am Plastikweihnachtsbaum vergessen. Ja, als wäre der Glaube ein nur wenig verlässliches Fundament, worauf ich mein Leben gründen könne. Im täglichen Sprachgebrauch besitzt das Wort »glauben« oft die Bedeutung von Nicht-Wissen. Ich glaube, das Wetter wird gut. »Schön wär's, ich wüsste es genau. Aber ich bin mir meiner Sache nicht sicher, ich vermute, ich glaube es nur.«

Wenn aber Glaube nur ein mangelhaftes Wissen ist, dann sollten wir den Tag herbeisehnen, an dem die Wissenschaft den Glauben überflüssig macht. Und diese Erzählung ist ja auch wirksam. Aber stimmt sie? Mir wurde immer wieder mal vorgehalten, ich sei naiv. Von Freunden und Lehrern und Lebenspassanten. Ich sei wie einer der Leute, die vor 500 Jahren bei Wetterphänomenen, da sie physikalisch noch unerklärbar waren, als Gottes Art zu belohnen oder zu bestrafen deuteten. Heute weiß man, wie das geht. Ein Donner. Wir müssten uns nur noch ein wenig weiter »evolutionieren«, um den löchrigen Strumpf »Glauben« nicht mehr zu brauchen. Wir wären vom Glauben zum Wissen gekommen. Und Gott endlich los.

»Du glaubst ja nur an Gott, um mit deiner Angst vor dem Tod oder dem Leben klarzukommen.«, höre ich oft. Das soll mir wohl sagen, dass mein Glaube nicht frei von Interessen sei. Nun, das weiß ich natürlich nicht genau. Wer schöpft schon ausschließlich aus reinen Quellen? Aber vermutlich sagt dieser Satz oft mehr über den Absender aus als über mich. Denn der, der das sagt, sagt implizit: »Ich bin nicht so!« Und wenn ich ehrlich bin, habe ich davor großen Respekt. Denn der Satz mag wohl zuerst kurz wehtun, wenn man ihn sich sagen lassen muss. Aber dieser Satz ist auch verdammt aufrichtig! Der Mensch, der das sagt, spürt, dass man Gott nicht einfach zum Werkzeug machen, ihn bei Bedarf nutzen, sonst aber getrost beiseitelegen kann. Er ist zu dem Schluss gekommen: »Bevor ich an Gott nur deshalb glaube, weil ich anders nicht klarkäme, lass ich es lieber.« Meistens kommt dieser Satz nicht so konfrontativ wie oben daher, sondern er wird eher verallgemeinert, lautet dann: »Wenn es den Leuten schlecht geht, dann sind die Kirchen voll. Den Menschen geht's einfach zu gut. Sie brauchen Gott nicht.«

Womöglich ist da etwas dran. Man glaubt anderem mehr als Gott. Den Umständen und den menschlichen Opportunismen. Aber das ist nicht der Punkt. Spannender wäre es in meinen Augen, die Frage einmal umzudrehen. Wenn ich lieber auf Gott verzichte, um mir selbst keinen Makel attestieren zu müssen – seien es emotionale oder intellektuelle Schwächen, religiöser Opportunismus, charakterliche Defizite oder vernarbte Wunden –; wenn ich auf Gott verzichte, weil ich mich stark und gelassen genug fühle, um dem Leben und dem Tod zu begegnen; wenn für mich Gott nur eine fixe menschliche Idee und Religion eine beruhigende Pille ist, hab ich mich der Frage ja überhaupt nicht entledigt. Denn in gleichem Maße wie Menschen ein Interesse daran haben, dass Gott existiert, können sie ein Interesse daran haben, dass es ihn nicht gibt. Kein Mensch leugnet Gott, der nicht daran interessiert ist, dass es ihn nicht geben darf. Warum eigentlich nicht? Und da bin ich wieder beim Müssen und Können. Nur umgekehrt. Was kann ich wissen, um *nicht* glauben zu müssen? Und warum ist die Ablehnung des Glaubens so viel gewisser als die Zustimmung?

Menschen, die den Glauben ablehnen, begründen dies oft damit, dass ihnen die Fakten, die für den Glauben sprechen, fehlen. Glaube aber hat nichts mit Umständen zu tun, die man zur Kenntnis nimmt, sammelt, auswendig lernt und bei genügend Wissensstand zu einer entsprechenden Weltanschauung zusammenschraubt. Der Glaube ist die Annahme, dass das Zeugnis eines anderen Menschen der Wahrheit entspricht. Dem Glauben geht es nicht um die Wahrnehmung und die entsprechende Deutung der Welt. Es ist anders herum: Vom Glauben her beginne ich, die Welt zu deuten.

Glaube hat sein Wesen in der Beziehung zwischen Personen. Glaube ist Vertrauen. Ich würde gar nicht leben, wenn es den Glauben nicht gäbe. Denn vom Glauben her – den meine Eltern für und an mich hatten, habe ich gelernt, dass man Menschen trauen und lieben kann. Ich glaube an die Möglichkeit von Liebe und Vertrauen in dieser Welt, weil ich ohne Vertrauen – das sich in Zuwendung, Geduld, Sprechen und Trösten verwirklicht – gar nicht atmen würde. Im Wissen weiß ich nur, *dass* ich bin. Durch Vertrauen lerne ich, *was* ich bin. Mensch, Sohn, Zwillingsbruder, Freund, Partner. Wenn ich nur auf die gleiche Weise von Gott wüsste, wie ich weiß, dass mein BMI an die 30 schrammt, müsste ich entsprechend handeln. Ich müsste! Ich wäre gezwungen. Ich wäre nicht frei, es zu wagen, Gott zu glauben. An Gott zu glauben. Ihm zu vertrauen.

Dass der Maßkrug, der mir aus der Hand rutscht, auf die Erde fällt, darauf brauche ich nicht zu vertrauen, das weiß ich. Die Funktion der Erdanziehungskraft ist von meinem Glauben nicht abhängig. Dass aber ein Mensch, ein Freund, zu mir hält, das ist nicht in logischen Naturgesetzen begründet, sondern kommt aus seiner freien Entscheidung. Er könnte auch anders. Vertrauen rechnet mit Verlässlichkeit. Jene Verlässlichkeit des anderen, der zwar anders könnte, als ich es von ihm erhoffe, der aber nicht anders will. Und nichts anderes tut. Liebe. Freundschaft, Solidarität, Vergebung und Füreinandereinstehen sind nicht nach logischen Regeln funktionierende Mechanismen, sondern in Freiheit gelebtes und gewagtes Mit- und Füreinander. Glaube ist Vertrauen. Und das kann ich nur geschenkt bekommen. Das kann ich nicht auswendig lernen wie den Satz des Pythagoras. Vertrauen geht nur im Wagnis. Unverfügbar. Um das eingehen zu können, gibt es Engel. Ja, Engel, die einem begegnen, wie Relilehrer oder Pfarrerinnen.

Die Christen sagen in ihrem Großen Glaubensbekenntnis:

Wir glauben an den einen Gott, den Vater,
den Allmächtigen,
der alles geschaffen hat, Himmel und Erde,
die sichtbare und die unsichtbare Welt.

Es gibt also etwas, so schrieben es die Väter und Mütter im Glauben, was sich bei aller Gelehrsamkeit und Erkenntnisfähigkeit dem verfüg- und abrufbaren Wissen entzieht. Es gibt ein Geheimnis in dieser Welt, ein Dahinter, eine mindestens vierte Dimension – eine unsichtbare Welt. Und wenn ich eine Gewissheit hier als Kronzeugen anführen darf: Das weiß auch jeder! Jeder Mensch weiß, dass es etwas gibt, was man nicht wissen kann. Und dieses eine Nichtwissen stellt alle Unhinterfragbarkeit von Wissen infrage.

Gott glaubt an uns

Ich bin überzeugt davon, dass Gott um beides in uns weiß. Er weiß um unsere Begier nach Wissen. Gott weiß um unseren menschlichen Drang, richtig und falsch unterscheiden zu können und ein Experiment noch mal, noch mal und noch mal durchzuführen, um eine

Idee zu bewahrheiten. Die Ausdauer noch mal, noch mal und noch mal nachzurechnen, um zu sehen, ob die Gleichung endlich aufgeht. Diese Sehnsucht nach Sicherheit, in der wir uns sagen können: »So ist es! So soll es sein.« Ein selbst gemachtes »Amen«. Um diese suchende Sehnsucht weiß Gott und ich gehe davon aus, dass diese unstillbare Neugier auf das, was die Welt im Innersten zusammenhält, Gottes Handschrift trägt. Er will nicht, dass wir uns ein X für ein U vormachen lassen sollen. Von niemandem, auch von ihm nicht. Die Wahrheit soll uns frei machen! Deswegen ist die Fähigkeit zur Erkenntnis, zum Wort – im Sinne von Logik – eine göttliche Gabe.

Aber Gott kennt auch unsere andere Seite, die Seite des Vertrauens. Der Wunsch in uns, etwas nicht wissen zu müssen. Ja, es gar nicht wissen zu wollen. Weil es sonst seinen Zauber verliert. Unsere Gottesebenbildlichkeit kommt am meisten darin zum Ausdruck, dass wir vertrauen können. Ich weiß, das Vertrauen ist fragil und kann zerstört werden. Doch das unterstreicht meinen Gedanken sogar noch. Denn Gott vertraut auch uns. Auch er kann sich unserer Liebe nie gewiss sein. Er kann uns nicht zwingen, ihm zu vertrauen – sondern er muss uns vertrauen, dass wir ihm mehr mit kindlichem Zutrauen begegnen als mit berechnender Angst.

Wozu hat Gott die zwei Bäume ins Paradies gestellt, um die wir nach seinem Rat besser einen Bogen machen sollten? Um uns an der Nase herumzuführen? Üblicherweise – und so zischelt es auch die Schlange – wird das so gesehen, und das stellt Gott unter den Verdacht: »Der Ewige enthält uns doch etwas vor. Der Mensch könnte so viel größer sein, als er ist. Wenn der Höchste ihn nur nicht so niedrig halten würde. Er gönnt ihm Erkenntnis und ewiges Leben nicht!«

Ja, das könnte man glauben. Aber warum hat Gott die beiden Bäume nicht einfach weggelassen? Vielleicht weil er den Menschen vertraut, dass sie ihm trauen. Weil er den Menschen glauben will, dass sie ihm glauben. Ihm glauben, dass Gott keinen Marshmallowtest mit uns macht. Er testet nicht, wie lange wir uns beherrschen können, bis wir verbotenerweise zugreifen. Dass Gott für uns ist – nicht gegen uns. Was unser Misstrauen anrichtet, wissen wir.

Die Bibel erzählt von vorne bis hinten von einem glaubenden Gott. Gott versucht es mit Glauben und Vertrauen an uns, um die Menschen ins Vertrauen zu bitten. Und Gott traut uns immer wieder zu, auch nach allen Rückschlägen, dass wir es doch noch lernen werden, ihn zu lieben. Ihm zu vertrauen. An ihn zu glauben.

Eine der eindrücklichsten Geschichten dazu ist die Verkündigungsszene. Der Auftakt der Weihnachtsgeschichte. Maria bekommt eines Tages unvermittelt Besuch aus der unsichtbaren Welt. Der Engel Gabriel steht vor ihr. Was da passiert, ist genau dies: Gott glaubt. Er weiß nicht, ob Maria zu seinem Plan Ja sagen wird. Er kann es nicht wissen. Gott bittet vertrauensvoll einen Menschen, eine junge Frau, ihm voll und ganz zu vertrauen. Damit im Vertrauen wirksam werde, was er für einen guten Weg mit seiner Welt gehen möchte.

Die Szene ist uns so überliefert, dass deutlich wird: Maria hätte locker und auch ohne Gesichtsverlust »Nein!« sagen können. »Such dir doch eine andere Dumme. Ich trau dir nicht, Gott. Was bildest du dir ein? Überleg dir mal, was das für mich heißt, ich mach mich doch völlig lächerlich! Mein Leben geht den Bach runter. Nö!« Es steht jedenfalls kein einziges Wort da, das darauf schließen ließe, dass Gott hier auf eine sichere Bank setzte. Und um ihr das mögliche Nein sogar noch leichter zu machen, überfährt Gott sie nicht mit sich selbst, mit seiner unwiderstehlichen Unmittelbarkeit, seiner Größe und Allmacht. Sondern Gott schickt einen Engel.

Gefiederte Himmelsöffner

Engel haben in unserer Vorstellung meist etwas Kindliches, etwas Gläsern-Zerbrechliches. Wie ein edles, weißes Maskottchen. Der »Liebe Gott« für die Hosentasche – so begegnen Engel uns, nicht erst in unseren Tagen.

Engel machen Gott niedlich. Machen den Ewigen zu einem Wochenbegleiter durchs Jahr, den Unanschaulichen zum runden Kindergesicht mit Flügeln aus weißen Federn an der Schulter. Deswegen hatten Engel schon immer Konjunktur.

Das ist nur vordergründig kitschig. Denn Engel machen den Himmel auf. Engel sind greifbarer. Und das macht Gott – glaube ich – wegen einer geringeren Dosierung verträglicher. Denn das, was im Blick auf Gott (also dann, wenn Gott denn wirklich Gott ist) wichtig wird, wird oft als Überdosis für Verstand und Herz empfunden. Gott ist zu groß. Gott ist zu gewaltig. Die Ewigkeit auch. Der Tod auch. Und, ach – das Leben doch auch. Es ist alles zu groß! Da ist ein Engel ein ehrbarer, hilfreicher Geist. Ein himmlischer Begleiter, ein Repräsentant der guten Mächte, die bergen, die trösten und mir die Nähe Gottes irgendwie vertrauter machen können. Auch wenn ich das grelle Licht Gottes scheue, das Glimmen der Engel mag ich sehen.

Und da können Engel zu dem werden, was sie sind: Sie übersetzen. Sie rationieren die großen Portionen Gottes. Denn mit ihrem freundlichen Gefieder können Engel manche schrägen Vorstellungen von Gott wegwischen. Die Vorstellung etwa, dass Gott – weil er zu groß für mich ist – sich nicht für den alltäglichen Kram und Kummer meines kleinen Lebens interessieren würde. Oder die Vorstellung, dass Gott – weil er so groß ist – sich eines Tages abwenden wollte, weil er die Nase voll hat von mir und uns und unseren kleinlichen Eitelkeiten und handfesten Sünden. Engel sind ein Hinweis von Gottes Zuwendung zum Menschen. In dieser Vorstellung von Engeln verbirgt sich die Wahrheit, dass Gott den Menschen nicht allein lässt und ihn oder sie mit heilender und liebender Nähe umgibt.

Das alles klingt mythisch, recht weit weg und ist doch sehr vertraut. Aber wo begegnen einem nun Engel? Im Biergarten? Sind sie realistisch oder stehen sie als Chiffre für Lebenserfahrungen, für Anfechtung, für die Momente, wenn man dem Unglück noch mal von der Schippe gesprungen ist oder einem im Gottesdienst oder anderswo ein Schauer über den Rücken läuft?

Spätestens seit der ersten kindlichen Gewissheit, dass Gott da ist. Seit dem ersten selbstverständlichen Gebet sind Engel Teil eines Lebens. Man muss sich in der Stadt und im Biergarten und in den Gottesdiensten nur mal umschauen, wie viele Gottesboten da beieinandersitzen. Eine ganze Stadt, eine ganze Kirche voll davon. Engel Gottes – seine Boten, gibt es. Sonst wären die Kirchen längst völlig leer.

Jede und jeder von uns hatte irgendeinen Menschen, der ihm oder ihr mal Vertrauen »verkündet« hat. Der gesagt hat: »Glauben ist unvergesslich, das muss man erlebt haben!« Es muss jemanden gegeben haben, der uns die Worte beigebracht hat: *Es begab sich aber zu der Zeit, dass ein Gebot von dem Kaiser Augustus ausging ....* Irgendwer hat uns mitgenommen zum ersten Kindergottesdienst und die ersten Lieder vorgesungen. Irgendwer hat uns mal gesteckt, dass es Jesus gibt und er uns unendlich liebt. Irgendwer hat uns mal das Beten beigebracht und gesagt: Du musst keine Angst haben, du bist nicht allein, niemals. Irgendwer war das – und das war ein Engel. Der sagt uns heute das Gleiche wie einst: »Fürchte dich nicht!« Gott hat dich in seine Hände eingezeichnet. Gott hat sich in Jesus gezeigt. Gott glaubt, dass du glücklich werden kannst. Gott vertraut dir. Er vertraut dir Leben an. Und Erkenntnis. Und Wahrheit. Das musst du nicht wissen, das kannst du glauben.

Berlin

Beatrice von Weizsäcker

Norbert! Kannst du mich bitte anrufen, bitte! Es ist etwas passiert

Das Bild ist seit heute mein Bild auf dem Handy ... ich glaub ich habs aktiviert in dem Moment als ...

Norbert Roth

☹

> **Norbert Roth**
> Wie geht's dir?

> **Beatrice von Weizsäcker**
> Taub und blind und erschreckt und traurig, andere tröstend

> **Norbert Roth**
> Kann ich was tun – für dich?

> **Beatrice von Weizsäcker**
> Da sein nah sein
> Mein Freund sein

> **Norbert Roth**
> Des mach ich!!!

> **Norbert Roth**
> Gott hat mir heut im Gottesdienst gezeigt, wie er dich behutsam umarmt, dich schirmt und dich anschaut ...

> **Beatrice von Weizsäcker**
> Wie hat er's dir gezeigt? Und hat er noch geweint?

Norbert Roth
Er zeigt mir manchmal so dinge ...
er weinte nicht mehr
Er war ganz Dir zugewandt

Beatrice von Weizsäcker
Das ist gut

Beatrice von Weizsäcker
Ich habe eben Berlinzüge gebucht und
war kurz davor, dem Fritz den BahnApp-
Link mit den Zeiten zu schicken ...

Norbert Roth
... er is noch nah

Beatrice von Weizsäcker
Total

Beatrice von Weizsäcker
Ich wollte ihn auch schon anrufen und
ihm sagen, dass er sich um die Mutter
kümmern muss

Norbert Roth
Gib acht auf dich ... Jesus tuts auch

Beatrice von Weizsäcker

Wenn sie auch wider dich streiten,
werden sie dir dennoch nichts
anhaben können; denn ich bin bei
dir, spricht der HERR, dass ich dich
errette.

Jeremia 1,19

omg! Die Losung vom Dienstag …
wie eine Prophezeiung

Norbert Roth
Eine Verheißung

Norbert Roth
Brennt für Fritz
Für dich
Fürs Leben

Beatrice von Weizsäcker

Das bedeutet mir alles

Beatrice von Weizsäcker

Mord und Totschlag

»Das Leben wird vorwärts gelebt und rückwärts verstanden«, schrieb Søren Kierkegaard. Das klingt gut, fast zu gut. Wie eine Vorhersehung rückwärts. Als gäbe es einen Plan für jedes Leben, einen göttlichen. Viele glauben daran. Ich nicht. Nie und nimmer hatte Gott geplant, dass mein Bruder ermordet wird. Das ist Unsinn. Kein Mensch kann rückwärts verstehen, warum er in seinem Vorwärtsleben den Vortrag in der Klinik just an diesem Tag hielt und nicht an einem anderen. Kein Mensch kann rückwärts verstehen, warum der Täter in seinem Vorwärtsleben den Mord beging. Jedenfalls kein Mensch, den ich kenne.

Warum tut man etwas? Wieso wird man, wie man ist, und nicht anders? Wäre ich katholisch geworden, wenn ich nicht nach München gezogen, sondern in Berlin geblieben wäre? Warum lernt man Leute kennen, diese eine ja, diesen anderen aber nicht? Hätte ich mich für einen anderen Weg entschieden, wenn ich andere Menschen kennengelernt hätte? Kann man Gottes Plan, so es ihn gibt, durchkreuzen? Und wenn man es könnte und es täte, absichtlich etwas anderes täte, als man eigentlich wollte, um Gottes Plan zu entgehen, wäre das dann auch Teil seines Plans gewesen? Herrliche, müßige Fragen.

Wenn man Kierkegaards Satz wörtlich nimmt, klingt er, als ergäbe alles Gelebte einen Sinn. Das ist falsch. Oder als könne man sich das Leben nachträglich schönreden. Das funktioniert nicht. Mir wäre es lieber, ich könnte das Leben rückwärts ändern, um ihm vorwärts einen Sinn zu geben. Aber das geht nicht.

Trotzdem gefällt mir der Satz, dass das Leben vorwärts gelebt und rückwärts verstanden wird. Denn zum Vorwärtsleben gibt es keine Alternative. Und am Rückwärtsverstehen ist manches wahr. Jedenfalls in meinem Leben.

Gott weint

In der Woche des 19. November 2019 war ich an der Reihe, für den Bayerischen Rundfunk den Kommentar »Zum Sonntag« zu sprechen. Ein kurzer Text, knapp fünf Minuten Sendezeit, der am Samstagabend ausgestrahlt werden sollte. Die Redaktion schaut sich die Texte vorher immer an, also schickte ich das Manuskript am Montag. Weil er am Abend vor Totensonntag gesendet werden sollte, hatte ich das Thema Sterben gewählt. So lautete mein Beitrag:

»Eine Woche vor dem 1. Advent wird es für die Protestanten hart. Es ist Totensonntag. Man gedenkt, der Name sagt es, der Menschen, die gestorben sind. Als seien die Todestage selbst nicht schon schwer genug. Wie soll man das aushalten?

Und dann ist da auch noch Buß- und Bettag wenige Tage vorher, und das Haupt will sich nicht mehr heben.

Wie das zum November passt,

… wenn die Nächte länger werden und die Tage kürzer. Wenn's dunkler wird. Und immer nasser. Wenn der Nebel kommt. Und man kaum sehen kann. Wenn's immer kälter wird. Und man nicht aufstehen will. Wenn's immer trister wird. Und man nicht lachen kann. Wenn alles welkt. Und nichts mehr glänzt. Wenn nichts mehr lebt. Und alles stirbt.

Da weint selbst Gott.

Was ist das nur für ein seltsamer Monat …

Wäre das Jahr ein Monopoly-Spiel, wäre der November das Gefängnis. Laufend zöge man die Karte: ›Gehe in das Gefängnis. Begib Dich direkt dorthin. Gehe nicht über Los. Ziehe keine 2000 Euro ein.‹

Muss das so sein?

Wie wäre es, wenn wir die Gefängnis-Karte wegließen und nur die schönen Ereigniskarten ziehen würden? ›Du hast Geburtstag‹ zum Beispiel. Oder: ›Du hast im Lotto gewonnen!‹ Das wär's doch: Glück und Geld! – Statt Trauer und Tod.

Doch was wäre das für ein Leben?

Es wäre ein Leben ohne Pause. Ohne Muße. Ein Leben ohne Zeit. Zeit für jene, die uns fehlen. Und die, die traurig sind. Für Menschen, die alleine sind. Und solche, die im Abseits stehen. – Zeit auch für uns.

Nicht umsonst ist der Totensonntag ein stiller Gedenktag, einer, an dem es keine öffentlichen Veranstaltungen geben soll, die nicht dem ernsten Charakter des Tages entsprechen. Der Tag, der das Kirchenjahr beschließt, soll buchstäblich still sein.

Diese Stille ist kostbar wie der November insgesamt. Sie verlangsamt das Leben. Sie verschafft Ruhe, bevor es hektisch wird im vorweihnachtlichen Wahnsinn, in der Zeit der rastlosen Erledigungen und sich häufenden Termine, als sei das Leben am Heiligen Abend vorbei. In dieser seltsamen Zeit, in der niemand Zeit hat.

Gewiss, am Totensonntag erinnern wir uns an Menschen, die uns fehlen, werden in vielen Kirchen die Namen derer genannt, die im Jahr zuvor gestorben sind, besuchen Protestanten die Gräber ihrer Angehörigen. Das *ist* traurig.

Doch der Totensonntag geht über die Trauer weit hinaus. Denn er ist auch der Ewigkeitssonntag. Nur weiß das kaum jemand. In den Kalendern, die ich kenne, ist davon nie die

Rede. Dort steht immer nur Totensonntag. Wie viel ermutigender wäre es, das Kirchenjahr nicht mit dem Tod zu beenden, sondern mit dem Gedanken an die Auferstehung und das ewige Leben.

Nicht von ungefähr singen viele Kirchenchöre an diesem Tag die vielleicht schönste Bach-Kantate: *Wachet auf, ruft uns die Stimme / der Wächter sehr hoch auf der Zinne / wach auf, du Stadt Jerusalem! / Macht euch bereit zur Ewigkeit!*

Denn das ist der Kern dieses Tages: die Ewigkeit, das neue Jerusalem, wo Gott selbst wohnt – *bei den Menschen*, wie es in der Offenbarung heißt. Wo es kein Leid mehr gibt und auch keinen Tod: *Und ich sah einen neuen Himmel und eine neue Erde; denn der erste Himmel und die erste Erde sind vergangen, und das Meer ist nicht mehr. (...) Und Gott wird abwischen alle Tränen von ihren Augen, und der Tod wird nicht mehr sein, noch Leid noch Geschrei noch Schmerz wird mehr sein; denn das Erste ist vergangen.* (LUT)

Mag das Leben hier auf Erden zu Ende sein, in Jerusalem geht es weiter. In der Stadt, die weder Sonne noch Mond braucht, weil die Herrlichkeit des Herrn sie erleuchtet. Das ist die Vision des Johannes, und nicht Tränen, Tod und Untergang. Was für eine Perspektive!

Nach der Offenbarung werden die Tore dort übrigens nicht verschlossen. Also kein Gefängnis, sondern Hoffnung, Himmel – und Ewigkeit.

Dafür braucht man keine Monopoly-Ereigniskarte. Das *ist* das Ereignis. Das ist die eigentliche Botschaft des Totensonntags.

Und Gott? – Gott lächelt uns an.«

Einen Tag, nachdem ich den Kommentar abgeschickt hatte, wurde mein Bruder in Berlin ermordet. Am Text änderte ich nichts. Ich ergänzte nur die letzte Zeile: »Und Gott? – Gott lächelt uns an.« Warum ich das tat, weiß ich nicht. Denn es gab nichts zu lächeln. Da hätte auch Gott weinen müssen. Wie wir.

Wie es mir gelang, den Kommentar zwei Tage später einzusprechen, ist mir bis heute ein Rätsel.

Das Kreuz

Vorwärts leben, rückwärts verstehen …

Anfang November 2019 hatte ich in Rom ein kleines Kreuz erstanden. Es ist eine Abbildung des Kreuzes in der Apsis der Basilica di San Clemente. Die Kirche ist so schön, dass es kaum auszuhalten ist, doch fotografieren darf man hier nicht. Natürlich versuchte ich es trotzdem und wurde prompt erwischt. So landete ich im Andenkenladen, nichts anderes hatte der Aufseher vermutlich erreichen wollen. Dort fand ich das Kreuz, zwölf Zentimeter hoch, sieben Zentimeter breit, aus einer Art gepresstem Holz, federleicht und gar nichts wert. Ich mochte es auf Anhieb. Die Darstellung vom gekreuzigten Jesus, der seine Arme wie zum Segen hebt und auf einem Sockel steht; dazu zwölf Tauben rechts und links, oben und unten. Alles auf blauem Grund, meiner Lieblingsfarbe.

Noch am Tag meiner Rückkehr brachte ich es an der Wand neben meinem Schreibtisch an, auf Augenhöhe. Das Kreuz ist so leicht, dass eine Reißzwecke genügt, es zu halten. Die ist natürlich auch blau.

Am Morgen des 19. November postete ich ein Foto vom Kreuz auf Instagram. Einen Grund dafür gab es nicht. Ich poste immer wieder anlasslos Bilder. Ich hatte eine Beschreibung hinzugefügt mit allerlei Hashtags, wie man das eben macht. An mehr erinnere ich mich nicht.

Dann kam am Abend die Nachricht aus Berlin. Und das Entsetzen. Das Nicht!-wahrhaben!-Wollen. Die Fassungslosigkeit. Das

Nicht-wahrhaben-Können und gleichzeitige Sorgenmachen. Das Organisieren erster Dinge. Das Funktionierenmüssen, um andere zu stützen und zu schützen. Die Familie benachrichtigen, bevor es in den Nachrichten kommt. Die Verzweiflung. Die Sprachlosigkeit. Das Verstummen. Das Warum! Warum! Warum? Das Warum er? … und nicht ich. Schon an dem Abend. Tränenblind und schmerzbetäubt.

Und immer wieder die gnadenlose Hoffnung, dass es nicht wahr ist, weil es nicht sein konnte, dass es wahr ist.

Später fiel mir der Post wieder ein. Ich begab mich auf Instagram und änderte den Text. Seither steht da: »Gib acht auf meinen Bruder.« Mehr nicht.

Die Feder

Vorwärts leben, rückwärts verstehen …

Wenn jemand stirbt, den man liebt, ist das mit dem Glauben so eine Sache. Da kann man schon mal hadern mit dem angeblich »lieben Gott«. Wenn aber der, der einem nahe ist, einem Gewaltverbrechen zum Opfer fällt, wächst der Zweifel ins Unermessliche. Wenn man in dieser Zeit auch noch Bibelzitate hört wie diese:

Alles hat seine Stunde. Für jedes Geschehen unter dem Himmel gibt es eine bestimmte Zeit: eine Zeit zum Gebären und eine Zeit zum Sterben, (…), eine Zeit zum Töten und eine Zeit zum Heilen (…), eine Zeit zum Weinen und eine Zeit zum Lachen, eine Zeit für die Klage und eine Zeit für den Tanz. (Pred 3,1–4)

… dann fragt man sich: Was ist das eigentlich für ein seltsamer Gott?

Alles hat seine Stunde, selbst die *Zeit zum Töten*? Und wann genau soll sie kommen, die *Zeit zum Heilen*?

Ich verstehe das bis heute nicht. Vor allem das mit der *Zeit zum Töten*. Als habe es je *eine bestimmte Zeit* für dieses *Geschehen unter dem Himmel* geben können, den Mord. Als habe Gott die Tat gewollt und alles geplant.

Ich war gerade auf dem Weg zur Beerdigung, als sich Folgendes zutrug: Als ich am Bahnhof Berlin-Südkreuz ankam und dort auf die S-Bahn wartete, schwebte auf einmal etwas durch die Luft. Etwas Kleines, Hellgrauweißes. Langsam wehte es in seiner Leichtigkeit dahin und ließ sich auf meinem Mantelkragen nieder. Es war eine Feder. Babyvogelfederweich. Ich nahm sie, betrachtete sie und legte sie in meine Geldbörse.

Am andern Tag wurde Fritz beerdigt. Klassisch sollte es zugehen. Gottesdienst mit Liedern, Lesung aus dem 1. Korintherbrief, Bonhoeffers Glaubensbekenntnis, Predigt, Lesung des Rilke-Gedichtes »Ich lebe mein Leben in wachsenden Ringen«, Musik von Bach. Und Filmmusik. Musik aus Filmen, die der Bruder mochte: aus dem Paten *Love Theme*, für Klavier und Violine. Und aus Forrest Gump *Feather Theme*. Für Klavier.

Musik zur Feder, die Forrest Gump durch sein Leben begleitet hatte. Als Kind, während er auf den Schulbus wartet; als Erwachsener, der auf einer Bank sitzend einer Frau seine Geschichte erzählt. Immer wieder tänzelt eine Feder um ihn herum.

Und die Tränen rannen über mein Gesicht, hinab zur kleinen Feder in meiner Tasche. Zu meiner Fritz-Feder.

Seither begleiten Federn mein Leben. Freunde posten Fotos von Federn. Eine Pfarrerin, die ich vorher nur über Facebook kannte, malte für mich ein großes Bild mit lauter bunten Federn. Grün, blau, rot, gelb, weiß vor schönem Wolkenhimmelsgrund. Eines Tages besuchte sie mich und brachte mir das Bild. Nun hängt es bei mir an einer Wand. Eine der schönsten Federn fand ich am 19. November 2020, dem ersten Todestag meines Bruders. Groß und schneeweiß lag sie plötzlich vor mir auf dem Weg. Als habe sie dort auf mich gewartet.

Jahre zuvor, nach dem Tod meines Bruders Andreas, erlebte ich schon einmal so eine seltsame Begebenheit. Wieder und wieder hatte ich mich gefragt, wo er jetzt ist. Besonders an meinem ersten Geburtstag ohne ihn, nur wenige Wochen nach seinem Tod. Es war Mitternacht und ich schaute in den Himmel und ich rauchte, wie wir es immer zusammen getan hatten, und ich rief halb wütend, halb traurig ins Nichts hinein: »Wo bist du!?« Genau in diesem Moment sah ich eine Sternschnuppe. Und ich lachte und ich weinte. Und ich blies mit aller Kraft den Zigarettenrauch in den Himmel. Zu ihm.

… vorwärts, rückwärts …

Ich will mir nichts vormachen. Und auch niemandem sonst. Die Fragen hören nicht auf. Oder die Zweifel. Auch die Zeit zum Heilen ist noch weit entfernt. Aber vielleicht kommen solche Zeichen ja doch nicht von ungefähr.

Und es kommt nach der Zeit zum Weinen wieder eine Zeit zum Lachen. Und nach der Zeit für die Klage irgendwann eine Zeit für den Tanz.

Wer weiß das schon.

Der Hund

Seit Fritz' Tod habe ich einen kleinen Hund. Es ist ein Kinderspielzeughund, groß wie eine Faust. Aus Filz. Mit rotem Filzhalsband, etwas ausgefranst. Der Hund ist eine Art Cocker-Spaniel-Mops-Terrier. Am ehesten noch Mops. Mit eingerolltem Mopsfilzkringel. Er steht leicht schief, als würde er ein Bein heben, allerdings ein Vorderbein. Er hat ein unglaublich liebes Gesicht. Mit großen runden Filzohren und kleinen runden Filzknopfaugen. Mitgenommen sieht er aus, ein bisschen zerrupft. Als habe er schon einiges erlebt in seinem Spielzeugleben.

Wir fanden ihn, als wir das Büro des Bruders in der Klinik ausräumten. In einer abschließbaren Schublade. Zwischen Papieren und Briefumschlägen und Patientenakten und Rezeptblöcken und Tesafilm und kleinen Schokoladenvorräten. Was man halt so braucht als Arzt. Und was man so findet, wenn der Bruder mitten aus dem Alltag, dem Leben gerissen wird und keine Zeit mehr hatte aufzuräumen. Da lag er, der kleine Filzmops.

Jetzt steht er bei mir. Jeden Tag schaue ich ihn an.

Manchmal sehen wir uns an und sind ein bisschen traurig, wir zwei. Und er erzählt mir von Fritz' Alltag, von dem ich nie etwas erfuhr. Da war der Bruder eisern. Kein Wort kam ihm über die Lippen, wenn es um seinen Beruf ging. Nie verriet er, wen er behandelte. Nie, um welche Krankheiten es gerade ging. Das Arztgeheimnis war ihm heilig.

Wenn ich den Hund betrachte, ist der Bruder plötzlich da. Ich kann ihn sehen. Und hören. Und ich stelle mir vor, wie beruhigend er gewirkt haben muss auf seine Patienten, die vielleicht nicht weiterwussten. Wenn ich den kleinen Hund in meinen Händen halte, stelle ich mir manchmal vor, wie er ihn in den Händen hielt, wenn er selbst vielleicht einmal nicht weiterwusste. Und ihn womöglich um Rat fragte.

Seither ist der Hund kein Spielzeug mehr für mich, auch wenn er das natürlich ist. Denn er lebt und erzählt vom Leben. Von seinem. Und von dem des Bruders.

Der kleine Fritz-Hund ist mir heilig. Er ist ein Zeichen. Er ist Nähe. Er führt mich nicht fort aus dieser Welt, auch wenn ich mich manchmal wegwünsche. Der Fritz-Hund führt mich tiefer in die Welt hinein: ins Leben.

Der Hund ist weder Maskottchen noch Glücksbringer. Er bedient keinen Aberglauben, denn an Aberglauben glaube ich nicht. Trotzdem ist er mehr als ein bloßes Symbol.

Der Hund ist mehr, als ich sehen kann. Er macht sichtbar, was unsichtbar ist. Er macht wirklich, was unwirklich nicht. Mit ihm wird nicht bloß eine Geschichte lebendig, die Geschichte vom Bruder als Arzt. Mit ihm wird Fritz selbst lebendig, obwohl er tot ist. Er erzählt von seinem Leben und begleitet mich in meinem. Auf diese Weise gehören beide Leben zusammen. Weil der Fritz-Hund Leben ist. Und nicht bloß ein Sinnbild fürs Leben.

Der Hund weist auf etwas hin, das jenseits meiner Vorstellungskraft liegt. Vielleicht ist es eine andere Wirklichkeit, die er mir zeigen will, eine, die ich nicht sehen kann. Der Hund als Zeichen der

Gnade Gottes. Als Zeichen der Nähe Gottes. Ja, das ist es wohl, was er mir ist.

Der Hund ist ein Sakrament.

Die Offenbarung

Das Lamm öffnete das sechste Siegel. Da entstand ein gewaltiges Beben. Die Sonne wurde schwarz wie ein Trauergewand und der ganze Mond wurde wie Blut. Die Sterne des Himmels fielen herab auf die Erde, wie ein Feigenbaum seine Früchte abwirft, wenn ein heftiger Sturm ihn schüttelt. Der Himmel verschwand wie eine Buchrolle, die man zusammenrollt, und alle Berge und Inseln wurden von ihrer Stelle weggerückt. Und die Könige der Erde, die Großen und die Heerführer, die Reichen und die Mächtigen, alle Sklaven und alle Freien verbargen sich in den Höhlen und Felsen der Berge. Sie sagten zu den Bergen und Felsen: Fallt auf uns und verbergt uns vor dem Blick dessen, der auf dem Thron sitzt, und vor dem Zorn des Lammes; denn der große Tag ihres Zorns ist gekommen. Wer kann da bestehen? (Off 6,12–17)

Selten habe ich erlebt, dass Bibel und Wirklichkeit einander so ähneln (können) wie die Offenbarung des Johannes und der Gerichtsprozess in Berlin. Es genügt, daraus zu zitieren, um zu erahnen, wie es war, die Tat aus jedem nur denkbaren Blickwinkel zu sehen. Wie es war, den vielen Zeugen zuzuhören, die vom Tathergang berichteten, oft selbst noch ganz erschüttert. Wie es war, den Gutachter zu hören, den Obduktionsbericht zu lesen und Fotos zu betrachten. Fotos vom Bruder ...

Es dauerte Monate, bis ich wieder Kruzifixe anschauen konnte, ohne mich gleich abzuwenden. Dieser geschundene Leib, die Dornenkrone, das Blut, die Wunden, die Qual. Und das jetzt, in dieser Situation. Immer sah ich den Stich in Jesu Seite, die Wunde und die Bilder aus Berlin.

Bilder, die ein Gewaltbeben offenbarten, das alles weggerückt hatte, Himmel und Erde.

Bilder des Todes.

Und kein bisschen Auferstehung.

Und die Sonne wurde schwarz wie ein Trauergewand und der ganze Mond wurde wie Blut.

Dazu wochenlang das Gesicht des Täters. *Face to face.*

Seltsam, dass es dafür im Deutschen keinen Ausdruck gibt. Der Täter saß mir gegenüber, und wenn er sprach und sich dafür von seinem Platz hinter dem Sicherheitsglas entfernen und nach vorn zu seinen Anwälten setzen durfte, waren es vielleicht zwei, drei Meter, die uns trennten. »Mir gegenüber« stimmt zwar, es war aber näher als bloß »gegenüber«; er war viel näher. Es war *face to face*. Dieses Gesicht, fahl, mager, fahrig … dessen aseptischen Ausdruck ich heute noch vor mir habe, wenn ich daran zurückdenke.

Das Gesicht des Mannes, der meinen Bruder ermordet hat. Das Gesicht des Mörders vor meinem Gesicht, *face to face*. Feige, hinterrücks, wahnsinnig.

Und die Könige der Erde, die Großen und die Heerführer, die Reichen und die Mächtigen, alle Sklaven und alle Freien verbargen sich in den Höhlen und Felsen der Berge.

Doch ich verbarg mich nicht. Den Gefallen wollte ich dem Täter nicht tun. Ich versteckte mich nicht in München, sondern fuhr zu jedem Prozesstag nach Berlin, wochenlang München–Berlin–München–Berlin–München … wütend, traurig, fassungslos.

Der große Tag ihres Zorns ist gekommen. Wer kann da bestehen?

Ich war zornig, und wie. Aber ich würde bestehen, das wusste ich. Weil ich es wollte. Weil ich es musste. Für die Familie. Für den Bruder, vor allem für ihn. Weil er gewollt hätte, dass ich mich behaupte.

Ich würde bestehen und alles ertragen, was ich zu hören und zu sehen bekam. Ich würde es aushalten zu erfahren, dass der Täter ursprünglich gar nicht den Bruder, sondern mich hatte treffen wollen, nachdem der Vater gestorben war. Weil *ich* doch beim Kirchentag war, der angeblich vom Pharmaunternehmen Boehringer Ingelheim finanziert wird, das wiederum angeblich für das Nervengift *Agent Orange* verantwortlich war, welch selbiges den Menschen in Vietnam (tatsächlich) Tod und Leid zugefügt hatte … Ich. Und nicht mein Bruder.

Warum dann er? Warum er? … und nicht ich?

Es ist müßig, müßige Fragen zu stellen. Ich würde standhalten. Alleine darauf kam es an.

Der Angeklagte durfte nicht bestehen. Ich wollte ihm die Stirn bieten, und ich fixierte ihn so lange, bis er wegsah, jede Woche aufs Neue. Ich wollte ihn mit meinen Blicken in die Knie zwingen. Ihm nicht den Triumph gönnen, nicht die Genugtuung verschaffen, mich beugen zu können. Ich wollte ihm zeigen, dass er keine Macht hat, weder über mich noch über irgendjemanden in meiner Familie. Und ihm keinen Raum lassen, nicht einen Zentimeter.

Face to face.

Er durfte nicht bestehen. Und er bestand nicht. Er wich den Blicken aus. Jedes Mal.

Dann machten sich die sieben Engel bereit, die sieben Posaunen zu blasen. Der erste Engel blies seine Posaune. Da fielen Hagel und Feuer, die mit Blut vermischt waren, auf das Land. Es verbrannte ein Drittel des Landes, ein Drittel der Bäume und alles grüne Gras. Der zweite Engel blies seine Posaune. Da wurde etwas, das einem großen brennenden Berg glich, ins Meer geworfen. Ein Drittel des Meeres wurde zu Blut. Und ein Drittel der Geschöpfe, die im Meer leben, kam um und ein Drittel der Schiffe wurde vernichtet. Der dritte Engel blies seine Posaune. Da fiel ein großer Stern vom Himmel; er loderte wie eine Fackel und fiel auf ein Drittel der Flüsse und auf die Wasserquellen. Der Name des Sterns ist Absinth – Wermut –. Ein Drittel des Wassers wurde Absinth und viele Menschen starben durch das

Wasser, weil es bitter geworden war. Der vierte Engel blies seine Posaune. Da wurden ein Drittel der Sonne und ein Drittel des Mondes und ein Drittel der Sterne getroffen, sodass sie ein Drittel ihrer Leuchtkraft verloren und der Tag um ein Drittel dunkler wurde und ebenso die Nacht. (Off 8,6–12)

Blutvermischt und verbrannt, fackellodernd und bitter, sterngetroffen und dunkel. Wie die Gerichtsverhandlung. Doch ich war gewappnet. Weil ich für den Bruder da war. Er war es gewesen, der mich gewappnet hatte.

Ein anderer gewaltiger Engel kam aus dem Himmel herab; er war von einer Wolke umhüllt und der Regenbogen stand über seinem Haupt. Sein Gesicht war wie die Sonne und seine Beine waren wie Feuersäulen. In der Hand hielt er ein geöffnetes kleines Buch. Er setzte seinen rechten Fuß auf das Meer, den linken auf das Land und rief laut, so wie ein Löwe brüllt. Nachdem er gerufen hatte, erhoben die sieben Donner ihre Stimme. Als die sieben Donner gesprochen hatten, wollte ich es aufschreiben. Da hörte ich eine Stimme vom Himmel her rufen: Versiegle, was die sieben Donner gesprochen haben; schreib es nicht auf! (Off 10,1–4)

»Schreib es nicht auf!« – Darum: kein weiteres Wort über den Prozess. Versiegelt sei alles, was ich gesehen und gehört habe.

Allerdings auch kein »Vergib uns unsere Schuld, wie auch wir vergeben unseren Schuldigern«. Das nicht. Das schon gar nicht. Denn vergeben kann ich dem Täter nicht.

Und ich will es auch nicht.

Der Protest

Nicht nur die Sache mit der Vergebung ist schwierig am Vaterunser. Sondern auch die mit dem Willen. *Dein Wille geschehe / wie im Himmel, so auf Erden.*

Wenn jemand an einer Krankheit stirbt und der Tod Erlösung ist, mag es vielleicht Gottes Wille sein, den Todgeweihten von seinen Qualen zu befreien.

Ganz sicher aber ist es nicht Gottes Wille, dass ein Familienvater, für den die Familie immer an erster Stelle stand, ein Mensch, der dem Täter nichts zuleide getan hatte, der mit Leidenschaft Arzt gewesen war und half, wo er nur konnte, »auf Erden« ermordet wird. Ich glaube das nicht. Darum fordere ich von Gott auch keine Rechenschaft. Das wäre auch eine Verkehrung der Rollen.

Ich klage Gott auch nicht an. Er hatte an dem Geschehen keinen Anteil. Er trägt keine Schuld. Schuld ist eine Frage von und an uns Menschen. Wir laden Schuld auf uns. Wir sind verantwortlich. Vergeben kann nur er.

***

Wenn Menschen in Todesanzeigen schreiben, Gott habe »es gefallen«, XY »zu sich zu rufen« oder »aus diesem Leben abzuberufen«, werde ich immer skeptisch. Woher wissen die Leute das? Wenn es schon nicht Gottes Wille ist, dass ein Mensch ums Leben kommt, wie sollte es ihm da gefallen?

Ich mag es nicht, wenn die Leute allzu schnell daherkommen mit noch so gut gemeinten Sätzen und Antworten. Wenn sie sagen, dieses oder jenes sei Gottes Wille, oder behaupten, dass es Gott gefällt, wenn jemand stirbt. Oder gar zu wissen meinen, Unglück, Krankheit oder der Tod seien eine Strafe Gottes. Vor allem in der Zeit der Pandemie konnte man das hören. Nicht wenige Theologen behaupteten, Corona sei eine Prüfung, biblisch gesprochen eine »Versuchung«, wie es etwa der Regensburger Bischof Rudolf Voderholzer in seinem Hirtenwort zur Fastenzeit 2021 formulierte: »Gott lässt sie zu – wie auch manch andere Katastrophe. Das ist für uns unbegreiflich und schmerzhaft. Aber wenn wir uns davon nicht irremachen lassen, können wir vielleicht sogar daran wachsen, sodass der Glaube inniger, die Hoffnung tiefer und die Liebe lebendiger werden.«

Wenn Gott Katastrophen zulassen kann, im Fall der Pandemie also hinter dem Virus steckt, hieße das im Umkehrschluss, dass er sie auch verhindern kann. Mit anderen Worten, dass er eine aktive Rolle im Weltgeschehen spielt.

Das erscheint mir nicht nur fern von Gott, sondern auch allzu leicht. Wir können uns nicht aus der Verantwortung stehlen. Wir dürfen es auch nicht.

Natürlich bedeutet das nicht, dass Gott nicht da ist. Gott ist mittendrin, auch und gerade in der Krise. Er ist da, in allem Schrecklichem und im Schmerz, wenn jemand stirbt. Man muss nur auf das Kreuz schauen, dann wird das offenbar.

Aber Gott ist nicht schuld.

Weder will er uns prüfen, noch gefällt es ihm. Es gefällt ihm nicht, Menschen zu sich zu rufen, die durch das Virus getötet wurden. Es gefällt ihm nicht, wenn es um Mord geht oder um einen Verkehrsunfall mit Todesfolge. Es ist anmaßend, das zu behaupten. Es ist übergriffig, das anzunehmen.

Kurt Marti, der große Dichter und Berner Pfarrer, hat das in seinem Buch »Leichenreden« einmal besser auf den Punkt gebracht, als ich es je gehört habe:

dem herrn unserem gott
hat es ganz und gar nicht gefallen
daß gustav e. lips
durch einen verkehrsunfall starb
erstens war er zu jung
zweitens seiner frau ein zärtlicher mann
drittens zwei kindern ein lustiger vater
viertens den freunden ein guter freund
fünftens erfüllt von vielen ideen
was soll jetzt ohne ihn werden?
was ist seine frau ohne ihn?
wer spielt mit den kindern?
wer ersetzt einen freund?
wer hat die neuen ideen?

dem herrn unserem gott
hat es ganz und gar nicht gefallen,
daß einige von euch dachten
es habe ihm solches gefallen
im namen dessen der tote erweckte
im namen des toten der auferstand:
wir protestieren gegen den tod von gustav e. lips

Ich auch.

Tot ist tot

Noch etwas irritiert mich an Todesanzeigen. Wenn es zum Beispiel heißt, jemand sei »plötzlich verstorben«. Was soll das heißen, plötzlich verstorben? Erstens klingt es widersprüchlich und zweitens mag ich das Wort »versterben« nicht.

Was ist das überhaupt für ein seltsamer Ausdruck, »versterben«?

Die Deutschen haben einen merkwürdigen Hang, Worte zu erweitern, mit Vorliebe vorne. Eine Freude, nicht nur für uns Juristinnen, ist zum Beispiel die Erfindung »anmieten«. Was heißt anmieten: angeschaut? Eine vage Zusage erhalten? Den Vertrag noch nicht unterschrieben? Anmieten ist nach den Gesetzen der Logik ein Prozess, der sich irgendwann im Mieten finalisiert. Wobei er auf dem Weg theoretisch auch stecken bleiben könnte. So aber ist es nie gemeint. Oder beim Ankauf. Wenn ich das Wort höre, frage ich mich immer, welchen Teil vom Ganzen jemand »angekauft« hat, das er doch meint, zur Gänze erworben zu haben. Vom Buch vielleicht nur den Buchdeckel, aber nicht die Seiten?

Eine ähnliche Karriere wie die Vorsilbe »an-« hat die Silbe »ver-« gemacht. Wenn »ver« vorne steht, bedeutet das allerdings nichts Gutes. Da wird aus leben verleben, aus glühen verglühen und aus urteilen verurteilen. Da mutiert das Schreiben zum Verschreiben, das Gleiche gilt fürs Rechnen. Trösten wird zum Vertrösten und Schlafen zum Verschlafen. Aus laufen wird verlaufen, aus fahren verfahren, aus jagen wird (aus Jägersicht) verjagen. Und so weiter. Es gibt natürlich Ausnahmen von der Regel, zum Beispiel bei lieben verlieben.

Aber meist verheißt die Vorsilbe »ver« Übles.

Anders verhält es sich angeblich beim »versterben«. Das soll gefälliger klingen. Eine befreundete Juristin sagte mir einmal, versterben klinge nicht so hart wie sterben. Das leuchtet mir nicht ein. Als würde sich für den, der stirbt, dadurch irgendetwas ändern. – Oder, um es mit den Worten meines Arzt-Bruders Fritz zu sagen: »Tot ist tot.«

Juristisch ist es sowieso egal, was man sagt. Der gerichtsfeste Nachweis über den Tod eines Menschen heißt »Sterbeurkunde«. Und in der steht, wie könnte es anders sein: »verstorbene Person«. Nicht schön.

Natürlich bedeutet »versterben« auch bei denen, die das sagen, nichts anderes als »sterben«. Um tot zu sein, braucht man die Silbe »ver-« also nicht. Da reicht es zu sterben.

Im Wörterbuch der Gebrüder Jacob und Wilhelm Grimm findet sich eine schöne Erklärung für das Verhältnis der Begriffe versterben, sterben und tot sein. Sie stammt aus der Feder des österreichischen Schriftstellers Ludwig Anzengruber, der von 1839 bis 1889 lebte. Er schrieb: »Meist bezeichnet ›verstorben‹ den Augenblick des Abscheidens, bisweilen aber die abgeschlossene Handlung: wenn einer verstorben (gestorben) ist, da ist er wohl ganz und gar verstorben (tot).«

Mit anderen Worten: Man stirbt, um verstorben zu sein. Und man verstirbt, um tot zu sein. Das Versterben ist folglich ein Prozess, an dessen Ende man tot ist. Womit bewiesen ist, dass man nicht »plötzlich versterben« kann.

In der Bibel verstirbt übrigens kein Mensch, weder bei Luther noch in der Einheitsübersetzung, auch wenn unablässig jemand stirbt. Wer nach dem Wort »versterben« sucht, wird nicht fündig. Stattdessen wird man gefragt: »Meintest du vielleicht verderben?«

Nur in der Basisbibel gibt es einen Treffer: *Isaak brachte Rebekka in das Zelt seiner Mutter Sara, die ja verstorben war.* (1. Mose 24,67)

Je nun …

Als Jesus für mich gestorben war

Es war um die Osterzeit, wenige Monate nach Fritz' Tod, da ich während eines Gottesdienstes zu Jesus am Kreuz hinaufschaute. Und die Wunden sah, die ihm zugefügt worden waren. Und an die des Bruders dachte. Und die Wut mich wieder packte. Der Zorn. Weil ich die Welt nicht verstand, weil es mir partout nicht in den Sinn wollte (und gewiss nie will), was passiert ist in Berlin und warum ...

Verzweifelt blickte ich zu Jesus hoch. Und als ich dasaß und in sein Gesicht sah, hörte ich die Worte des Priesters:

Frieden hinterlasse ich euch, meinen Frieden gebe ich euch. Deshalb bitten wir: Herr Jesus Christus, schau nicht auf unsere Sünden, auf unserer Schuld, sondern schau auf unseren Glauben, auf den Glauben deiner Kirche.

Auf einmal wurde mein Zorn schwach. Und meine Wut verrauchte. Und Frieden kehrte ein in meinem Herzen.

Ich weiß bis heute nicht, woher der Friede kam. Meine Wut wegen des 19. Novembers ist ja keine Sünde, schon gar nicht (m)eine Schuld. Auch hat sie nichts mit meinem Glauben zu tun, gar nichts mit Gott und erst recht nichts mit Jesus am Kreuz. Die Wut war einfach wieder da. Der Zorn auf das Unfassbare, das in Berlin geschehen war. Und doch hatten mich Jesu Blick, den ich so gut kenne, weil ich ihn so oft sehe, und das Gebet, das ich so gut kenne, weil ich es so oft höre, auf einmal tief im Inneren berührt.

*Frieden hinterlasse ich euch, meinen Frieden gebe ich euch ...
schau auf meinen Glauben ...*

Es war, als hätte mich Jesus aus seinem Tod heraus angesprochen und mir seinen Frieden gegeben. Als hätte er aus seinem Tod heraus auf meinen so unvollkommenen Glauben geschaut. Als hätte er mich aus seinem Tod heraus angesehen, als hätte er mich aus seinem Tod heraus umarmt. Als würde er mich herauslieben wollen aus dem Leid.

Heraus aus der Verzweiflung. Hinein ins Leben. Zurück in mein Leben. Und tausend Fragen gingen mir durch den Kopf, als ich zu Jesus hochblickte, diese zum Beispiel:

Steckt das hinter dem Satz, dass Jesus für uns gestorben ist, dass wir *durch seine Wunden … geheilt* sind, wie es schon beim Propheten Jesaja heißt? (Jes 53,6)

Wie soll das funktionieren? Doch wohl am ehesten durch einen Leibwächter, der sich schützend vor uns wirft, wenn ein Angriff uns treffen soll. Und er getroffen wird und nicht wir. Oder gar stirbt. Für uns. Jesus, ein Leibwächter?

Auch wenn ich glaube, dass Jesus an meiner Seite ist in Freud und Leid, in der Trauer, im Zorn, weil er Menschen geholfen und geheilt hat, unablässig und wo immer er konnte, wie ist es möglich, dass er meine Wunden heilt?

Und wie konnte Jesus für mich sterben? Ein Freund sagte mir vor langer Zeit, dass Jesus auch dann für mich gestorben ist, wenn er mir gestohlen bleiben kann: »Selbst, wenn du fertig mit ihm bist und er für dich gestorben ist, ist er für dich gestorben.« Denn es gebe auch in der selbst gewählten Gottesferne keine Gottlosigkeit.

Ich habe einmal gelesen, »dass Jesu Wunden so weit sind, dass alle menschlichen Wunden darin Platz haben und dass die Wunden Jesu die heilendsten Orte sind, die wir uns vorstellen können«, weil sie uns direkt mit dem lebendigen Gott in Berührung brächten. Ignatius von Loyola war davon überzeugt. Das stand in einer Predigt des Trierer Bischofs Stephan Ackermann.

All das ging mir durch den Kopf, als ich in dieser Osterzeit in der Kirche saß und auf das Kreuz schaute.

Da schien es mir plötzlich, als blicke Jesus mich an – gütig, freundlich irgendwie, wie die Jünger seinerzeit, als er zu ihnen sprach:

Amen, ich sage euch: Ein Reicher wird schwer in das Himmelreich kommen. Nochmals sage ich euch: Leichter geht ein Kamel durch ein Nadelöhr, als dass ein Reicher in das Reich Gottes gelangt. Als die Jünger das hörten, erschraken sie und fragten ihn: *Wer kann dann noch gerettet werden?* Da sagte Jesus: *Für Menschen ist das unmöglich, für Gott aber ist alles möglich.* (Mt 19,26)

Und es schien mir, als seien seine Worte für mich bestimmt: *Für Gott ist alles möglich.* Ich musste nicht verstehen, dass Jesus für mich gestorben ist und ich durch seine Wunden geheilt bin. Weil es sich meinem Verstand und den Gesetzen der Logik entzieht.

Da lächelte Jesus. Ganz sicher.

Zwei Brüder

Das also war Berlin.
Nun ist der zweite Bruder tot. Ich aber blieb am Leben.
Und ich weiß nicht, warum.

Gott mach gut, was nicht mehr gutzumachen ist ...

»Der Tod hat nicht das letzte Wort.« Das ist einer der Sätze, die Kirchenleute gern sagen, wenn sie nicht wissen, was sie sagen sollen. Doch was soll das heißen? Was soll man sich darunter vorstellen, wenn man übrig bleibt ohne die Brüder? Wenn der Tod das Leben einholt? Wenn man noch in Schwarz herumläuft. Und man die ganze Zeit den Satz des Bruders im Ohr hat: »Tot ist tot.«

Vielleicht das, was die Schweizer katholische Theologin Jacqueline Keune einmal zu Ostern schrieb. Es trägt den schönen Titel »Ostern – frühmorgens, ganz leise«.

So leise wie der Baum sein Blütenkleid angezogen hat, so leise ist es Ostern geworden. Keiner war da, der einen Sieg gefeiert, nur einer, der gefragt hat, warum jemand weint.

*Ostern ist es geworden, nicht weil einer von uns unsterblich war,
sondern grad weil einer gestorben und durch den Tod hindurch-
gegangen ist.*

*Wir sind da, um uns wieder vorlesen und erzählen zu lassen,
um zu sagen und zu singen, dass das, was wir sehen, nicht das
Ganze und nicht das Letzte ist, und dass dort, wo unsere Men-
schengeschichten enden, Gottes Geschichte mit uns erst richtig
anfängt.*

*Wir sind da, um uns im Hoffen zu bestärken, und im Streiten
für das, worauf wir hoffen.*

*Noch nicht ausgeleert das Becken
mit dem Wasser,
noch nicht weggeräumt der Becher,
noch nicht zusammengekehrt die Krumen,
noch nicht aufgeschüttet die Kissen,
noch nicht abgelegt das schwarze Kleid,
noch nicht begriffen die Worte
und immer noch das Hämmern im Ohr
sehen wir
durch die Gruft hindurch
und loben
den Tag
vor dem Abend.*

*Und loben,
den Tag
vor dem Abend,
weil einer uns zusagt:
Ich lebe, und auch ihr sollt leben.
Amen*

Wir sind da, Gott,
um zu sagen,
was nicht zu verstehen ist:
Aus einem Ende wurde Anfang.

Wir sind da,
um zu singen,
was nicht zu fassen ist:
Das Leben hat den Tod eingeholt.
Du machst gut,
was nicht mehr gut zu machen ist.
Darum lass uns hoffen –
auf mehr
als die eigene Kraft.
Darum lass uns glauben –
an mehr
als den Augenschein.
Darum lass aufstehen uns
und miteinander und füreinander
das Leben erstreiten und erwarten.
Amen

...

Meine
Augen
sehen:
Ein Grab ist ein Grab,
vorbei ist vorbei,
tot
bleibt
tot.
Mein
Herz
ahnt

In den spärlichen Zeichen
die Vollendung,
im Blühen des Holunders
die Ewigkeit,
im Hier
den Himmel
und im anbrechenden Morgen
das
Abendlob.

Das ist es wohl, was es bedeutet, dass der Tod nicht das letzte Wort hat: Gott macht gut, was nicht mehr gutzumachen ist.

Genau das.

Die Unbegreiflichkeit des Lebens

Seit dem 19. November 2019 habe ich vor nichts mehr Angst. Nicht vor Menschen, nicht vor Situationen. Nicht vor dem Tag, nicht vor der Nacht. Nicht vor dem Leben, nicht vor dem Sterben. Und auch nicht vor dem Tod. Angst ist sinnlos. Denn sie ändert nichts.

Dass ich keine Angst mehr habe, heißt nicht, dass mich das Leben kalt lässt. Ganz im Gegenteil: Seit der Katastrophe erschrecke ich andauernd. Es erschreckt mich, wie Menschen miteinander umgehen, was sie einander antun können. Es erschreckt mich, zu welch kaltblütiger Tat der Mensch fähig ist.

Seit Berlin weiß ich, dass nichts sicher ist und das Ende ungewiss. Ich weiß, dass kippen kann, was auf der Kippe steht, auch das, was nie infrage stand. Und der Glaube trotzdem tragen kann.

Warum ich glaube, weiß ich nicht.

Vielleicht weil mein Glaube tatsächlich *eine feste Zuversicht dessen* ist, *was man hofft, und ein Nichtzweifeln an dem, was man nicht sieht*, wie es im Hebräerbrief 11,1 heißt, auch wenn meine Zuversicht nicht immer fest ist. Und das Nichtzweifeln oft in Zweifel umschlägt.

Berlin hat mich gelehrt, was Karl Rahner einst schrieb: »Glauben heißt, die Unbegreiflichkeit Gottes ein Leben lang aushalten.« Gottes Unbegreiflichkeit auszuhalten, ist schwer, gerade in solchen Momenten. Es setzt ein ungeheures Maß an Vertrauen voraus. Ein Vertrauen auf Gott. Und auch auf den eigenen Glauben. Gott vertrauen. Und dem Glauben vertrauen. Das sind Schlüsselsätze meines Lebens geworden.

Und doch ist es mir durch die Tat leichter geworden, Gottes Unbegreiflichkeit auszuhalten. Gott hatte mit dem Geschehen in Berlin ja nichts zu tun, zu keiner Zeit. Es ist die Unbegreiflichkeit des Lebens, die mich seither umtreibt. Nicht »Glauben heißt, die Unbegreiflichkeit Gottes ein Leben lang aushalten« ist seitdem schwer, sondern das: »Leben heißt, die Unbegreiflichkeit des Lebens ein Leben lang aushalten.«

Berlin hat mich das Leben gelehrt, hat mir gezeigt, wie unbegreiflich das Leben sein kann. Weil es unplanbar ist. Das ist natürlich eine Plattitüde, weiß man doch, dass man sein Leben nicht planen kann, dass man allenfalls dies oder jenes wollen kann, es aber nicht in der Hand hat. Dass man nicht alles umsetzen kann, was man sich vorgenommen hat. Dass es Umwege gibt genauso wie Höhen und Tiefen. Dass es Schleusen gibt und Trockenheit. Doch meist sind es Umstände, mit denen man rechnet, weil man damit rechnen muss.

Doch mit so etwas wie Mord? Nein. Niemand sollte damit rechnen müssen.

Berlin zwingt mich, die Unbegreiflichkeit des Lebens ein Leben lang auszuhalten, ob ich will oder nicht. Darum schütze ich meinen Glauben, so gut es geht, damit ich ihn nicht verliere; im Vertrauen auf Gott und trotz der Unbegreiflichkeit des Lebens. Im Glauben an Gott in seiner Unbegreiflichkeit. Und im Vertrauen auf meinen Glauben. Ich hinterfrage das nicht. Ich hinterfrage das nicht mehr.

Weil ich weiß, dass nichts sicher ist. Und das Ende ungewiss.

Barfuß in die kommende Welt

Was sich mit Berlin geändert hat, ist der Blick auf mein eigenes Leben. So ist das vielleicht, wenn der Bruder plötzlich aus dem Leben gerissen wird und man als Testamentsvollstreckerin alles sichten, abwickeln und beenden muss, was ihm und zu ihm gehörte: Man schaut ganz anders auf die eigene Existenz.

Also weg mit alten Dingen, aufs Wesentliche konzentrieren, auf den Kern, die Mitte. Um beweglicher zu werden. Ballast abwerfen. Damit niemand eine Last damit hat. Und der Weg zum Himmel leichter wird.

Was macht mich denn aus? Was bin ich – und wer? Was ist schon wichtig und was zählt? Was nützen die Briefe, die Tagebücher von einst? Und wem, außer den Neugierigen? Wozu alte Fotos aufbewahren, von Menschen, die andere vielleicht gar nicht kennen? Ich habe sie doch alle im Kopf und in meinem Herzen. Ich möchte nicht, dass andere Bilanz über mein Leben ziehen, das nicht ihres ist.

Ich habe genug hier auf Erden, an Dingen, an Büchern, an Spielen und Bildern. Ich bin ein glückliches Kind meiner Zeit. Ich brauche das meiste nicht, die Gegenstände, die meinem Leben entgegenstehen. Ich habe genug von Dingen, die bloß Dinge sind.

Ich habe auch genug von Wahrheiten, die keine sind. Von Regeln, die nicht Gott dienen, sondern der Kirche. Und von Menschen, die so tun als ob. Die versprechen, da zu sein und es nicht sind. Die behaupten zu sehen und blind sind. Die meinen, zuzuhören und doch nichts verstehen. Ich habe genug hier auf Erden.

Auch an Gutem.

So wie ich bin und auf leisen Sohlen will ich den Weg gehen in die kommende Welt. Barfuß, wenn's geht, denn barfuß laufe ich am liebsten.

Vor dem jüngsten Gericht, über das die Menschen so viel Furchterregendes behaupten, ängstige ich mich nicht. Denn es steht in der Bibel ganz anders: *Der Tag des Gerichts wird es ans Licht bringen; denn mit Feuer wird er sich offenbaren.* (1 Kor 3,13)

Licht wird das Gericht bringen. Und nicht Finsternis.

Das letzte Gericht ist nicht des Teufels, ist weder Drohung noch Bedrohung. Ich fürchte mich nicht davor. Denn das letzte Gericht ist die Erlösung von der Furcht.

Kein Mensch, keine Kirche, kein Priester wird am Ende Bilanz über mein Leben ziehen, sondern nur der barmherzige Gott. Ein Gott, der seine Versprechen hält, der da ist und zuhört und sieht, im Himmel und auf Erden. Sein Gericht wird zurechtrichten, was missglückt ist, wird gerade richten, was gebeugt wurde, wird aufrichten, was gebrochen war.

Gott wird mich aufrichten.

Aufrechten Gangs und ohne Ballast will ich in die kommende Welt gehen, zu Gott, ins Licht.

Bin ich nicht längst auf dem Weg?

Glückliche Berge

Nah ist / Und schwer zu fassen der Gott. / Wo aber Gefahr ist, wächst / Das Rettende auch. / Im Finstern wohnen / Die Adler und furchtlos gehn / Die Söhne der Alpen über den Abgrund weg / Auf leichtgebaueten Brücken.

Drum, da gehäuft sind rings / Die Gipfel der Zeit, und die Liebsten / Nah wohnen, ermattend auf / Getrenntesten Bergen, / So gib unschuldig Wasser, / O Fittige gib uns, treuesten Sinns / Hinüberzugehn und wiederzukehren.

Ja, es stimmt, was mein Bruder Andreas sagte, als er im Krankenhaus lag und wir uns Geschichten vorlasen, wenn wir nicht gerade von früher redeten, Fußball schauten oder heimlich draußen rauchten: Der Hölderlin ist ein echt cooler Rapper. Dabei ist das nur die erste von fünfzehn grandiosen Strophen der Patmos-Hymne. Mein Bruder mochte Hölderlins Adler-Zitate. Er war ja selbst wie einer. Er kannte die Finsternis, die Alpen und Abgründe, die Gipfel der Zeit. Und leicht gebaute Brücken. Er ging hinüber. – Doch er kehrte nicht wieder zurück.

2008 war das. Schier unendliche Jahre »auf getrenntesten Bergen«. Und nun, seit 2019, noch ein getrennter Berg.

Nah ist und schwer zu fassen der Gott.

Es ist sinnlos zu fragen, warum das alles passierte. Die Theodizee-Frage stellt sich mir schon lang nicht mehr. Aber die Frage, was wird, wenn ich an der Reihe bin.

Musik soll es geben. Orgel, Widor. Die Toccata aus seiner 5. Sinfonie, die einer Reise gleicht, die langsam an Fahrt gewinnt und in einem wahren Triumph endet. Die Toccata ist wie der tongewordene Sieg des Lebens über den Tod. Darum wünsche ich mir Widor, wenn ich an der Reihe bin.

Und dieses Gebet, das mir ausgerechnet während einer Prozessrückfahrt von Berlin nach München in die Hände fiel:

Der Herr segne dich und erwarte dich am Ufer des Lebens im Licht – jetzt, da der Tod alles Irdischen an deine Tür klopft und dich herausruft aus dem Land, das dich ernährt, aus dem Kreis der Menschen, mit denen du gelebt hast.

Er mache dir den Abschied leicht und schicke dir Seinen Engel entgegen, der dich begleitet durch das unbekannte Tor des Todes und dich in das verheißene Land führt, wo die Sonne nicht mehr untergeht.

Er erlöse dich von der Angst, ins Leere zu fallen – und schenke dir die Freude, dass du Ihn schaust, der all deine Schuld vergibt und deine Wunden heilt. Die Wunden der Angst und nicht erfahrene Liebe, die Wunden des Schmerzes und des nicht Gelungenen.

Er zeige dir deine wahre Heimat – und lasse dich glücklich sein in Seinem Himmel – Ihm nahe und denen all, die vor dir ge-

lebt haben. Das gewähre dir der Gott des Lebens, der dem Tod
die Macht genommen und sich jetzt freut auf dich: der Vater,
der Sohn und der Heilige Geist. Amen.

Jubelnd die Erde verlassen, weil der Tod nicht das letzte Wort hat.
Angstfrei gehen, weil Gottes Engel mich begleitet. Glücklich sein in
seinem Himmel, ihm nahe, weil dort die sind, die vor mir gelebt haben. Und daheim sein.

Genau das.

P. S.

Am Ende des Prozesses entdeckte ich im Kriminalgericht Moabit
zufällig zwei alte Fenster. Sie passen nicht zum Rest des Gebäudes.
Ich fragte viele, die dort arbeiten, nach der Geschichte der Fenster, Justizangestellte, Anwälte, Richterinnen. Niemandem waren sie
je aufgefallen. So weiß ich bis heute nichts über die Hintergründe.
Aber das macht nichts. Denn was ich sah, genügte mir. Ich erkannte
in einem Fenster einen Fisch. Und im anderen ein Herz.

Glaube. Liebe. Und der Blick in den Himmel.

Das ist es, was bleibt im Entsetzen über die Tat. Und in der unendlichen Trauer: die Hoffnung, dass der Glaube trägt.

Und die Liebe.

Norbert Roth

Sterblichkeit

Die Bilder wollen mir nicht aus dem Kopf. Ich sitze im ICE nach Berlin. Dienstliche Termine. Doch in Gedanken bin ich noch woanders. Ich sitze gegen die Fahrtrichtung und schaue aus dem Fenster. Der Laptop steht offen vor mir, um mein kleines Revier zu kennzeichnen. Die Deutsche-Bahn-typische Vierergruppe ist voll geworden seit Leipzig. Zwei schlafen schon. Es ist eng. Draußen saust die graue Novemberlandschaft an mir vorbei. Die Windparks Sachsen-Anhalts tun ihren Job wie die Frühaufsteher. Sie drehen sich und schneiden Strom aus der Luft. Ich starre ins Graue. Zurück.

So schreit meine Seele

Und ich sehe mich dort stehen. Im schwarzen Talar. Am offenen Grab im gefrorenen Boden. Der hellbraune Sarg unter dem geworfenen Dreck ist noch zu sehen. Ich stehe. Die Trauerfeier ist schon zu Ende. Der Talar flattert mir um die Beine, das Beffchen über den Bart. Weil der Wind so scharf weht und wie ein Fleischermesser ins Gesicht schneidet. Und immer wieder diese plötzlichen Stiche rot glühender Erinnerungen – mitten ins Herz. Ich stehe da, habe nichts mehr zu sagen. Die Gebete sind alle gesprochen. Die Musik verhallt. Ich glotze nur vor mich hin und bleibe stehen, bis alle am Grab waren. Unzählige letzte Verneigungen, mit blau gefrorenen Händen, die Finger ineinandergekrallt, die Hände vor sich, wie im Fußball beim Mauern – es sieht so unbeholfen aus. Wen wundert's? Denn was tut man zuerst, wenn man den Toten ehrt, aber den Tod verabscheut? Sich verneigen? Die Erde schmeißen? Dreimal, einmal? Die Blumen danach? Nach wenigen Sekunden weicht der Krampf. Der Schmerz lässt sich nicht bannen. Die Tränen kommen und fließen. Plötzlich greift die Faust an den Mund, ein Schluchzen. Ein Winken. Man geht.

Der Michl schaut fix und fertig aus. Er wirft zwei Kronkorken ins Grab. Er ist Brauer. Sein bester Freund. Er weint, der Hüne. Ganz leise. Man merkt, das macht er nicht oft. Ich halt es kaum aus. So viel Schmerz! Die Freunde von Manuel stehen in kleinen Gruppen zusammen. Auf dem Friedhof. Zwischen den Gräbern. Sie rauchen. Weil's wurscht ist. Und sprechen gedämpft. Liegen sich in den Armen. Auch auf Entfernung richten sich alle Blicke zum Grab. Ist das wirklich passiert? Es ging alles so schnell – und doch so langsam. Als ich eine Woche zuvor noch nach Nürnberg fuhr, wurde mir bange, ob ich Manuel wohl das letzte Mal lebend sehen würde. Ich habe nicht gezählt, wie oft ich die hundert Kilometer gefahren bin, Woche für Woche, Monat für Monat, um als Einziger, der nicht zur Familie gehörte, zu ihm durchgelassen zu werden. Auf Intensiv. Er war gerade neunzehn.
Bevor ich in den Zug nach Berlin stieg, war ich noch bei seinen Eltern. Ich besuche sie auch jetzt, nach Manuels Tod, ab und zu. Da ist so viel Schmerz. Da ist so viel Schweigen. Da ist inzwischen so viel Schnaps. Weil da so wenig Manuelleben ist. Er war das einzige Kind. Und ich muss mich von mal zu mal mehr zwingen hinzugehen. Nicht weil ich sie nicht aushalte, sondern weil ich meine Unfähigkeit nicht aushalte. Da ist so viel Stümpern von mir. Weinen konnte ich erst, als ich von seinem Elternhaus zum Bahnhof fuhr. So fühlt sich diese Reise nach Berlin jetzt anders an.

So oft ich die Fahrt schon gemacht habe, diesmal erscheint sie mir unwirklich. So unnötig. Völlig belanglos. Wozu ein großes Event organisieren? Und sich streiten, ob es Bier oder nur Apfelschorle gibt. Was soll ein Leben sein? Was ist da los, wenn es so abbricht, so einfach unvermittelt, unverbraucht – unverständlich! Einfach endet. Ich spüre, dass ich wie mit anderen Augen auf die Welt sehe, so als würde alles um mich herum infrage stehen, als würden meine Gewissheiten und Zukunftsbilder zurücktreten und verblassen. Ich will sie doch festhalten. Sie geben Halt, verleihen Sinn und Vorfreude auf etwas, was man hofft, einmal zu werden. Und dann steht man auf gefrorener Erde und starrt in ein Loch. So wie ich aus dem Zugfenster starre. Ins Zurück.

Ausschütten mein Herz

Es fällt mir ausgesprochen schwer, der einzig wachen Person in unserer Vierergruppe zuzuhören. Sie sitzt rechts neben mir am Gangplatz. Und erzählt mir in tiefstem Sächsisch – ich liebe das ja! – von ihrem letzten Besuch auf Neuschwanstein. Sie hat irgendwie mitgeschnitten, dass ich aus Bayern komme. Freilich, ich sagte »Grüß Gott«, als sie Platz nahm. Und na klar, Neuschwanstein. Was sonst? Ich erfahre auch, dass ihr Mann vor vier Monaten gestorben ist. Sie erzählt es fast nebenbei. Und ich fasse mir kurz an den Hals, um zu prüfen, ob ich das Collarhemd trage. Nein. Es sitzt kein erkennbarer Pfarrer neben ihr. Aber sie erzählt mir trotzdem von ihm. Und dass er Schwippbögen schnitzte. Ich versuche, zuzuhören und gedanklich zu folgen. Aber es strengt mich unheimlich an.

Ich bin nicht fähig, einen klaren Gedanken zu fassen. Nicht fähig, mir die Kopfhörer aufzusetzen, Musik zu hören oder auf meinem bewährten Reviermarker etwas Vorbereitendes für Berlin zu tippen. Ach, was soll's! Ich sage zum freundlichen Erzgebirge neben mir immer: »Ja!« und »Ah!« und »Ach was?«. Und bringe es einfach nicht fertig, etwas zu schlafen oder das mich begleitende Buch zu lesen, das mich wenigstens in die fiktiven Verstrickungen des Lebens anderer Menschen hineinziehen könnte. Auf den grauen Ebenen zwischen Oberfranken und Berlin ist es mitten unter Menschen einsam. Ich bin hilflos. Als sei alles vergeblich. Diese Scheißvergänglichkeit.

Ich fühle mich auch ein klein wenig belästigt, etwas gestört, jedenfalls nicht ganz behaglich, weil mir dämmert, dass ich jetzt noch zwei Stunden neben einer Frau sitzen muss, mit der ich mich nicht »normal« unterhalten kann. Übers Wetter oder über König Ludwig oder das Oktoberfest. Geht nicht, weil ich schon wieder in der Rolle des Seelsorgers bin. Dabei wäre doch eigentlich ich der, der mal dran wäre, seine Mitmenschen zu fordern, zu belästigen, sein Herz auszuschütten. »Gebt mir eine Antwort!« – »Was ist das Leben?« Denn der Tod ist plötzlich Teil meines Lebens. Auf einem neuen Level. Jenseits aller Profession. Doch würde ich mit ihr darüber sprechen, würde ich mich zu nackig fühlen. Ich friere. Und mir wird deutlich, dass Schmerz und Angst ziemlich lästige Reisebegleiter sind und dass jemand, der bereitwillig und liebevoll am Leid eines Fremden Anteil nimmt, ein wirklich bemerkenswerter Mensch sein muss. Ich weiß nicht, ob es mein freundlich verstecktes, beharrliches Schweigen ist oder der gegenüber erwachte Mitfahrer, sie hört jedenfalls allmählich auf, vom Tod ihres Mannes zu erzählen.

Wo ist nun dein Gott?

Wir hatten Manuel beerdigen müssen. Ich fasse es noch immer nicht. Er war doch immer gesund. Sportlich. Die Mädchen mochten ihn sehr. Er liebte das Leben. Und wir teilten ein Hobby: alte Vespas. Wenn ich was brauchte, zum Schrauben, Einstellen, Reparieren: Manuel hatte alle Kniffs drauf. Er war einst Teil unserer Jugendgruppe in der Gemeinde, als er noch junger Teenager und ich Leiter der Gruppe war. Als er Abi machte, war ich längst weg. Und er schwer verliebt. Mit taufrischem Abitur in der Tasche planten seine Freundin und er. Leben, Zukunft, den nächsten Urlaub. Er wollte nach Israel, unbedingt. Jerusalem sehen. Denn Jesus hatte ihn erwischt. Als er sechzehn war. Und hatte ihn zu einem Großen gemacht. Einen mit einem großen Herzen. Großen Händen. Großen Ohren. Einer großen Seele. Der kleine Manuel, wie sehr er der Welt fehlte.

Den Nachmittag, als seine Mutter mich anrief, dass er ins Krankenhaus musste, um um sein Leben zu kämpfen, werde ich nie vergessen. Die Ärzte wussten nicht, was los war. Doch sie hatten es im Griff. Sagten sie. Und ich fuhr tags darauf gleich hin. Er lag im künstlichen Koma. Und ich ahnte noch nicht, dass ich nie wieder mit ihm sprechen würde. Mit Worten. Einmal noch »sprachen« wir. Da schien es aufwärtszugehen. Die Aufwachphase aus dem künstlichen Koma wurde eingeleitet. Er konnte kurz runter von der Intensivstation und lag in einem Einzelzimmer. Tausend Schläuche, Maschinen, ein weißes Leibchen und ganz graue Haut. Ich kam rein. Ein Freitagnachmittag. Er schlief. Vermeintlich tief und fest.

Ich setzte mich auf einen Hocker, den ich neben sein Bett stellte. Fasste zwischen den vielen Schläuchen durch, berührte seine Stirn.

Ich zog mit dem Daumen zwei Linien über die warme Haut, ein Kreuzzeichen, und betete schweigend. Was sollte ich sonst tun? Dann erzählte ich ihm von dem Drecksvergaser, den ich nicht sauber bekam, und dass ich überlegte, die alte Fünfziger rot zu lackieren, und dass der Matze ihn grüßen lässt. Der hat eine neue Freundin. Da lächelte er. Öffnete für einen kurzen Moment die Augen und sah mich an. Mit Augen, die sich Sorgen machten. Und sich freuten. »Soll ich beten?«, fragte ich leise. Er schien es zu wollen und nickte mit den Augen. Ich nahm vorsichtig seine Hand. Mir fiel ein Lied ein, das wir immer sangen, in der Jugendgruppe, im Gottesdienst. Ein Lied aus den Psalmen.

Wie der Hirsch schreit nach frischem Wasser,
so schreit meine Seele, Gott, zu dir.

Meine Seele dürstet nach Gott,
nach dem lebendigen Gott.

Wann werde ich dahin kommen,
dass ich Gottes Angesicht schaue?
Meine Tränen sind meine Speise Tag und Nacht,
weil man täglich zu mir sagt:
Wo ist nun dein Gott?

Daran will ich denken
und ausschütten mein Herz bei mir selbst:
wie ich einherzog in großer Schar,
mit ihnen zu wallen zum Hause Gottes
mit Frohlocken und Danken in der Schar derer,
die da feiern.

Was betrübst du dich, meine Seele, und bist so unruhig in mir?
Harre auf Gott; denn ich werde ihm noch danken,
dass er mir hilft mit seinem Angesicht.

(Ps 42,2–6, LUT)

Diesen Teil des Psalms 42 konnte ich. Mehr hatte ich auswendig nicht drauf und stockte. Diesen letzten Abschnitt, das Seelenselbstgespräch, habe ich seitdem nie wieder vergessen. Und wenn der Psalm irgendwo auftaucht, in der Kirche, im Buch, in der Kantate von Mendelssohn – sehe ich den Manuel vor mir. Lachend, an einem sonnigen Abend auf der Vespa mit seinen großen Augen, den Helm nur so halb auf, weil's cooler ausschaut. Und im gleichen Moment, wie auf einem Kippbild, den Manuel dort im Klinikbett. Geschlaucht und verdeckt und in Schwarz-Weiß.

Meine Seele dürstet

Ich fürchte, ich habe den Psalm damals mehr für mich gebetet als für Manuel. Weil ich so eine Scheißangst vor dem Sterben habe. Nein, nicht nur vor meinem. Aber auch. Ich habe Angst vor dem Sterben, weil ich nicht weiß, wie man das macht. Und hört mir auf mit der »Kunst des Sterbens!« oder den Phasenmodellen. Ich kann das nicht mehr hören. Soll das heißen, ich müsst nur genug üben, um dann mit dem Tod im Duett fideln zu können? Das ist zynisch! Wär's eine Kunst, das Sterben, dann wär der Tod nicht so hässlich. Und was Kunst oder Kitsch an Bestattungen mühsam überdecken, kommt mir oft so vor, wie wenn man Fichtennadelraumspray in die Toilette sprüht, nachdem man grad geschissen und auf die Spülung gedrückt hat.

Gewiss, Sterben ist das Alltäglichste, was es gibt. Die Nachrichten sind voll davon. Die Zeitungen bringen bis heute seitenweise Todes- und Bestattungsanzeigen. Sie werden auch gern gelesen. Doch sie bleiben fern. Noch heute gehen sie mich nichts an. Noch heute sind es Namen wie Wochentage. Geburts- und Sterbedaten wie Kilometerangaben. Noch. Heute.

Aber so alltäglich, wie das Sterben ist, so unfasslich ist es im Einzelfall. Und diese Einzelfälle werden auch in meinem Leben sichtbarer, kommen näher, bleiben nicht im Fernen »man«, sondern aus Wochentagen werden Todestage – mit Namen. Opa Julius starb an einem Montag. Manuel an einem Donnerstag. Romy an einem Samstag. Es stirbt sich nicht alltäglich. Jemand stirbt immer speziell. Weil das bisschen Sinn, das man in einem Leben mühsam zusammengesucht und gesammelt hat, einübt und hütet, das bisschen Ich, das bisschen Geschichte vom Tod zerstampft und in alle Winde zerstreut wird. Wo der Tod eines geliebten Menschen Gegenwart ist – jetzt! – nicht irgendwann mal, sondern hier und heute im zugigen, schneidenden Wind – wird alles an großen Gedanken über Sinn und Zukunft in Klammern gesetzt. Als sei es nur beiläufig hohles Geschwätz. Weil der Sinn ja nur Sinn ergibt, wenn er sich mit jemandem verbindet. Ansonsten ist da nur ein unendliches Meer an Sinnlosigkeit. Und eine Sammlung frommer Sprüche.

Es ergibt keinen Sinn, am Grab eines Neunzehnjährigen zu stehen. Das ist zu wenig! Zu wenig Leben. Zu wenig Zeit. Zu wenig Glück. Zu wenig Schmerz. Zu wenig Bangen, Lachen, Planen, Scheitern, Feiern, Lieben, Trennen, Schweigen, Weinen … zu wenig. Viel zu wenig. Und zu viel Fragment. Das Puzzle war noch lange nicht fertig. Nicht mehr als der Rahmen war gelegt. Man hatte noch keine Ahnung, wie das Bild werden sollte. Als wäre der Puzzlespieler einfach aufgestanden, um sich einen Kaffee zu holen, liegen die Teile angehäuft da. Wie ein Haufen von Möglichkeiten. Die jetzt nie Wirklichkeit werden. Gott! Wozu fängst du ein Leben an und bringst es dann nicht zu Ende? Gott! Was zettelst du eine Jüngerschaft an und stellst dann deine Verheißungen selbst infrage? Gott! Wieso schüttest du Begabungen verschwenderisch aus, wenn man nicht zum Gestalten kommt und sich daran freuen darf bei der Ernte? Gott! Wenn du doch Gott bist, warum darf der Tod sich aufführen wie ein prügelnder Hooligan? Gott! Warum wissen wir um so etwas wie Sinn und können diese Linie nicht ausziehen, bis aus den Bruchstücken ein Ganzes geworden ist? Gott! Alt und lebenssatt? So soll man sterben. Satt – nicht hungrig oder müde! Gott! Es scheint, als widersprächest du dir selbst. Immer wieder. Willst das Leben, aber verhinderst den Tod nicht. Sodass er sein dunkles Spiel ohne Regeln spielen kann. Gott! Ja, dich mein ich. Den ich von Herzen Vater nenne. Und Freund und Bruder und Herr! Auf die Idee, dass es dich nicht gibt, weil es so etwas gibt wie Sterblichkeit, weil am Ende die Sonne die Erde fressen wird – ganz ohne religiöse Lyrik .

Meine Seele dürstet nach dir! Ja, nach wem denn? Nach Gott? Nach Leben? Nach Manuel, Opa Julius oder Romy? Nach wem denn? Meine Seele hat Durst nach Leben – und wie! Diese schöne Welt. Das Geschenk der Freundschaft, der Familie – das Warten, der Rausch, die Geschichte! Wahnsinn, was das Leben alles ist. Meine Seele dürstet nach dir! Und wenn ich an Manuel denke, der mit jeder Faser seines Daseins das Leben genoss. Sich um seine alte Nachbarin kümmerte, die immer so nach Urin roch. Der seinem Vater half, das Häuschen in Schuss zu halten. Der mit Leidenschaft an den Rollern rumschraubte – seine Seele dürstete nach Leben.

Ich spreche mit dem Psalm über meine Seele. Ich spreche, als würde ich sie wie ein Handwerker beschreiben. Über sie. Aber wenn ich mit ihr selbst spreche, »Meine Seele, was bist du so unruhig in mir?«, komme ich raus aus dem Erklären. Raus aus dem Wissen. Raus aus dem Üben und Beschreiben und Zähmen. Ich komme dahin, wo Gott antworten muss. Nicht ich. Ich bin eh überrascht, dass die Trauer der Angst so sehr ähnelt. Es ist keine konkrete Furcht vor etwas, aber es fühlt sich an wie Angst. Das gleiche Flattern im Magen, der Druck auf der Brust beim Erwachen, das benommene, dumpfe Wahrnehmen der Welt – was ist los, meine Seele?

Harre auf Gott.

Jerusalem

Beatrice von Weizsäcker

Diese Maria mit zwei Kindern.
Kennst du die Geschichte?

Norbert Roth
Nein

Beatrice von Weizsäcker
Die ist aus Deutschland. Zur Zeit
der Teilung. Daher 2 und eine Mauer
dazwischen. Und schau mal genau hin:
Die beiden halten sich unter der Mauer
an den Händen

Norbert Roth
Wow

Norbert Roth

Toll!!!

Beatrice von Weizsäcker

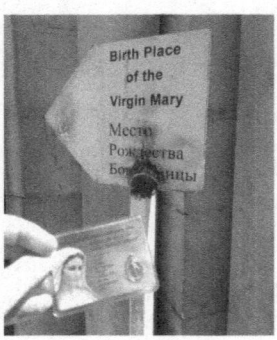

Norbert Roth

Beatrice von Weizsäcker

Norbert Roth

Norbert Roth

Norbert Roth

Beatrice von Weizsäcker

Norbert Roth

Beatrice von Weizsäcker

Ich habe noch nie so weinen müssen
wie in dieser Kirche

> **Norbert Roth**
> Dominus flevit

> **Beatrice von Weizsäcker**
> Ja

> **Beatrice von Weizsäcker**
> Es war unglaublich schön!
> Übrigens, ich gehe fischen. Quasi ein
> Anschluss an die Bootsfahrt am 1. Tag

> **Norbert Roth**
> Du erlebst grad was

> **Beatrice von Weizsäcker**
> Mehr als möglich ist
>
> :))

> **Norbert Roth**
> Aber eben doch die Seele in die Höhe hebt

> **Beatrice von Weizsäcker**
> Aber mehr als in Herz und Seele
> reinpasst im Moment

Norbert Roth
Ja das ist das Eigene an den Pilgerreisen
Man kann kaum selbstständig dosieren

Beatrice von Weizsäcker
Ich würd am liebsten die Zeit anhalten
und einfach tagelang nix tun

Norbert Roth
Des versteh ich gut

Beatrice von Weizsäcker

Wir waren in Emmaus

Norbert Roth
Das ist der heiligste Ort ever

Norbert Roth
Habt ihr mit den Nonnen und Mönchen gebetet?

Beatrice von Weizsäcker
Nein. Dort war die Abschlussmesse, sehr innig mit viel Liturgie und Singen

Norbert Roth
Abschlussmesse??

Norbert Roth
😞😞😞

Beatrice von Weizsäcker
So viele Eindrücke und jetzt auf einmal hier und München

Beatrice von Weizsäcker
Die Seele

Beatrice von Weizsäcker
Ungeschützt

Norbert Roth
Ja und etwas Heimweh

Beatrice von Weizsäcker
weh

Norbert Roth
Ja
Das ist Israel weh

Beatrice von Weizsäcker
Ich freu mich wenn wir uns sehen

Beatrice von Weizsäcker
Weil du das kennst

Norbert Roth
Dass es dich beim ersten Mal gleich so
erwischt

Beatrice von Weizsäcker
Warum wundert dich das?

Norbert Roth
Weil es nachhaltig süchtig macht

Norbert Roth
Des wird von mal zu mal schlimmer

Beatrice von Weizsäcker
Addicted!

Beatrice von Weizsäcker
Schön, dass Mary dabei war

Norbert Roth
Die is ja von dort

Norbert Roth

Ein Abend in der Grabeskirche

Diese seltsame Leiter! Kein Mensch weiß, wie sie dahin gekommen ist. Über dem Hauptportal der Grabeskirche in Jerusalem steht auf einem funktionslosen Sims und unter einem Fenster eine heute funktionslose Holzleiter. Mit sechs funktionslosen Sprossen. Sie steht da, als hätte sie einer stehen lassen, der vor einer Stunde noch beim Fensterln erwischt wurde und Hals über Kopf getürmt ist. Seit über 200 Jahren lehnt sie da an der Außenwand. Unverrückbar. Auch wenn sie nicht den Zweck erfüllt, den Leitern eigentlich erfüllen, ist sie zum unverrückbaren Symbol für einen seltsamen, verrückten Ort geworden. Für den Ort, an dem das Heil der Welt und aller Menschen – unvorstellbar! – erlitten, erbetet und erliebt wurde. Wo Jesus starb und auferstand, um den Menschen die ewig funktionierende Leiter zum Himmel ohne Hindernisse hinzustellen.

Als ich die Leiter das erste Mal sah, war es ein strahlender Donnerstagnachmittag. In lebhafter Erinnerung ist mir, wie gespannt ich auf meine erste Israelreise war. Meine Eltern wollten damals hin. Sie wünschten sich, dass ich sie auf einer Reise ins Heilige Land begleite, die von der örtlichen Freikirche organisiert war, zu der sie nicht gehörten. Aber meine fränkische Heimatstadt ist klein. Da kennt jeder jeden. Und da ergab eine Frage die andere – hast schon gehört? – und so kam überraschend ein Anruf von zu Hause, ob ich mit ihnen diese Pilgerreise machen wolle. Ich studiere ja schließlich Theologie. Das würde doch helfen. Und ich könne ja auch noch so gut Englisch! Hab' ich gelacht!

Jedenfalls sind wir geflogen und gemeinsam durch Israel gereist. Zehn volle Tage. Wir waren bereits durch den Norden des Landes gecruist und hatten an den Orten aus dem Leben Jesu in Nazareth, in Kapernaum und am Berg der Seligpreisungen gestaunt. Gespürt, geweint, gebetet, geschwiegen und geplappert. Immer mit der Bibel in der Hand. Und Tag für Tag wuchs meine Spannung auf Jerusalem. Wenn mich schon die überbauten Orte aus der Kindheit Jesu so flashten, wie würde es erst in Jerusalem sein?

Was wollt ihr alle hier?

Am Vorabend waren wir in Jerusalem angekommen. Der Himmel war noch lila gewesen. Nach der Busfahrt hatte der kurze Fußweg die Altstadtmauer entlang gutgetan. Doch hier war nichts vertraut. Alles war fremd, erstaunlich belebt und die hohen, sandgelben Mauern der Altstadt flößten mir Ehrfurcht ein. Was hier schon alles passiert war, das Zentrum der Welt. Ich hatte die Vibes gespürt. Man spürt Städte ja, Orte und Straßen, die Mächte und Gewalten, die dort herrschen. München ist da so anders als Berlin – und Jerusalem erst! Es folgte eine kurze, aufgekratzte Nacht und nach dem Frühstück ging's zu Fuß ab in die Stadt. Von den ersten Besichtigungen weiß ich nicht mehr viel. War's das Damaskustor – wahrscheinlich –, durch das wir uns von den engen Gassen der Altstadt einsaugen ließen, oder ein anderes? Wir bogen um die Ecke, gefühlt die neunhundertste, der Turm der deutschen Erlöserkirche zeigte in den Himmel und die bedrängende Enge des Suks mit den vielen Menschen machte plötzlich Platz. Dann standen wir vor der Grabeskirche.

Ein erster Blick: Ich war enttäuscht. Echt jetzt? Das ist sie? Das ist ja völlig unspektakulär. Unser Guide zeigte uns die Leiter auf dem Sims. Ich dachte mir – ja, ja netter Gag! Doch dann sind wir auch gleich rein in die Grabeskirche. Unser Reiseführer war verblüffend ruppig zu den anderen Besuchern. Ich erwartete einen Raum der Andacht, der Anbetung, der Stille, voller ehrfürchtiger Gesichter. Aber ich kam mir vor wie beim Wiesn-Anstich. Laut und gedrängt und berauscht, jeder machte sein Ding, wie es die Leute halt tun auf dem Oktoberfest, wenn das Bier seine Wirkungen zeigt.

Ich übertrat die Schwelle und war ganz verwirrt. Die Kirchen, die ich kannte, hatten ein Portal und Bänke, ausgerichtet zum Eigentlichen nach vorn. Doch dies war keine Kirche, wie ich sie kannte. Nein, ich stand gleich vor einer Wand. Aus Menschen und aus Steinen. Sofort war ich enttäuscht. Denn ich hatte mir die Grabeskirche viel erhabener und größer vorgestellt. Vor meiner Stirn an der Wand ein großes, buntes Mosaik. Es schien nicht alt zu sein. Es roch nach einer Mischung aus Sonnencreme, verrauchtem Kerzenwachs und frisch gewaschener Wäsche. »Warum um alles in der Welt riecht es hier nach Waschmittel?«, dachte ich. Und sah, wie Frauen körbeweise Klamotten auf einen rosa Marmorblock kippten, der vor mir auf dem Boden lag – sie schienen den Stein mit ihrer Kleidung zu putzen.

Mir wurde nicht gestattet, lange zu fragen, nicht mal zu staunen. Der Reiseführer zerrte uns zur rechten Seite, eine steile Treppe hinauf. Wenige Stufen nur. Dafür war jede einzelne unglaublich hoch. Oben auf einem Plateau, einer Art Balkon, tat sich ein Raum auf. Schön bemalt und doch duster, die goldenen Kanten schimmerten nur schüchtern. Wie ein Kellergewölbe – aber auf dem Dachboden eines orientalischen Cafés. Schön schräg!

Viele Leute waren da und standen Schlange. Die meisten weiß gekleidet. Einige ganz bei sich, den Rosenkranz in der Hand. Andere hektisch im Umschaumodus – den Kopf bewegend wie ein Uhu, der sich in alle Richtungen ständig dreht und mit großen Augen die Welt absucht. Sie trugen Baseballmützen auf dem Kopf und Fotoapparate in der Hand. Es war skurril. Und laut. So unglaublich laut. Der Reiseführer flüsterte schreiend: »Das ist der Felsen Golgatha!« Zu mehr kam er nicht. Sofort wurde er von einem schwarz gekleideten Popen angezischt, still zu sein. Ich musste kurz lachen und blieb auf Distanz. Ich hatte mich schon als Teenager nie vor einem Club angestellt. Entweder ich komme gleich rein, oder ich gehe halt wieder. Egal.

Meiner Mutter rannen Tränen die Wangen hinunter. »Hier war das?«, schluchzte sie. »Hier ist er gekreuzigt worden?«, und begann, sich vorzudrängeln, wie eine Maria Magdalena, die überprüfen will, ob das alles stimmen kann. Ich blieb mit durchgedrückten Knien stehen und spürte in mir so was wie Verachtung für den Rummel. »Was wollt ihr alle hier?« Und erschrak über mich. An diesem Ort habe ich solche Gedanken? Schäm dich! Ich müsste doch viel geflashter sein, so wie ich es in Tabgha am See Genezareth oder auf dem Karmel gewesen war. Und eigentlich wollte ich das auch. Wollte berührt sein. Von diesem Ort. Von seiner Geschichte. Von meiner Erlösung. Meinem Erlöser! Mein Jesus! Meines Todes Tod! Aber ich war genervt. Was tun die alle hier? Gott, ist das dein Ernst?

Ich erinnerte mich an die Wutszene, als Jesus die Leute aus dem Tempel trieb, weil sie dort nicht das taten, was man dort tut. Sondern das taten, was sie woanders tun sollten. Und in der Vorstellung hatte freilich ich die Geißel in der Hand und trieb die Händler brüllend hinaus. Ich! Ja, so viel Ich! Ich! Ich! an diesem Ort. Ich schämte mich. Geht's in der Erlösung nur um mich? Hauptsache ich bin gerettet, um die andern kümmere du dich, Herr, nicht ich. – So stand ich auf Golgatha. Mein Vater war auch verschwunden zwischen den weiß gekleideten Gestalten, die Englisch sprachen und Spanisch und was man halt so spricht in Babylon.

Mich zog es ins Freie. Aber wir wurden ermahnt, beieinanderzubleiben. Damit wir uns nicht verlieren. Also trottete ich hinter der Gruppe her. Die steile Treppe wieder nach unten, am roten Stein mit der Kochwäsche vorbei und den vielen Menschen. Da tat sich die große runde Halle auf, in deren Mitte das leere Grab Jesu stehen sollte. Okay. Da war ich raus. Definitiv. »Ja, so ein Quatsch!«, dachte ich. »Des kann doch gar nicht sein!« Ich hatte aus der Kinderbibel gelernt, dass Jesus in einem Felsengrab bestattet wurde, mit einem großen runden Stein davor, und nicht in einem Häuschen, das aussieht wie ein Totenhäuschen vom Lissabonner Hauptfriedhof. Mir war klar, dass dieses Grab später gebaut worden sein musste. Aber wo war der Felsen? Wo der runde Stein? Es konnte ja wohl schlecht eine Jesus-Gruft sein. Es war ein Witz.

Auch hier stand eine lange Schlange von Menschen vor dem Eingang ins Grab. Zwei geistliche Türsteher, die auch vor jedem Club eine gute Figur gemacht hätten, sorgten stattdessen für Ordnung. Sie konnten offensichtlich sehr ungemütlich werden, wenn jemand zu verzückt im Grab hängen blieb. Es war laut. Sehr laut.

Statt mich anzustellen, starrte ich leer in die Kuppel über mir, die durch ein riesiges Loch Sonnenstrahlen in den Raum ließ. Durch den Weihrauch in der Luft sah der Lichtkegel aus wie ein dicker Traktorstrahl aus dem All. Los, steigt alle ins nächste UFO ein, dachte ich zornig. Ich will das für mich. Und immer wieder dieses fürchterliche Ich. Dann war unsere Zeit in der Grabeskirche um. Für das Geheimnis, das Zeit und Ewigkeit umarmt – das Himmel und Hölle niederringt und Tod und Leben vertauscht, hatten wir gerade einmal eine dreiviertel Stunde Zeit.

Als wir draußen standen, in der gleißenden Sonne, wusste ich: Grabeskirche? Braucht doch kein Mensch!

Zweite Chance

Jahre später – wann weiß ich nicht genau. Später jedenfalls, ich war längst mit dem Studium fertig, war ich wieder in Jerusalem. Zum wiederholten Mal. Warum es mich immer wieder hinzieht, kann ich gar nicht sagen. Die Stadt lässt mich nicht in Ruhe. Aber egal wie oft ich auch dort war, die Grabeskirche, oder die Anastasis, wie sie in der Ostkirche genannt wird, hatte ich seit meinem ersten Besuch als Student jedes Mal gemieden. Wenn ich die *Schechina*, die Gegenwart Gottes, suchte, ging ich an die Klagemauer. Zum Beten. Zum Zittern. Zum Staunen. Und zum Fremdfühlen. Die scheue Berührung der uralten angefassten Steine mit Kippa auf der Glatze.

Freunde rieten mir: »Lass dich doch mal nachts in die Grabeskirche sperren. Das geht! Und das hilft.« Offensichtlich hatte ich zu viel über die Grabeskirche und den Trubel und das unwürdige Treiben dort gemotzt. So gemotzt, wie es einer tut, der über seine Exfreundin nicht hinwegkommt. Ich zögerte. Mir schien das dann doch etwas zu viel Jerusalem-Syndrom zu sein und ich steh eh nicht so auf Eingeschlossensein – wenn der Schlüssel nicht innen steckt. Aber die Grabeskirche sollte noch eine Chance bekommen. Und so nahm ich mir vor, immer abends vom Johanniter-Hospiz, in dem ich wohnte, die paar Meter zur Grabeskirche zu gehen. Jeden Abend. Meine kleine Gideon-Bibel mit dem grünen Kunststoffeinband dabei, die ich seit meiner Schulzeit habe.

In der fünften Klasse war ein hochdeutsch sprechender Mann zu uns in die Schule gekommen. Er hatte uns allen eine kleine Bibel geschenkt. Ich weiß noch, dass wir sehr aufmerksam zuhörten. Was er erzählte, klang wie in der Kirche, in der Jungschar und im Reliunterricht gleichzeitig. In der Kirche wurde auch immer hochdeutsch gesprochen, denn unser Pfarrer kam nicht von hier. Und der Mann im Anzug mit dem Karton voller kleiner Bibeln schien den lieben Gott sehr gern zu haben. Wie Tante Gusti mit ihrer Hallelujazwiebel auf dem Kopf, die mit leuchtenden Augen von Jesus erzählte. Und er wusste so viel über Gott. Viel mehr als Fräulein Taube, unsere Relilehrerin, die uns immer malen ließ, was wir gelesen hatten.

Der Mann hatte mit strahlendem Lachen davon erzählt, wo auf der Welt er und seine Freunde schon überall Bibeln verteilt hätten und dass wir nun auch eine bekommen sollten. Und vor allem sollten wir sie lesen. Und wenn wir sie dann durchgelesen hätten, sollten wir ganz hinten – er hat es uns damals schon gezeigt – unseren Namen eintragen.

Dort steht: *Mein Entschluss, Jesus Christus als meinen Erretter anzunehmen.*

Eine große, kursive Überschrift.

Der Mann war ganz feierlich geworden. So ähnlich redete immer Onkel Andreas, wenn er uns Kindern davon erzählte, wie er im Krieg den Russen entkommen ist.

Unter der Überschrift stand das Kleingedruckte:

Ich bekenne, daß ich ein Sünder bin, und ich glaube, dass der Herr Jesus Christus für meine Sünden am Kreuz gestorben und zu meiner Rechtfertigung auferstanden ist. Ich nehme ihn jetzt an und bekenne Ihn als meinen persönlichen Erretter.

Dann ein großer Absatz mit einem Strich wie auf einem Zeugnis.

Name.

Nächste Zeile: *Datum.*

Alles zum Selbsteintragen. Und noch ein paar Bibelverse. Fertig. Die Bibelverse fand ich damals schwer verständlich. Fünf waren es. Ein fünffaches Ja!

Du kannst es glauben – doch, ja.
Auch wenn du's nicht spürst, ja, du gehörst jetzt jemand anderem.
Ja, du bist erlöst.
Gott sagt Ja!

Das habe ich als Elfjähriger nicht verstanden. Nicht, dass ich's heut ganz versteh. Aber damals habe ich gespürt, dass ich das will. Und ich habe am gleichen Abend noch mit leichten Gewissensbissen, weil mir das Durchlesen des ganzen Büchleins nicht gelingen wollte, hinten meinen Namen eingetragen. Und das Datum. Ich weiß nicht, was das in der unsichtbaren Welt ausgelöst hat. In der sichtbaren Welt jedenfalls lösen meine kindliche Unterschrift und das Datum bis heute ein Nicken in mir aus. Ich würd's wieder unterschreiben. Und wieder und wieder ... und wieder! Weil ich von meinem eigenen Mist nicht allein loskomme.

Nackter Fels

Diese kleine Bibel nahm ich nun jeden Abend mit, wenn ich mich um halb acht auf den Weg durch die Gassen Jerusalems machte. An Tag eins bis drei verlief ich mich. Erst ab dem vierten Tag finde ich den Weg gleich. Eile ist nicht geboten. Je später, desto ruhiger. Als ich ankomme, sind die weißen Gestalten mit Kameras und Burgerbauch weg. Ein paar einzelne Besucher sind da. Meist stumme Gestalten. Die Sonne taucht alles in ein Orange, das in den gelben Mauern von Jerusalem einen federleichten Tanzpartner findet. Es ist alles wie Honig, golden und klar und langsam. Und ich bleibe kleben.

In der Kirche ist es kühler als draußen. Gleich gehe ich die steile Treppe auf der rechten Seite nach oben. Es ist menschenleer. Ein Schauer läuft mir über den Rücken. Jetzt hat es mich. Hier war das? Hier wurde er gekreuzigt? Niemand steht Schlange. Niemand zischt laut »Pssscht«. Niemand versucht, mit dem Sucher das Geheimnis auf ein Bild zu bannen. Nur rechts vor der Säule sitzt in sich versunken ein schwarz gekleideter Pope auf einem schiefen Stuhl. Ob er schläft, betet oder grad im Himmel ist, bleibt mir verborgen. Er ist aber im Frieden mit sich. Sein Lächeln das eines Verliebten – selig und erleichtert, dass seine Liebe erwidert wird. Und kein Wunder, dass er müde ist nach den vielen Menschen, die er heute zu hüten hatte an diesem heiligen Ort.

Ich schaue mich um. Gegenüber der Treppe, die in meinem Rücken liegt, ein großes Kreuz, byzantinisch opulent. Geschätzt zehntausend kleine Lampen hängen von der Decke. Sie sehen aus wie kleine Weihrauchfässchen mit rotem Glas. Viel Gold und Silber. Es glänzt und strahlt und glitzert so lebendig vor sich hin, dass der Tod hier doch eigentlich keine Chance hat. Vor dem großen Kreuz steht ein kleiner Altar mit roter Platte und griechischen Buchstaben. Unter ihn kann man kriechen, um den Felsen zu berühren, auf dem einst das Kreuz aufgerichtet wurde, an das der gequälte Jesus gebunden und genagelt worden war. Unter all dem Glitzer und Gold und den vielen Lampen ist der nackte Felsen zu sehen. Hinter Glas, versteht sich. Wie ein Frühbeet. Man braucht einiges an Vorstellungsvermögen, um sich gedanklich durch die Zeit und den Bau zu arbeiten – aber es gelingt. Der Ort wird vertrauter.

Mit dem Anfassen hab ich's – als deutscher Lutheraner – nicht so. Aber unter den Altar krieche ich dann doch und taste durch das Loch in der Scheibe am Felsen. Hätte ich es nicht getan, würde mir heute was fehlen. Es wäre wie bei einer Fußballweltmeisterschaft, bei der ich das Endspiel nicht live anschaue. Freilich höre ich tagsdrauf in den Nachrichten: »Wir sind Weltmeister!« Aber ich war nicht dabei, hab's nur vom Hörensagen. Stand nicht nachts auf der Leopoldstraße und habe zwischen hupenden Autos das Gefühl gefeiert: »Ich bin doch wer! Teil von einem Wir.« Selbstverständlich hat meine Berührung am Felsen nichts ausgelöst, wovon mein Glaube abhängig wäre. Selbst-ver-ständ-lich nicht! Nein! Das wäre doch magisch! Schreit das Über-Ich.

Daher ist zunächst eher der Gedanke da: Bäh, wer da schon alles hingegrabscht hat heute! Und ich stelle mir die tausend Leute heute, gestern und vorgestern vor, die Millionen Menschen, die hier schon in weißen Gewändern und mit Kamera auf dem Bauch gekniet haben –

die ihr Knie beugten, sich bückten, um sich dem Ort mit den Finger-
spitzen zu zu nähern, an dem die Leiter in den Himmel stand.

Vielleicht ist das Ritual am Felsen nur Nostalgie oder Kitsch? Vielleicht zu primitiv? Zu pietistisch? Ich weiß es nicht. Und ach, all diese
FAQs traten erst in mein Leben, als ich im Theologiestudium mit Pro-
fessoren und Kommilitonen zu tun bekam, die mit Jesus auf die Weise,
wie ich ihn kannte, nix anzufangen wussten. Plötzlich war ich einer der
»Frommen« und wusste nicht, wie mir geschah. Denn was ich bis dahin gar nicht wusste, war, dass es so etwas wie »die Frommen« überhaupt gab. Woher auch? Eine Antwort auf die Frage, die mir diesbe-
züglich kam, ob es denn dann auch so etwas wie unfromme Leute
gibt, blieben die, die mich so labelten, bis heute schuldig. Es taten sich
neue Welten auf. Und ich lernte, dass man das mit der Unterschrift
auf der letzten Seite einer kleinen Gideonbibel auch ganz anders sehen kann. Ich weiß das jetzt. Und dennoch glaub ich's. Jedenfalls ist
die kleine Bibel sehr praktisch fürs Verreisen und daher war sie auch
in Israel dabei.

Inzwischen haben die Anastasis, die alte Dame, und ich etwas Zutrauen zueinander gefunden. Ich schimpfe nicht mehr so viel. Und sie
empfängt mich jeden Abend freundlich. Die Abende dort sind still. Die
weißen Gestalten sortieren in ihren Hotels die Bilder auf dem Laptop
und sind sicher auf ihre Art dankbar und erfüllt. Ich suche lange, bis
ich einen Ort finde, wo ich es länger aushalte und auch meine Ruhe
habe. Oben, die steile Treppe hoch vor dem Felsen Golgatha. Rechts
davon eine Bank aus rotem Granit. Die ganze Wand entlang. Der Stein
ist schön kühl. Meine Waden berühren ihn und freuen sich sichtlich,
winken mit Gänsehaut. Ich schaue mich um und merke, wie es in mir
still wird. Und ruhig. Es fühlt sich so an, als ob man zu Besuch ist, beim
besten Freund. Man kann an den Kühlschrank gehen, die Fernbedie-
nung benutzen und den Kopf mal an eine Schulter anlehnen. Ohne ein
Wort. Die Augen zu.

Was lese ich denn jetzt? Frag ich mich und lass unter dem Daumen
die Seiten des kleinen Bibelbüchleins durchsausen. Ach, die aufgekratzte Großstadtseele tut sich so schwer mit Momenten des Nichts-
tuns. Zu Hause zappt man sich bis früh um zwei mit der Fernbedie-

nung durch die Fernsehwelt, um nachzusehen, ob jemand noch eins draufsetzen könnte auf das bis zum Bersten volle Informations- und Unterhaltungsbassin. Aus Langeweile geht man zum Kühlschrank, um ihn das vierte Mal am Abend zu öffnen, obwohl man längst weiß, was drin ist oder besser: was nicht drin ist, ohne zu wissen, auf was man eigentlich Lust hätte. Zu Hause legt man den Kopf mal auf die Tischplatte, macht die Augen zu und träumt von Jerusalem.

Was lese ich jetzt? Der Daumen bleibt beim Karfreitag stehen. Ich lese Matthäus. Die Passionsgeschichte. Und es zieht mich sofort hinein. Da sitze ich und lese und habe Kopfkino.

Audienz beim König

Plötzlich höre ich was. Ich sitze schon geraume Zeit. Der Mönch hat sich drei, vier Mal geräuspert, aber er ist gerade in einer anderen Welt. Sehe nur, dass er seine Gebetsschnur durch die Hand gleiten lässt. Er schnauft. Ich bin ein wenig neidisch. Ach, was bin ich leicht abzulenken. Ihn scheint grad nichts zu hindern in seiner Schau. Was er wohl sieht? Jesus von Angesicht zu Angesicht? Den offenen Himmel? Ich spür nur, dass er zwar auf Erden sitzt, aber im Himmel gerade tanzt.

Jetzt hör ich wieder das Geräusch. Es sind langsame Bewegungen. Mit Pausen dazwischen. Da steigt niemand, da müht sich jemand. Auf dieser elend steilen Treppe. Und dann sehe ich einen Kopf. Es ist eine alte Frau. Sie bleibt wieder stehen. Holt Luft und schaut vor sich zu Boden. Nächste Stufe, fest ans Geländer geklammert und unter dem Arm den Gehstock eingezwickt. Ich bleibe sitzen. Auch wenn ich mich vor meinem inneren Auge schon aufspringen sehe, um der alten Dame zu helfen. Ich bin unsicher. Wäre das angemessen? Als sie oben ist, lehnt sie sich ans Geländer und erholt sich.

Eine alte Frau. Mit krummem Rücken, aber gerader Haltung. Ihre Garderobe verrät: Sie stand noch bis eben an einem Ort, an dem sie mit dem Leben beschäftigt war. Die Frau kommt direkt aus dem Alltag. Müde und zufrieden. Um ihren Hals hängt eine feine Goldkette mit einem Kreuz. Sichtbar, aber nicht unübersehbar. So angelehnt, legt sie ihre Hände vor sich auf den Stock, schließt die Augen und atmet ruhig weiter. Ich nehme ihr ab, dass sie augenblicklich im Gebet ist. Ihr schwerer Atem ist ein Einsaugen und Ausatmen der Gegenwart Gottes. Lebensatem, der uns verbindet mit außen, mit Schöpfung und Schöpfer. Als sich ihr Puls etwas beruhigt hat, geht sie langsam nach vorne, Richtung Altar und Felsen. Sie hat mich wohl bemerkt. Nimmt aber keine Notiz von mir. Wieso auch. Sie hat vor, am Abend des Tages dem König der Himmel Audienz zu gewähren in ihrem Herzen. Deswegen ist sie gekommen. Sie lächelt, ist ganz bei sich und geht langsam, auf ihren Stock gestützt, an mir vorbei. Als sie vorne ist, verharrt sie an der Altarplatte. Doch plötzlich schickt sie sich dann an, darunterzukriechen, wie es die Touristen mit Brille und Bauch zu Tausenden tun dort, tagtäglich.

Sie lehnt ihren Gehstock an die Glasscheibe, die über den Felsen geschraubt ist, stützt sich mit beiden Armen gegen die Altarplatte, nimmt langsam das linke Bein nach hinten und geht mit dem rechten ganz langsam in die Knie. Sie schenkt dem Protest des zitternden Knies keine Aufmerksamkeit. Die Liebe duldet alles – hält alles aus. Als sie mit dem rechten Knie den weißkühlen Marmorboden erreicht, zieht sie das linke Bein nach, lässt oben die Platte los, stützt sich mit den Händen nach links und rechts ab und rutscht auf den Knien den halben Meter zur Glasplatte vor, in der sich die Öffnung befindet, durch die man den nackten Felsen erreicht. Dann kauert sie da. Ich weiß nicht, wie lange. Ihr langes Haar hat im Licht der Kerzen das Grau eingetauscht gegen ein schimmerndes Kupferrot. Ein sichtbares menschliches Leben, das sich birgt im Schoß eines unsichtbaren Beschützers. Ich staune und kann die Augen nicht abwenden.

Was ist, wenn sie Hilfe braucht? Was, wenn sie nicht mehr aufkommt? Was, wenn sie sich wehtut? Was auch immer mir für Fragen durch den Kopf schießen: Sie scheint diese nicht zu haben. Für einige Zeit bewegt sie sich gar nicht. Als würde sie ausruhen.

Nach unzähligen fünf, sechs, acht Minuten bewegt sie sich. Endlich. Sie verlässt die kauernde Haltung, fasst durch die silbern umrandete, runde Öffnung in der Glasplatte, berührt den Felsen Golgatha und verharrt einige weitere Augenblicke. Sie lässt sich die Zeit.

Sie lässt sie ihm. Die Zeit, die sie ihrer Seele und dem König für eine Umarmung gönnt. Unmessbar. Eine intime Berührung zwischen Gott und Mensch – genau an dem Ort, an dem vor zweitausend Jahren, zu einem ganz bestimmten Zeitpunkt, Zeit und Ewigkeit, Erde und Himmel, verschmolzen sind. Hier ist die Schweißnaht. Zwischen Verdammnis und Heil. Hölle und Himmel. Leben und Tod. Gott hat sich unlöslich mit dem Schicksal der Welt verbunden. Und hat alles Unlösbare abgelöst. Es ist getan! Einst glühte hier der Felsen, die Erde bebte. Seitdem geht ein Riss von oben bis tief hinunter in den Fels – und öffnete das Grab Adams. Hier treffen Dimensionen aufeinander. Galaxien.

Und ich sitze da, blättere in meiner kleinen Plastikbibel und weiß, spüre, glaube – verstehe neu, an dieser alten Frau und dem tanzenden Mönch, dass Gott nicht bindet. Er löst. Erlösung ist sein Name. Und das hat nichts wolkig Leichtes. Nichts süßlich Kitschiges, mechanisch Religiöses oder spirituell Exklusives – nein! Es ist etwas ganz Unverfügbares. Und ich frage mich: Warum nur geben wir uns in der Regel mit einem Gott aus der Alufolie zufrieden? Unsere selbst geschmierten religiösen Stullen, die wir rausholen und reinbeißen, wenn wir vom ach so hektischen Alltag uns eine spirituelle Pause zur Erholung – oder noch schlimmer: zur Seelenhygiene gönnen.

Manchmal kommt's mir so vor, als wäre das Wort »Spiritualität« eine Chiffre für göttliche Streicheleinheiten. Als müsste man bei sich selbst nur die richtige »*Mute*«- und bei Gott nur rechtzeitig die »*Play*«- Taste drücken, damit es wieder stimmt. Da wird Gott verzweckt. Benutzt. Und wenn er unbequem wird, weil er sich verbirgt, weil er nicht spurt oder nicht funktioniert, tun es ein Schlag auf die Klangschale und ein Spruch vom Dalai Lama es auch. Dafür muss ich nicht mit alten Knochen unter einen Altar kriechen. Hier betet jemand. Hier verehrt jemand Gott. Hier lebt jemand das, was Bernhard von Clairvaux in dem Satz zusammenfasste: dass der einzige Grund, Gott zu lieben, Gott selbst ist.

Genau diese Gedanken schießen mir, mich selbst durchleuchtend, durch den Kopf. Ein geistliches Röntgenbild – an dem Ort, an dem einst, am Karfreitag des Himmels, alle ihr wahres Gesicht zeigten, als Jesus am Kreuz hing und sein Leben endete. Die Ängstlichen hatten noch mehr Angst. Die Traurigen zerbrachen unter ihrem Schmerz. Die, die Jesus verachteten, brauchten ihre Verachtung nun nicht mehr zu verbergen. Die Religiösen wussten sich bestätigt, dass sie auf der richtigen Seite stehen. Die Politischen auch. Und die Berechnenden rechneten am Ende noch ab. Ohne einen Funken Scham kauften sie einen Acker. Die wahren Gesichter.

Ihr wahres Gesicht zeigt auch diese alte Frau. Was für eine ehrlich intime Begegnung ich da beobachten durfte. Sie ist alt. Da liegt viel Lebenszeit auf der Glasplatte über dem Felsen. Viele Jahre, Gefühle. Gedanken. Sorgen. Freuden. Erfahrungen – was sie wohl schon alles erlebt hatte in ihrem Leben? Ist sie Mutter? Ehefrau? Zweite Ehefrau? Witwe? Hat sie Krieg erlebt? Und Angst? Hat sie ein Kind begraben müssen? Oder ihre Brüder? Kommt sie von hier oder muss sie hier sein? Sind ihre Kinder gesund? Ihre Nachbarn nett? Wie bestreitet sie ihren Lebensunterhalt?

Nach etwa 15 Minuten ist ihre Audienz zu Ende. Ich sehe sie sich langsam nach hinten schieben. Zentimeterweise. Als sie wieder auf beiden Füßen steht und sich gegen den Altar stützt, schaut sie kurz lächelnd zu mir rüber. Nimmt ihren Stock, strahlt aus jeder Pore und schreitet in Richtung Treppe. Auf die Idee, ihr helfen zu wollen, komme ich gar nicht mehr. Die Liebe hält allem stand. Auch einer zu steilen Treppe.

Der Mönch hat seinen Tanz unterbrochen und geht eine Runde. Sein langes schwarzes, leichtes Priestergewand folgt in weichen Bewegungen seinen Schritten. Er trägt einen langen, dunkelroten Bart, hat schwarz glänzende Augen und trägt einen Hut. So einen Hut, wie sie nur orthodoxe Priester tragen, die aussehen wie ein Zylinder, nur falsch herum aufgesetzt. Die Krempe ist oben. Er pustet die fast heruntergebrannten Kerzen aus und räumt abgebrannte Kerzenstummel weg. Der Mönch säubert die goldenen Sandkästen, die als Kerzenständer dienen. Wir nicken uns kurz freundlich zu. Irgendwie ahne ich, dass er mitbekommen hat, dass ich nun schon geraume Zeit hier sitze, in blauen kurzen Hosen und Flipflops. Allein mit meiner kleinen grünen Bibel.

Termin mit dem Chef

Ich lese weiter. Wenige Minuten später höre ich wieder Schritte auf der Treppe. Diesmal ganz flotte. Da nimmt jemand zwei Stufen auf einmal auf glatten Ledersohlen. Sohlen von teuren Schuhen, wie ich sie nur kenne aus den Nobelboutiquen Münchens. Dann sehe ich einen Kopf mit schwarzen Haaren, nach hinten gekämmt. Mit Gel an ihrem Platz gehalten. Die goldene Sonnenbrille auf den Schopf gesteckt. Ein junger Mann Mitte dreißig. Im maßgeschneiderten Anzug, nachtschattenblau. Er trägt eine sehr auffällige, rot gepunktete Krawatte auf dem weißen Hemd. Dazu das passende Einstecktuch im Sakko. Gebräunte Haut, gezupfte Augenbrauen und in der Hand ein auffällig großes, neues Smartphone. Es leuchtet noch und er hält es sichtbar in der Hand, als hätte er gerade einen Anruf beendet oder eine Nachricht geschickt.

Er ist sehr zielstrebig, geht mit großen Schritten – wie ich fast einsneunzig groß – schnurstracks auf den Altar zu. Er hat keine Zeit zu verlieren. Schon auf dem Weg dahin schlägt er mit der rechten Hand mehrere Kreuzzeichen über seinem Oberkörper – auf die Art und Weise, wie es orthodoxe Christen tun. Oben, unten, rechts, links – sehr zügig und oft. Ein Profi. Allrounder. Smart. Sympathisch. Erfolgreich. Mit bemerkenswertem Charisma. Jemand, der weiß, was er will. Er geht direkt zum Altar, hält sich kurz mit beiden Händen an der Platte fest, küsst dann eine der Hände und legt den Kuss auf die Platte. Dann zieht er mit einem kurzen Ruck die engen Anzugbeine etwas nach oben, kniet sich hin und kriecht unter die Altarplatte. Wie einer, der täglich hierherkommt, absolviert er sein Ritual. Auch er greift kurz hinein, in den Zwischenraum von Zeit und Ewigkeit, auf den Felsen, und drückt auch dort einen Kuss hin. Das alles geschieht innerhalb weniger Augenblicke. Und ich glaube, dass er während der ganzen Zeit das Handy in der Hand hält. Welche Gedanken er mit dem himmlischen CEO austauscht, weiß ich nicht. Alles, was da geschieht, geschieht reinen Herzens, nicht hündisch, berechnend, sondern irgendwie souverän und frei und unsentimental.

Mich erinnert es an ein Bild, das ich vom Heiligen Bernhard kenne. Bernhard spricht vom Glauben oft im Bild des Kusses. Und in einer seiner Predigten unterscheidet er den Kuss des Glaubens in drei Kategorien: Er sagt, es gibt den Kuss des Knechtes, den Kuss des Lohnarbeiters und den Kuss des Sohnes.

Ein Knecht küsst seinem Herrn die Füße. Er wagt es nicht, ihm sich aufrecht zu nähern. Er mag hinter seinem Rücken über ihn schimpfen, er mag mit den Umständen unzufrieden sein, aber er wähnt sich in einer zwingenden – einer bezwingenden – Abhängigkeit, sodass er es nicht wagt, dem Herrn anders zu begegnen als mit Angst und Unterwerfung. Er liebt ihn nicht. Er küsst ihm die Füße.

Der Lohnarbeiter geht davon aus, dass der Herr ihn braucht – auch wenn er vom Herrn abhängig bleibt. Er küsst ihm die Hand. Als Zeichen der klaren Rollen – aber auch als Zeichen der Autonomie. Er begegnet ihm nicht mit Angst. Nicht mit Unterwerfung. Dafür aber begegnet er ihm mit Berechnung und Vorbehalten. Schaut genau darauf, dass er nicht zu kurz kommt. Er ist bereit, das zu tun, was zu tun ist, aber traut dem Herrn nicht über den Weg. Ganz aus Eigennutz küsst er ihm die Hand.

Und schließlich gibt es den Kuss des Sohnes, der Tochter – des Kindes. Dieser Kuss begegnet dem Herrn auf Augenhöhe. Ohne Angst, ohne Berechnung, sondern mit Vertrauen. Der Kuss des Mundes. Auge in Auge. Zärtlich und verletzlich – für beide.

Auch wenn dieser Besuch am Felsen aussieht wie ein Termin beim Chef, kann und will ich nicht sagen, dass es sich hier um einen berechnenden Handkuss eines Lohnarbeiters handelte. Was weiß ich schon? Aber mir selbst wird an diesem Abend diese Frage noch einmal wichtig – wie gehe ich mit Gott um? Misstraue ich ihm im Letzten – denke ich, dass er mir irgendetwas vorenthält und ich durch mein Verhalten, meinen Glauben oder mein Ringen etwas mehr herausholen könnte, als ich bisher bekomme? Ich ahne, dass der Weg des Glaubens auch ein Weg ist, sich von Gott berühren und verändern zu lassen – auch durch einen Kuss. Den ich womöglich nur flüchtig auf die Hand gedrückt erwidere.

Nach nicht einmal zwei, drei Minuten ist der junge Mann wieder aufgestanden, schlägt wieder drei Kreuze über seine Brust, verneigt sich. Vor dem Kreuz, vor der Marienikone, vor dem Altar und geht. Auch er wirft mir beim Gehen einen flüchtigen Blick zu, schreitet in Richtung Treppe und schaut dabei auf sein Handy. So schnell, wie er da war, so schnell ist er auch wieder gegangen. Mit welchen Gedanken er wohl kam? War's, weil es sich so gehört? War's, weil er es schon immer so gewohnt war? War's, weil ein Gespräch ihn wirklich tief beeindruckt hat? Es wird sein Geheimnis bleiben und das Geheimnis Gottes.

Begegnung mit der Mutter

So vergehen etwa 30 Minuten, 45 Minuten. Ich habe inzwischen die Passionsgeschichte zweimal gelesen. Und denke daran, langsam aufzubrechen. Ich bekomme Hunger. Mein freundlicher Kerzenmönch ist wieder zum Tanzen versunken. Es sieht so friedlich aus. Ich muss schmunzeln. Da höre ich erneut Schritte. Doch weder sind sie so langsam wie vorher bei der alten Frau noch so zielstrebig schnell wie bei dem jungen Kerl. Es müssen zwei Personen sein, das höre ich.

Es dauert eine Zeit, bis die Treppe geschafft ist. Und da steht nun erneut ein junger Mann. Ich schätze ihn auf Anfang 20. Sehr jung. In T-Shirt und kurzen Hosen. Er schaut zurück. Schaut voraus. Er nimmt mich wahr und lächelt freundlich. Verlegen. Dann streckt er seine Hand in Richtung Treppe aus und ich sehe eine junge Hand nach seiner ausgestreckten Hand greifen und dann einen Kopf, ein Gesicht, eine junge Frau.

Als sie es endlich nach oben geschafft hat und sich an der Schulter ihres Mannes festhält, sehe ich, dass sie schwanger ist. Hochschwanger. Sie muss unmittelbar vor der Niederkunft sein. Die rechte Hand in ihren Rücken gestützt, wie es Schwangere immer tun, hält sie sich mit der linken Hand an ihrem Ehemann fest. Nach ein wenig Durchschnaufen lässt sie das Geländer und ihn los und geht zielstrebig in Richtung Altar. Sie lässt ihn stehen. Mich ignoriert sie völlig und den tanzenden Mönch auch. Der junge Kerl steht etwas unbeholfen rum, schaut mit großen Augen zu mir, zuckt kurz mit den Schultern und trottet dann etwas schüchtern hinter ihr her.

Und er lächelt weiter. So als wolle er sagen: »Sie wollte unbedingt hierher! Ich bin nur zum Helfen da.« Die junge Frau geht nicht zum Altar. Nein. Sie geht auch nicht auf die Knie, um an den Felsen zu fassen. Nein. Sie geht nach rechts. Rechts neben dem großen Ikonenkreuz, das auf dem Felsen steht, steht ein Seitenaltar, auf dem ein kleiner Glasschrein steht. Für mich viel zu viel Blingbling, aber doch wunderschön. In diesem Schrein, der ein bisschen so aussieht wie eine zu groß geratene Schneekugel, steht eine Büste hinter Glas. Es ist Maria. Die Mutter Jesu. Nicht als alte Frau, sondern sehr jung. Ohne Falten und Lebensspuren. Aber hier dargestellt als »schmerzhafte Mutter Gottes«. Die »Mater dolorosa«, wie man sie aus der Kunstgeschichte kennt. Maria, umstrahlt von einem üppigen Heiligenschein. Ganz in Silber. Ihr Blick geht ins Leere. Er fängt die Augen des Betrachters nicht. Nimmt keinen Kontakt auf. Ihr Mund steht leicht offen, ihre Augenbrauen sind leicht zusammengezogen. Unglaublich, wie man einer Figur so einen Ausdruck geben kann. Maria, Mutter des Göttlichen, mit schmerzhaftem Blick und hier für alle sichtbar ein Schwert, das ihr durch die Brust mitten ins Herz gestoßen wurde. So wie es in der Weihnachtsgeschichte erzählt wird, als der alte Simeon der jungen Mutter Maria Unsichtbares prophezeit: *Auch durch deine Seele wird ein Schwert dringen.* (Lk 2,35)

Die schmerzhafte Mutter Gottes. Diese mütterliche Darstellung steht rechts vom Kreuz auf Golgatha. Genau dahin geht die junge, werdende Mutter, bevor sie Gott Vater und Gott Sohn Hallo sagt und ihre Gebete verrichtet. Zur schmerzhaften Mutter. Sie legt ihr wohl all ihre Ängste hin und Befürchtungen. Die Schwangerschaft, die Wehen, das Einsetzen der Geburt, die Geburt selber und das neue Leben. Wahrscheinlich ist es ihr erstes Kind. Vielleicht ist es auch der Versuch, nach einer Fehlgeburt ein Kind zu bekommen. Ich weiß es nicht. Aber ich finde es bemerkenswert, dass sie zuerst zur Mutter geht. Sie, die sie bald selbst Mutter werden wird.

Nachdem sie dort mit der Mutter ein intimes Gespräch geführt hat, dreht sie sich um zu ihrem Ehemann, der künstlich cool an einer der Säulen lehnt, und weist ihn allein durch einen Blick an, was er nun zu tun habe. Er steckt das Handy schnell zurück in die Hosentasche und bietet ihr den Arm an. Sie stützt sich auf seinen Unterarm und schickt sich an, den gleichen Weg in die Knie zu gehen, wie es vor ihr die alte Frau und der junge Geschäftsmann getan hatten. Sie hält sich an ihrem Mann fest. Er hilft ihr.

Als sie unten ist, kriecht er hinterher. Beide kauern auf den Knien am Felsen, er legt behutsam seinen Arm um ihre Schulter und sie legt ihren Kopf auf seine. Dort beten sie. Die Szene berührt mich. Auch der tanzende Mönch hat die Augen offen und lächelt selig vor sich hin – mir einen kurzen Blick zuwerfend. Eine berührende Szene. So viel Leben. So viel Glück. So viel loslassen. So viel Vertrauen. So viel Vorfreude. Ich bin gerührt. Mir treibt's das Wasser in die Augen. Denn die zwei strahlen so viel Zukunft aus, dass ich Hoffnung für diese Welt habe. Mitten in Jerusalem, an dem Ort, wo Gott einst starb. Damit wir leben können. Jetzt. Und ewig.

Lange bleiben sie nicht. Er kommt als Erster wieder hoch. Sie hangelt sich und ihren Bauch an seinem Arm und an der Altarplatte hoch. Dann gehen sie. Als sie schon fast an der Treppe sind, dreht sie sie sich noch einmal um und geht zu den Kerzen. Dort zündet sie eine an. Der junge Kerl lacht ähnlich verlegen wie zu Beginn und winkt mir zu.

Ich mache ein kleines Kreuzzeichen in ihre Richtung und winke ihm zurück.

Beatrice von Weizsäcker

Rotz und Wasser

Jesus, endlich Jesus!

Doch wer war eigentlich dieser Jesus?

Dass es ihn gab, ist historisch verbürgt. In keiner ernst zu nehmenden Forschung wurde seine geschichtliche Existenz je bestritten. Wir wissen von ihm mehr als von Buddha, Kung-futse oder von Lao-tse, dem Begründer des Taoismus, schrieb Hans Küng in seinem Buch »Jesus«. Küng musste es wissen. Kaum ein Theologe hatte sich intensiver mit Jesus befasst als er. – So weit, so gut.

Jesus war ein außergewöhnlicher Mensch. Einer, der kein Blatt vor den Mund nahm, wenn es darauf ankam, sich für Schwache, Kranke, Unterdrückte einzusetzen. Der sich nicht scheute zu helfen und sich nicht darum scherte, was andere sagten. Der Regeln und Gesetze brach, wenn er es für angebracht hielt. Ein Verfechter seines Glaubens. Der Bergprediger.

Bezeugt ist das durch die Schriften der vier Evangelisten. Ihre Evangelien sind freilich keine Geschichtsbücher, sie sollen es auch nicht sein; vielmehr sind sie die »frohe Botschaft« vom Leben Jesu. – Auch so weit, so gut.

Was aber ist mit Jesus Christus, dem Immanuel, dem Gott mit uns? Gab es überhaupt den Sohn Gottes, der auferstanden ist und den Tod überwunden hat?

An ihn konnte ich lange nicht glauben, davon war schon die Rede.

… bis er mir begegnete und ich begann, an ihn zu glauben.

Der Glaube an Jesus Christus kam zu mir auf vielfältige Weise. Durch Menschen und Musik, durch Gottesdienste, Bücher und vieles mehr. Und nicht zuletzt durch Reisen. Die wichtigste war die ins Heilige Land. Dorthin, wo Jesus lebte und lehrte, wo er wirkte und litt, wo er geboren wurde und starb. In Jerusalem, am See Genezareth, auf dem Berg Tabor, in Nazareth, am Jordan und in Bethlehem, überall begegnete ich Jesus.

Hier begegnete er mir.

In Israel wurden meine Augen aufgetan und ich erkannte ihn, so, wie es Lukas über die Emmausjünger berichtet, denen sich Jesus beim Brechen des Brotes gezeigt hatte. Doch anders als in Emmaus blieb Jesus bei mir. Er entschwand nicht meinem Blick.

Es waren heilige Momente im Heiligen Land, Augenblicke, die buchstäblich un-beschreiblich waren, weil Worte nicht an das heranreichen, was hier geschehen war. Was mir geschah. Und mit mir. Egal, wo ich war.

Reise nach Jerusalem

Es passierte ausgerechnet bei einer Gruppenreise. Nie im Leben hätte ich mir träumen lassen, so etwas zu machen. Wenn ich im Ausland einer deutschen Reisegruppe begegne, suche ich das Weite, so wie viele, die ich kenne.

Es war allerdings keine x-beliebige Reise, sondern eine des Bayerischen Pilgerbüros. Die Idee entstand fast zufällig. Anlässlich meines Geburtstages wollten wir zu einem großen Sommerfest einladen, auf dem Land, mit Kindern und Erwachsenen, der Familie und mit Freunden, mit Nachbarn und mit Leuten aus der Kirche.

»Was wünschst du dir?«, wurde ich gefragt.

»Nichts«, dachte ich. Dann aber sagte ich spontan: »eine Reise nach Jerusalem«.

Zuerst dachte ich an das Spiel mit dem Herumlaufen und den Stühlen, schon wegen der Kinder. Doch dann merkte ich, dass ich das wirklich wollte. Vielleicht weil ich mich vergewissern wollte auf meinem Weg, katholisch zu werden.

Heilig sollte es werden. Jesus' Spuren wollte ich folgen. Gott erleben. Da lag es nahe, an einer Pilgerreise teilzunehmen. Schon weil wir allein gar nicht an alle Orte kommen konnten, die wir besuchen wollten.

Dreißig Mitreisende waren dabei, alle katholisch. Ein Priester begleitete uns ins Heilige Land. Täglich feierten wir die Messe. Täglich Brot und Wein. Täglich Jesus. Maria. Und immer Gott.

See Genezareth: welch eine Tiefe

Sand in den Händen, Wind in den Haaren. Winzige Muscheln in der Hand. Stille. Wasser, das die Finger umspült. Sanftes Brausen. Schaukelndes Boot. Grüne Wellen. Am See Genezareth war alles gut. Hier fehlte nichts. Nichts durfte weggenommen, nichts musste hinzugefügt werden. Wenn ich an den See zurückdenke, ist alles Gegenwart. Ist alles Glück.

Der See befindet sich 212 Meter unter dem Meeresspiegel. Kein Süßwassersee der Erde liegt tiefer, das weiß man vom See Genezareth. Doch als ich dort war, staunte ich nicht über das Naturphänomen, sondern über eine ganz andere Tiefe, eine, die der Chor in Mendelssohns Paulus als Stimme der Christenheit so besingt: *O, welch eine Tiefe des Reichtums der Weisheit und Erkenntnis Gottes! Wie gar unbegreiflich sind seine Gerichte und unerforschlich seine Wege! Ihm sei Ehre in Ewigkeit, Amen.*

Staunen, beten, da sein, Gegenwart. Was weiß man schon von der Tiefe der Erkenntnis Gottes. Nur so viel weiß ich: Hier, an diesem See, erlebte ich Jesus. Obwohl er gar nicht da war, als ich da war. Oder doch?

»Er kann nicht hier sein«, rief mein Logikkopf, »er ist Geschichte, er ist nicht da. Es ist unmöglich!«

»Doch«, entgegnete mein Herz.

»Nein«, wiederholte die Logik, schon matter als zuvor, »es ist nicht möglich.«

»Doch«, flüsterte das Herz, »es ist möglich. Auch wenn Gottes Wege unerforschlich sind: Bei ihm ist nichts unmöglich.«

Da verstummte die Logik.

Und Jesus sitzt neben mir.

Wir fuhren mit dem Boot hinaus auf den See wie einst Jesus mit seinen Jüngern und hörten die Geschichte vom Sturm, die der Priester uns vorlas:

> *Er stieg in das Boot und seine Jünger folgten ihm nach. Und siehe, es erhob sich auf dem See ein gewaltiger Sturm, sodass das Boot von den Wellen überflutet wurde. Jesus aber schlief. Da traten die Jünger zu ihm und weckten ihn; sie riefen: Herr, rette uns, wir gehen zugrunde! Er sagte zu ihnen: Warum habt ihr solche Angst, ihr Kleingläubigen? Dann stand er auf, drohte den Winden und dem See und es trat völlige Stille ein. Die Menschen aber staunten und sagten: Was für einer ist dieser, dass ihm sogar die Winde und der See gehorchen?* (Mt 8,23–27)

Niemand sagte etwas, als wir das hörten, und auch nicht, als das Boot mitten auf dem See vor Anker lag. Und völlige Stille herrschte. Ich schaute auf den See. Dachte daran, wie kleingläubig ich oft bin, allzu oft, und wie schnell mich der Zweifel überkommt, wie oft mein Lebensboot von Zweifelswellen überflutet wird – und Jesus schläft. Dabei schläft er nicht, der Hüter Israel schläft und schlummert nicht, er ist immer da, bei mir, wie er bei den Jüngern war, als er aufstand und den Winden und dem See drohte und völlige Stille eintrat. Und es schien mir auf einmal, als säße Jesus neben mir im Boot, mit dem wir unterwegs waren auf dem See. Auf seinen Spuren.

Was ist das für einer, dass ihm sogar die Winde und der See gehorchen?

Ich dachte an eine andere Geschichte, auch sie spielte auf dem See, wieder wurde das Boot von den Wellen hin- und hergeworfen. Es ist die Geschichte von der Offenbarung des Gottessohnes auf dem Wasser (Mt 14,22 ff.), in der Jesus übers Wasser geht und die Jünger aufschreien vor Angst, weil sie meinen, er sei ein Gespenst, und Jesus bloß sagt: *Habt Vertrauen, ich bin es; fürchtet euch nicht!* Ich dachte an Petrus, der auch auf dem Wasser laufen will, und an Jesus, der ihm sagt, *komm*! Und wieder an Petrus, der aus dem Boot steigt, doch plötzlich Angst bekommt und unterzugehen droht und ruft: *Herr, rette mich!* Und an Jesus, der ihn sofort ergreift und sagt: *Du Kleingläubiger, warum hast du gezweifelt?*

An das Ende der Geschichte dachte ich auch: *Als sie ins Boot gestiegen waren, legte sich der Wind. Die Jünger im Boot aber fielen vor Jesus nieder und sagten: Wahrhaftig, Gottes Sohn bist du.*

Angst, Zweifel, Kleingläubigkeit. Und dann: *Wahrhaftig, Gottes Sohn bist du!*

Wir fuhren über den See wie nach Jesu Tod Simon Petrus und die anderen, die fischen gingen und nichts fingen. Die am Ufer Jesus sahen und ihn nicht erkannten. Ich dachte daran, dass Jesus sie wieder auf den See schickte, um das Netz auf der anderen Seite auszuwerfen, gleichsam die Perspektive zu wechseln, wie der Pfarrer später sagen würde. Ich stellte mir vor, wie sie das Netz auswarfen … *und konnten es nicht wieder einholen, so voller Fische war es.* (Joh 21,6) Abermals fiel mir die Information ein, die wir zu Beginn erhalten hatten, dass kein anderer Süßwassersee tiefer liegt als der See Genezareth. Und in mir singt es wieder:

> *O, welch eine Tiefe des Reichtums der Weisheit und Erkenntnis Gottes! Wie gar unbegreiflich sind seine Gerichte und unerforschlich seine Wege! Ihm sei Ehre in Ewigkeit, Amen!*

Kreuzweg: zusammenbrechen und zusammen beten

Wir feierten die Messe auf dem Berg der Seligpreisungen, im Freien, in Tabgha, und Gott war ganz nah. Wir fuhren nach Nazareth, zur Verkündigungsbasilika, nach Kana, zum Berg Tabor, dem Ort der Verklärung Jesu, hielten inne am Jordan und reisten weiter nach Jerusalem …

Wir gingen den Kreuzweg und wer mochte, konnte eine Station lesen. Ich wollte eine Station lesen, und ich wählte die dritte, die, an der Jesus zum ersten Mal unter dem Kreuz fällt. Und ich las und ich betete für mich, für uns, allein und im Wechsel mit den anderen:

V: *Wir beten dich an, Herr Jesus Christus, und preisen dich.*
A: *Denn durch dein heiliges Kreuz hast du die Welt erlöst.*
V: *Der Weg, den Jesus geht, ist steil. Das Kreuz ist schwer; es lastet auf seinen Schultern. Es drückt ihn zu Boden. Die Menschen stehen um ihn herum. Alle schauen zu, aber niemand hilft. Jesus stützt sich mit der Hand ab, damit er nicht ganz zu Boden fällt.*
Uns scheint oft unser Kreuz zu schwer. Ein Leid bedrückt uns. Die Krankheit eines lieben Menschen, Sorgen um die Kinder, vielleicht der Verlust eines guten Arbeitsplatzes.
V: *Lasset uns beten: Herr Jesus Christus, das Kreuz hat schwer auf dir gelastet. Hilf uns, dass wir von unseren Sorgen nicht erdrückt werden.*
A: *Wir bitte dich, erhöre uns.*
V: *Wir bitten dich für alle, die sich in ihrem Leben an Kreuz und Leid stoßen, dass sie nicht mutlos liegenbleiben.*
A: *Wir bitten dich, erhöre uns.*

Und ich hörte nichts und niemanden, keine Rufe, keinen Laut, nicht die Menschen um mich herum, ich bemerkte nicht den Trubel in der Via Dolorosa, sah weder Händler noch Touristen, die die schmalen, verwinkelten Gassen in der Jerusalemer Altstadt bevölkerten, ich spürte nur das Gewicht, die Last … und schwieg.

Bis heute kann ich mich nicht erinnern, was wir danach gemacht haben.

Jedes Mal, wenn ich vom Kreuzweg höre, denke ich an diese dritte Station. Ich weiß nicht, warum ich sie gewählt hatte, es war eine spontane Entscheidung. Ich war nervös gewesen, weil ich doch die einzige Protestantin war und alle es wussten, vielleicht wollte ich darum gleich am Anfang lesen. Ich weiß es nicht mehr. Etwas davon jedenfalls.

Tatsächlich aber ist es die Station, die mir am nächsten ist, weil ich sie selbst nur allzu gut kenne. Dieses Stürzen und Fallen, die Hilflosigkeit. Die Last, die mich niederdrückt, unter der ich zusammenbreche und zu Boden gehe. Ich weiß, wie es ist zu scheitern, kaum dass ich mich auf den Weg gemacht habe. Dieses Zuviel gleich am Anfang eines Weges, den ich gehe, weil ich ihn gehen muss. Das Zuviel an Sorgen und Kümmern. Und dann das Liegenbleiben, mutlos. Das kenne ich.

Doch auch das Aufstehen und Weitergehen kenne ich. Das Weiterkümmern und Weiterdasein. Das Weitermachen, weil es anders nicht geht, weil es sein muss und ich gar keine andere Wahl habe, weil es nicht um mich geht. Sondern um andere.

Das Aufstehen und Weitermachen um meinetwillen dagegen gelingt mir nicht von selbst. Gelingt mir nur, wenn ich bete. *Hilf mir, dass ich von meinen Sorgen nicht erdrückt werde. Ich bitte dich, erhöre mich.*

Aber nicht immer werden meine Gebete erhört.

Im Garten Gethsemane: Tränen, Todesangst – und Trost

Am andern Tag besichtigten wir Marias Geburtskirche St. Anna, und wir sangen, weil der Klang nirgends schöner ist als hier. Wir hielten Gottesdienst in der Dormitio Abtei und machten Station in der Todesangst-Basilika, mitten im Garten Gethsemane.

Und zum ersten Mal berühre ich etwas, das von damals zeugt, und ich weiß nicht, warum. Es zieht mich magisch dorthin, zum Felsen, auf dem sich Jesus zu Boden geworfen und gefleht hatte: *Mein Vater, wenn es möglich ist, gehe dieser Kelch an mir vorüber. Aber nicht wie ich will, sondern wie du willst.* (Mt 26,39) Und dann seine Einsamkeit, als er zu den Jüngern zurückgeht, zu denen er gesagt hatte: *Meine Seele ist zu Tode betrübt. Bleibt hier und wacht mit mir!* – Und sie schlafen.

Ich war fast allein in der Kirche, und ich vergaß alles um mich herum, die Pilgergruppe, den Priester, auch die Zeit, sodass ich den Anschluss an die anderen beinahe verlor. Ich hörte nichts, und ich sah niemanden. Ich sah nur den Felsen vor mir und … Jesus war da. Er war da, mit seiner Verzweiflung und seinem Flehen, mit seinem Rufen und seinen Tränen. Er war da, mit mir. Und es gab keinen Unterschied mehr zwischen ihm und mir.

Und ich knie nieder und lege meine Hand auf den Boden, den Felsen seiner Tränen.

Und ich bete und weine und bete und weine ... das hatte ich noch nie erlebt in einem Gotteshaus.

Erst die Messe einige Stunden später kann mich trösten. Wir feierten sie in der Kapelle Dominus Flevit, was auf Deutsch heißt »der Herr weinte«, der vielleicht schönsten Kirche Jerusalems, in die der Felsendom durchs Fenster glüht. Und als hätte der Pfarrer gespürt, wie es mir zuvor ergangen war, bittet er mich, am Ende des Gottesdienstes einen kleinen Text vorzulesen, den er mitgebracht hatte und der auf wundersame Weise an den Beginn der Reise am See Genezareth anknüpfte:

> *Mich von deinen Netzen fangen lassen, Herr,*
> *von der Botschaft,*
> *dass du mir alles Lebensnotwendige gibst,*
> *danach sehne ich mich, Herr.*
> *Mich von deinen Netzen emporheben lassen,*
> *dorthin, wo du für mich ein notwendendes Leben bereithältst,*
> *danach sehne ich mich, Herr.*

Von! seinen! Netzen! emporheben! lassen!

Das war mit mir geschehen im Heiligen Land, genau das.

Acht Tage dauerte die Reise. Acht Tage war es warm und innig und geborgen. Acht Tage war es vertraut und gut. Es waren acht katholische Tage, die mich veränderten.

Jesus ...

Seither ist nichts mehr, wie es war, die Karwoche nicht und auch Ostern nicht. Die zentrale Jesus-Zeit erschien mir neu. Neu, gewaltig, überwältigend.

Im Jahr nach der Reise waren die Kirchen coronabedingt geschlossen. Zum ersten Mal gab es keinen Gottesdienst, kein Singen, kein Mitgestalten. Keine Feier. Nicht einmal ein Osterfeuer im Freien.

Darum drehte ich den Fernseher an und schaute den Kreuzweg in Rom an. Und war tief bewegt. Davon, wie Papst Franziskus in der stillen, dunklen Nacht auf dem Sagrato vor dem Petersdom saß, vor ihm der Petersplatz in seiner ganzen Weite, dazu Fackeln rund um den Obelisken in der Mitte. Es wurden Betrachtungen aus dem Gefängnis von Padua vorgetragen, ein Nebeneinander und Beieinander von Tod und Trost, von Böse und Gut, von Unglück und Vergebung.

Ich erinnere mich an die Worte eines Gefangenen, der zu lebenslanger Haft verurteilt worden war, sie wurden an der ersten Station gelesen, der Station der Verurteilung Jesu zum Tode:

Als ich, in der Zelle eingesperrt, erneut die Leidensgeschichte Christi lese, kommen mir die Tränen. Nach neunundzwanzig Jahren Gefängnis habe ich noch nicht die Fähigkeit verloren, zu weinen, mich für meine Vergangenheit und für das Böse, das ich getan habe, zu schämen. Ich fühle mich wie Barabbas, Petrus und Judas in einer Person. Die Vergangenheit ist etwas, wovor ich Abscheu empfinde, auch wenn ich weiß, dass sie zu meinem Leben dazugehört. Jahrelang war ich den strengen Haftbedingungen nach Artikel 41 des Strafvollzugsgesetzes unterworfen, und mein Vater verstarb unter diesen Bedingungen. Viele Male hörte ich ihn nachts in seiner Zelle weinen. Er tat das im Verborgenen, aber ich konnte es sehen. Wir befanden uns beide in tiefer Dunkelheit. In diesem Nicht-Leben suchte ich jedoch immer nach Leben. Es klingt seltsam, aber das Gefängnis war meine Rettung. Wenn ich für manche immer noch Barabbas bin, so macht mich das nicht wütend. Ich spüre in meinem Herzen, dass Jesus, der unschuldig war, aber doch wie ich verurteilt wurde, zu mir ins Gefängnis gekommen ist, um mich auf den Weg des Lebens zu führen.

Und an die Gebete:

Herr Jesus, trotz der Schreie, die uns ablenken, sehen wir dich in der Menge derer, die lauthals deine Kreuzigung fordern; und vielleicht gehören auch wir dazu, ohne uns des Bösen bewusst zu sein, zu dem auch wir vielleicht fähig sind. Von unseren Zellen aus wollen wir zu deinem Vater für diejenigen beten, die wie du zum Tode verurteilt sind, ebenso aber auch für diejenigen, die immer noch deinen Platz auf dem höchsten Richterstuhl einnehmen wollen.

Lasset uns beten.

Gott, du Freund des Lebens, du schenkst uns durch die Versöhnung immer wieder neu die Gelegenheit, deine unendliche Barmherzigkeit zu kosten. Wir bitten dich um die Gabe der Weisheit, die uns befähigt, in jedem Mann und in jeder Frau einen Tempel deines Geistes zu sehen und sie in ihrer unantastbaren Würde zu achten. Darum bitten wir durch Christus, unseren Herrn. Amen.

Ich erinnere mich an die neunte Station, da Jesus zum dritten Mal fällt unter dem Kreuz, und die Gedanken eines Gefangenen:

Im Gefängnis besteht die wahre Verzweiflung in dem Gefühl, dass nichts in deinem Leben mehr Sinn hat. Dies ist der Höhepunkt des Leidens, du fühlst dich als der einsamste aller einsamen Menschen auf der Welt. Es stimmt, dass ich innerlich zerbrochen bin; aber das Schöne ist, dass all diese Bruchstücke wieder zusammengesetzt werden können. Das ist nicht einfach, es ist jedoch das Einzige, was hier drinnen noch von Bedeutung ist.

Und an die Gebete:

Herr Jesus Christus, zum dritten Mal fällst du zu Boden, und als alle denken, das Ende sei gekommen, stehst du wieder auf. Vertrauensvoll legen wir unser Leben in die Hände deines Vaters und vertrauen ihm alle an, die sich in den Tiefen ihrer eigenen Fehler gefangen fühlen, damit sie die Kraft haben aufzustehen und auch den Mut, sich helfen zu lassen.

Lasset uns beten.

Gott, du Festung derer, die auf dich hoffen, du schenkst denen, die deiner Weisung folgen, ein Leben in Frieden. Gib unseren ängstlichen Schritten Halt, hilf uns nach den Stürzen unserer Untreue wieder auf und versorge unsere Wunden mit dem Öl des Trostes und dem Wein der Hoffnung. Darum bitten wir durch Christus, unseren Herrn. Amen.

Und es war mir, als sei ich gemeint, mitten in der Nacht auf dem Petersplatz in Rom, mitten in München.

Ich, die Protestantin.

Rabbuni!

Auch an meine erste Kar- und Osterwoche als Katholikin im Jahr darauf erinnere ich mich gut. An die besonders. Nie zuvor habe ich diese Zeit intensiver erlebt. Es war, als sei ich dabei gewesen beim letzten Abendmahl, bei der Kreuzigung, am Grab. Als hätte ich alles miterlebt, jeden einzelnen Tag. Als sei ich nicht nur Zeugin, sondern mittendrin gewesen.

Am Gründonnerstag. Mit einer Fußwaschung, die wegen der Pandemie keine war, und Jesus, der da war, ganz unten, bei meinen Füßen, und hinaufblickte zu mir. Der mich von unten ansah. Mich! Und dann die Umkehr: Ich unten, kniend, ohne zu ihm emporzublicken, bei der Anbetung des Allerheiligsten, die heilig war wie kaum etwas zuvor.

Eine Anbetung, die mir das Herz öffnete und alle Grenzen überwand: meine Versicherungsmauern gegen Verletzbarkeit und meinen Schutzwall, den ich sonst immer hüte, weil ich ihn zum Leben brauche, zum Überleben.

Es gab keine Grenzen mehr. Nicht zwischen innen und außen. Nicht zwischen mir und ihm. Ein verstummtes, stummes Gebet verband uns.

Es war in einer Kirche, die zwar nicht die meine war, dafür in einer Seitenkapelle, die so heißt wie meine Kirche: Christkönig. Stille, Dunkelheit und der Christkönig, nur er allein im Licht. Der Trost darin. Die Erfüllung. Tränen. Allerheiliges.

Am Karfreitag. Mit Kreuzverehrung und Kreuzanbetung in meiner Kirche. Mit einem Gebet frei nach Worten des Pfarrers Alfons Gerhardt, weil die eigenen Worte nicht genügen. Weil man selber nicht beten kann, es aber ohne ein Gebet nicht schafft, das auszuhalten.

Jesus Christus, Freund und Bruder,
ich lege meine Angst – in dein Vertrauen.
Ich lege meine Wunden – in deine heilenden Hände.
Ich lege meine Scham – in dein Verstehen.
Ich lege meine Schuld – in dein Erbarmen.
Ich lege meine Sehnsucht – in deinen Traum vom Leben.
Ich lege mein Dunkel – in deine Versöhnung.
Ich lege meine Unruhe – in deine Stille.

Und Friede stellte sich ein. Zum ersten Mal in meinem Leben war der Karfreitag nicht nur ein Tag des Weinens, sondern auch der Geborgenheit. Des Aufgehobenseins. Bei Jesus, bei Gott.

Dann wurde Ostern. Mit Osterfeuer für die Kinder am Nachmittag und Osterfeuer in der Osternacht. Mit der dunklen Kirche, die mit dem Licht der Osterkerze von Kerze zu Kerze heller wurde und mit einem Mal, als das Kirchenlicht anging, ganz hell erleuchtet war, mit mächtiger Orgel. Und Gänsehauttränen liefen mir übers Gesicht.

Am Ostersonntag kam das Johannesevangelium zur Sprache, ausgerechnet. Von den Ostersonntagevangelien, die ich alle mag, ist mir dieses schon immer besonders nah gegangen. Wegen Maria Magdalena und ihrer unverbrüchlichen Liebe zu Jesus. Die die Erste ist, die Jesus sieht, und darum die erste Apostelin unter den Aposteln ist – vor allen anderen.

Wie sie da ganz allein vor dem leeren Grab steht und weint und sich umdreht zu Jesus und ihn für den Gärtner hält. Und dann in dieser einen Magdalenensekunde, wie der Schriftsteller Patrick Roth den Augenblick größter Nähe nennt, sagt Jesus zu ihr: *Maria!*

Und sie erkennt ihn: *Rabbuni!*

In dieser einen Magdalenensekunde berührt Jesus Maria Magdalena so tief, dass sie erfährt, wie es ist, wenn das Reich Gottes nicht nur mitten unter uns ist (vgl. Lk 17,12), sondern mitten in uns. Im Herzen.

In dieser Magdalenensekunde, in der Maria Magdalena sich umdreht, kehrt Gott alles um. Da ist nicht nur Maria Magdalena verwandelt, sondern auch Jesus. Er ist nicht mehr der ferne, verborgene, der dunkle Gott. Er will gesucht und gefunden werden. Er will gesehen und erkannt werden. Und tatsächlich gibt er sich zu erkennen, als Maria Magdalena ihn erkennt. In dem Moment, in dem beide einander bewusst werden, werden Gott und Mensch einander bewusst. »Rettend bewusst, einander taufend bewusst«, wie Roth schreibt. Weil sie sich bei ihren Namen nannten.

***

Jahrelang hatte ich das alles schon miterlebt und mitgefeiert als Teil des Chores. Doch nun zum ersten Mal als Katholikin.

Was für ein Unterschied.

Und ich verstand, warum für Katholiken Ostern wichtiger ist als Karfreitag. Weil das Leben siegt. Und nicht der Tod und auch nicht der Schmerz. Und ich wusste mehr denn je, was mich an und in dieser Kirche hält: nicht nur die Worte. Sondern die Stille und das Gebet, die Bräuche und Symbole, die Liturgie, die Rituale und dann, am Ende, das große Halleluja.

Das Halleluja über den Auferstandenen, über den auferstandenen Gekreuzigten. Die Freude über den Auferstandenen, der den Tod besiegt, aber seine Wunden behält, sichtbar für alle Zeit, und damit zeigt, dass er Verletzungen kennt. Wunden, die das Leben einem zufügt. Wunden, die das Leben hinterlässt.

Es ist sein Halleluja: Lobet den Herrn. Preiset Gott.

Wenn es Tränen geben muss, und die gibt es bei mir immer in der Zeit, am Karfreitag vor allem, sollen es am Ende Tränen der Freude sein. Eine unverdiente Freude, ein Geschenk. Darum beginnt der Ostersonntag, das Hochfest der Auferstehung, auch mit dem Kyrie, dem Ruf nach Gottes Barmherzigkeit. Weil wir fehlen, weil wir zweifeln, verzagen und versagen. Und geht weiter mit dem Bittgebet um unsere Neuerschaffung durch Gottes Geist.

Das ist katholisch.

Mich von deinen Netzen fangen lassen, Herr, / von der Botschaft, / dass du mir alles Lebensnotwendige gibst, / danach sehne ich mich, Herr. / Mich von deinen Netzen emporheben lassen, / dorthin, wo du für mich ein notwendendes Leben bereithältst, / danach sehne ich mich, Herr.

Abermals hatte mich Gott emporgehoben, mit seinen Netzen. Er hatte es tatsächlich wieder getan.

Emmaus: das brennende Herz

Wir beendeten die Israel-Reise in Emmaus, sechzig Stadien von Jerusalem entfernt, wie es im Lukasevangelium heißt. Das sind etwa elf Kilometer.

In Emmaus kam es laut Lukas zu einer Begebenheit, die mich tief berührt. Es geht um die Begegnung zweier Jünger mit Jesus nach seiner Auferstehung. Es ist eine Geschichte des Zweifels, der Offenbarung, der Erkenntnis und der Sehnsucht. (Lk 24,13 ff.) Und ich finde mich in allem wieder.

Ich erkenne mich in den Jüngern, kenne ihre Blindheit, ihr Schwanken und die Enttäuschung. Genauso kenne ich ihre Freude, die Begeisterung und das brennende Herz.

Es ist die Geschichte der Jünger, die unterwegs sind von Jerusalem zurück nach Emmaus, von wo sie stammen. Sie sprechen über das, was sich in Jerusalem zugetragen hatte. Jesus gesellt sich zu ihnen, doch sie wissen nicht, wer er ist. Als Jesus sie fragt, worüber sie reden, bleiben sie traurig stehen. Kleopas, einer der beiden, antwortet: *Bist du so fremd in Jerusalem, dass du als Einziger nicht weißt, was in diesen Tagen dort geschehen ist?* Jesus tut, als wisse er nicht, was Kleopas meint: *Was denn? – Das von Jesus aus Nazareth*, sagen sie. Sie erzählen ihm von dem Propheten, *mächtig in Tat und Wort vor Gott und dem ganzen Volk*. Von seiner Verurteilung, der Kreuzigung und seinem Tod. Sie machen kein Hehl aus ihrer Enttäuschung, dass danach nichts mehr gekommen war. Kein Triumph, keine Auferstehung, obwohl er ihnen das angedeutet hatte. Dass Jesus einfach tot war. Dass er gestorben war, so wie alle sterben, auch sie eines Tages. Dass es hier zu Ende war. Und immer bleiben würde.

Voll Bitterkeit fahren sie fort:

Dazu ist heute schon der dritte Tag, seitdem das alles geschehen ist. Doch auch einige Frauen aus unserem Kreis haben uns in große Aufregung versetzt. Sie waren in der Frühe beim Grab, fanden aber seinen Leichnam nicht. Als sie zurückkamen, erzählten sie, es seien ihnen Engel erschienen und hätten gesagt, er lebe. Einige von uns gingen dann zum Grab und fanden alles so, wie die Frauen gesagt hatten; ihn selbst aber sahen sie nicht.

Ihre ganze Enttäuschung werfen sie Jesus vor die Füße, ihr Unglück, ihre Zweifel: ihm, Jesus, den sie selbst erlebt hatten und doch eigentlich hätten erkennen müssen. Aber sie erkennen ihn nicht. Den gesamten Weg nach Emmaus wissen sie nicht, wer da mit ihnen geht.

Da empört sich Jesus über sie: *Ihr Unverständigen, deren Herz zu träge ist, um alles zu glauben, was die Propheten gesagt haben. Musste nicht der Christus das erleiden und so in seine Herrlichkeit gelangen?* Und er berichtet ihnen noch einmal alles, *ausgehend von Mose und allen Propheten, was in der gesamten Schrift über ihn geschrieben steht.*

Doch das Herz der Emmausjünger bleibt träge. Sie erkennen ihn nicht. Selbst da nicht.

Jesus weiß, dass die Gelegenheit noch kommen würde, sich ihnen zu offenbaren. Denn als sie Emmaus erreichen, gibt er vor weiterzugehen. Da drängen sie ihn und sagen: *Bleibe bei uns; denn es wird Abend, der Tag hat sich schon geneigt!* Und er geht mit hinein in das Haus.

Und es erfüllt sich Jesu Plan. Als er mit ihnen bei Tisch sitzt, das Brot nimmt und den Lobpreis spricht, das Brot bricht und es ihnen gibt, *werden ihre Augen aufgetan und sie erkennen ihn,* wie es in der schönen Sprache des Lukasevangeliums heißt.

Als Jesus das Brot brach, durchbrach er ihren Zweifel und ersetzte ihn durch den Glauben. Den an ihn und an alles, was über ihn gesagt und geschrieben worden war. Jesus erfüllte ihre Herzen, die träge geworden waren, mit neuer Kraft. Dann entschwand er ihren Blicken.

Und die Jünger? Sind sie enttäuscht, dass Jesus weg ist, dass er schon wieder fortgegangen ist? Nein! Freude, ja Begeisterung erfüllt sie: *Brannte nicht unser Herz in uns, als er unterwegs mit uns redete und uns den Sinn der Schriften eröffnete?,* riefen sie zueinander. Und noch in derselben Stunde kehrten sie zurück nach Jerusalem, um den anderen zu sagen: *Der Herr ist wirklich auferstanden. Er ist wahrhaftig auferstanden.*

What a story!

***

Brannte nicht auch mein Herz in Israel, als Jesus unterwegs mit mir redete und mir den Sinn der Schriften eröffnete …?

Brennt nicht mein Herz immer noch? Und immer mehr?

Seit ich wieder in München bin, sehne ich mich zurück nach Israel. Sehne mich nach der täglichen Messe, nach Brot und Wein, dem Kreuz. Sehne mich zurück zu den Orten, an denen Jesus war, an denen er mir so nah war. Sehne mich nach Jesus. Sehne mich nach Gott. Sehne mich nach seinen Netzen.

Ich betrachte die Steine und Muscheln, die ich mitgebracht habe. Da ist der kleine Stein mit dem winzigen Herzen, der plötzlich am Jordan zu meinen Füßen lag. Oder die Muscheln vom See Genezareth. Die liegen jetzt auf der Fensterbank und schauen meinem Leben zu. Ich betrachte die Ikone an der Wand neben meinem Schreibtisch, die ich in Jerusalem gefunden habe. Sie ist klein wie eine Postkarte, sehr leicht und ganz hell, in einem warmen Gelb und Rot und Grün gehalten. Sie zeigt die »Verkündigung des Herrn« mit Gabriel und Maria. Diese Haltung, dieses Gesicht der Maria, die sich so gefürchtet hatte. Und trotzdem Ja sagte zu ihrem Los und ihrem Leben.

Ich mag die Ikone, weil sie auch mein Leben widerspiegelt. Mein Leben mit meinem Ja zu Gott.

Als ich ein Jahr später dem Pfarrer, der unsere Pilgerreise begleitet hatte, schrieb, dass ich katholisch geworden bin, antwortete er: »Das ist ja eine Überraschung – obwohl ich eigentlich erwarten konnte, dass die Gebete und das Erlebte Ihnen den Weg zeigen würden. Schön, dass Sie ihn gehen! Heute ist wirklich ein Tag voller Freude für mich!«

Mir den Weg zeigen, das war es gewesen, als Jesus mit mir unterwegs war im Heiligen Land. *Mit Gebeten und Erlebtem.*

Jesus Christus, Freund – mein Bruder

In Israel, wo ich Jesus auf Schritt und Schritt begegnete, wo in Wahrheit er mir begegnet war, wurde Jesu mein Vertrauter und Freund. Er wurde wie ein Bruder, der mich kennt und für mich da ist, komme, was wolle, komme auch, wer wolle. Einer, der weiß, was mich verletzt, und bei mir ist in der Not, in dunklen Stunden; am Tag und in der Nacht, wenn ich nicht schlafen kann. Einer, der meine Wunden versteht, weil er weiß, wie es ist, verwundet zu sein. Einer, der mich schützt, wenn ich Schutz brauche, und mich tröstet, wenn ich traurig bin. Jemand, der zu mir hält, auch wenn ich im Unrecht bin, selbst wenn ich Schuld auf mich geladen habe.

Ein Bruder, der mit mir weint und lacht, je nachdem.

Ein Bruder, der da ist. Und nicht mehr fortgeht.

Jesus einen Bruder zu nennen, ist sicher übergriffig. Nach der Bibel ist es Jesus, der andere zu Brüdern und Schwestern erklärt: *Halte mich nicht fest; denn ich bin noch nicht zum Vater hinaufgegangen. Geh aber zu meinen Brüdern und sag ihnen: Ich gehe hinauf zu meinem Vater und eurem Vater, zu meinem Gott und eurem Gott*, sagt er zu Maria Magdalena, nachdem sie ihn am Grab erkennt. (Joh 20,17) An anderer Stelle, als er die Hand über seine Jünger ausstreckt, sagt Jesus: *Wer den Willen meines himmlischen Vaters tut, der ist für mich Bruder und Schwester und Mutter.* (Mt 12,50) Und schließlich hier: *Was ihr für einen dieser meiner geringsten Brüder getan habt, das habt ihr mir getan.* (Mt 25,40)

Das sind seine Worte. Darum ist es natürlich anmaßend, wenn ich die Rollen tausche und Jesus meinen Bruder nenne.

Und doch: Seit Israel empfinde ich ihn als einen Bruder.

Wie sich mein Glaube doch geändert hat im Heiligen Land: Ich glaube an Jesus, obwohl ich ihn nicht sehe. Ich glaube an Jesus, obwohl das jeder Logik widerspricht. Ich kann mir ein Leben ohne ihn nicht mehr vorstellen und auch nicht den Tod. Und ich will es auch nicht.

Darum sage ich aus Überzeugung »Jesus Christus, Freund und Bruder«, wie es Alfons Gerhardt in seinem Gebet formuliert hatte, das wir am Karfreitag gesprochen hatten.

***

Zwei Jahre nach der Israelreise fällt mir auf, dass Jesus mir in dem Jahr zum Bruder geworden war, in dem ich den zweiten meiner Brüder verlor. Ausgerechnet im selben Jahr, 2019. Nur wenige Monate vor der Tat in Berlin.

Es war in der Karwoche 2021 und in der Osterwoche, die folgte, als ich das merkte. Und ich wusste auf einmal, warum diese Zeit für mich nicht nur beglückend gewesen war, sondern auch bedrückend. Weil es war, als hätte sich mein Leben mit dem der Maria Magdalena verbunden. Als stünde ich mit ihr unter dem Kreuz, als erlebte ich mit, wie Jesus stirbt. Bis zum bitteren Ende. Bis nichts mehr da war. Bis er nicht mehr da war. Dieser Verlust. Das Allein-Übriggebliebene. Die Einsamkeit.

Der gewaltsame Tod. Das leere Grab. Die Angst, jemanden für immer zu verlieren: *Sie haben meinen Herrn weggenommen und ich weiß nicht, wohin sie ihn gelegt haben. ... Herr, wenn du ihn weggebracht hast, sag mir, wohin du ihn gelegt hast! Dann will ich ihn holen.* (Joh 20,13 u. 15)

Das war mein Ostererlebnis 2021: Sie haben mir meinen Bruder weggenommen. Sag mir, wo er ist! Dann will ich ihn holen.

Obwohl der Mord schon ein Jahr und fünf Monate zurücklag.

Ich weiß, dass das nicht geht. Mein Bruder ist fort. Er kommt nicht wieder. Ich kann ihn nicht holen. Das ist nicht zu ändern. So ist das hier auf Erden. Erst der eine Bruder. Dann der andere.

Darum ist mir so wichtig, dass Jesus da ist und dableibt: als Bruder. Als mein Bruder. Darum bitte ich ihn, dass er bei mir bleibt alle Tage bis zum Ende der Welt (Mt 28,20). Darum hoffe ich, dass ich den Glauben an ihn nicht verliere. Damit ich ihn nicht verliere.

Nicht ihn. Nicht auch noch ihn.

Darum bete ich:

Jesus Christus, Freund und Bruder,
bleibe mir und bleib bei mir.
Bleibe mir als Jesus Christus,
bleib bei mir als Freund und Bruder.
Bleib bei mir, was immer ist.
Bleib da,
auch wenn mein Glaube schwächer wird.
Und wenn ich nichts mehr glauben kann,
bleib trotzdem da.
Bleibe du bei mir und sei mein Bruder.

Rom

Beatrice von Weizsäcker
Es gibt so viel zu erzählen!

Norbert Roth
Huuuui

Norbert Roth
Bleib bitte evangelisch

Beatrice von Weizsäcker

Beatrice von Weizsäcker
Kannst mich ja am Sonntag überzeugen

Norbert Roth

Mein Nachbar der letzten Tage

Beatrice von Weizsäcker
Mit Kreuz am Rücken

Norbert Roth
Klaro

Norbert Roth

Jetzt grad! Nach der Komplet ...

Beatrice von Weizsäcker
Mei, ist das schön!!

Norbert Roth
So schön katholisch

Beatrice von Weizsäcker
Genau 😊

Norbert Roth
Hierher hab ich auch schon Schäfchen »verloren« – ich sach ja: Rom sollte mir langsam Provision anbieten ☺

Beatrice von Weizsäcker
Meine Rede

Beatrice von Weizsäcker
Ich wart nur auf die Audienz

Norbert Roth
Bist doch längst angemeldet :)))

Norbert Roth
Na dann komm doch danach her

St. Matthäus

Norbert Roth
So ne lutherische Kirche am Sendlinger Tor – nicht die Assamkirche, gell.

Beatrice von Weizsäcker

Beatrice von Weizsäcker
Ok, mach ich …

Beatrice von Weizsäcker
Mein Erkennungszeichen: Maria an Halskette …

Norbert Roth
Die gabs schon zu Luthers Zeiten

Beatrice von Weizsäcker
Umso besser!

Beatrice von Weizsäcker

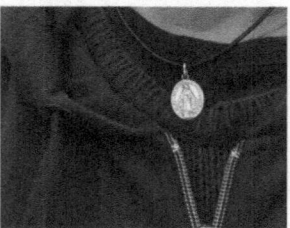

Gesehen, dass Mary eine neue Kette hat?

Norbert Roth
Klar

Beatrice von Weizsäcker
:))

Norbert Roth
Maria am Leder

Beatrice von Weizsäcker

Beatrice von Weizsäcker
Nachher betrinkt sie sich noch mit Diebesgut

Norbert Roth
Maria im Weinberg
Maria im Schnee
Maria am Leder

Beatrice von Weizsäcker
Maria mit der Lederhosen

Beatrice von Weizsäcker
Es gab ja Orgel bei euch

Norbert Roth
Immer
Lutherisch

Norbert Roth
Und geläutet hats auch. Unsere Glocken
dürfen in Rom nicht rein, weißt du

Beatrice von Weizsäcker
Richtig!

Norbert Roth
Zu recht, meinst du, gell?

Beatrice von Weizsäcker
Klar!

Norbert Roth
😂 So schnell geht's

Beatrice von Weizsäcker
😂 MUSS INS BUCH!!!

Norbert Roth

Dein König kommt zu dir – er reitet auf einem …

Beatrice von Weizsäcker

Beatrice von Weizsäcker

… was macht mein Lieblingstier auf der Synode?

Norbert Roth

Er zeigt an, dass der Friedefürst für deine Seele und die ganze Welt aufm Weg zu uns ist

Beatrice von Weizsäcker

Na?

Norbert Roth
Ösel

Beatrice von Weizsäcker
IA

Norbert Roth

Beatrice von Weizsäcker
Grundsprache

Norbert Roth
Eseleien

Beatrice von Weizsäcker
Ohne Esel kein Gewese(l)

Norbert Roth
Yup :)))

Beatrice von Weizsäcker
Wir müssen uns noch eine Überschrift
für Rom ausdenken

Norbert Roth
gnadenlos gnädig

Beatrice von Weizsäcker
Gefällt mir

Norbert Roth
Oder: Pizza e amore

Beatrice von Weizsäcker

Beatrice von Weizsäcker
Auch nicht schlecht.

Beatrice von Weizsäcker
Il Papa e amore

Norbert Roth
gnadenlos gnädig, des passt auch zu deinem Text

Beatrice von Weizsäcker

gnadenlos gnädig

Lag es nur an Israel, dass ich katholisch wurde? Ich glaube nicht. Sicher lag es auch an Menschen. An Gesprächen. An Gebeten. An Büchern. An Kirchenräumen. An Musik.

Und an Rom.

Dort erwarb ich das kleine Kreuz, das an der Wand neben meinem Schreibtisch hängt und von dem schon die Rede war. Das Kreuz, dessen Foto ich gepostet hatte am Tag von Berlin, ohne zu ahnen, was geschehen würde am Abend. Das Kreuz, auf das ich täglich blicke, diese schöne Abbildung aus der Apsis der Basilica di San Clemente.

Das Original besteht aus lauter Mosaiken. Es zeigt das Kreuz als Baum des Lebens unter Gottes Hand und umgeben von Weinstöcken, daneben Maria und Johannes, die Jesus für immer aneinanderband, bevor er starb: Als er seine Mutter sah, die beim Kreuz stand, und bei ihr den Jünger, den er liebte, sagte er zu Maria: *Siehe, dein Sohn!* Und zu Johannes: *Siehe, deine Mutter!* Und Johannes nimmt sie zu sich *von jener Stunde an.* (Joh 19,25–27) Welch berührende Geste.

Wenn ich auf das Kreuz an der Wand neben mir schaue, denke ich manchmal daran. Und dann hoffe ich, dass auch mein Bruder mit jemandem verbunden ist. Seit jener Stunde. Dort, wo er ist.

Jesusstille auf dem Petersplatz

Als wir nach Rom fuhren, stand der Papst nicht auf dem Programm. Wir waren mit einer Reisegruppe unterwegs, abermals mit dem Bayerischen Pilgerbüro. Vielleicht war der Papst nicht vorgesehen, weil wir uns verloren hätten auf dem weiten Petersplatz. Vielleicht, weil zu wenig Zeit war; in Rom hat man immer zu wenig Zeit.

Trotzdem wollte ich den Papst sehen. Dabei war ich noch evangelisch. Aber was zählt das in der Ewigen Stadt …

Zu zweit machten wir uns auf den Weg zum Angelus-Gebet. Je mehr sich die U-Bahn dem Petersplatz näherte, desto mehr Menschen drängten sich in den Zug. Nach dem Aussteigen wurde es immer voller. Je näher wir der Piazza San Pietro kamen, desto lauter und lebendiger, desto lebenslustiger wurde es. Aufgeregte, fröhliche Stimmen aus aller Herren Länder. Souvenirverkäufer an jeder Ecke mit lauter herrlichem Kitsch, soweit ich das im Gewusel der Gläubigen sehen konnte. Chaos, Gedränge, Begeisterung. Als wir auf dem Platz vor dem Petersdom ankamen, stellten wir uns irgendwo hin; dort, wo uns die Menschenmenge hingetragen hatte, und am Ende hatten wir gar keine andere Wahl, als da zu bleiben, wo wir gerade waren, als es 12 Uhr war und das Gebet beginnen sollte.

Jubelrufe, als sich hoch oben am Fenster des Apostolischen Palastes etwas tat: *Il Papa!*

Und dann auf einmal Stille, als er zu beten begann. Andacht. Tränen. Entrückte, beglückte Gesichter. Jesusstille. Kein Geschiebe, kein Gerempel. Man war, wo man war, und man bewegte sich allenfalls langsam mal nach links, mal nach rechts, um den Heiligen Vater zu sehen und über die Lautsprecher zu hören.

Und obwohl ich kaum ein Wort verstand, war auch ich ergriffen von dem Moment. Ich weiß nicht, was es war. Papst Franziskus hatte mich berührt. Er, der Nachfolger Petri, zu dem Jesus gesagt hatte: *Du bist Petrus und auf diesen Felsen werde ich meine Kirche bauen.* (Mt 16,18)

In jeder Kirche, die wir danach in Rom besichtigten, und es waren viele, dachte ich an das Angelus-Gebet, an den Papst und an die Worte Jesu. Dachte an die Kirche als Fels. Und an die Gläubigen als Steine im Felsen, als lebendige Steine des Felsens. Als kleine Mosaiksteine. Immer wieder kam mir das Bild in den Sinn. Denn ich kenne keine Stadt, in der es so viele und so schöne Mosaike gibt wie in Rom, wie in den Kirchen Roms.

Zuallererst natürlich im Petersdom mit seiner Pracht, aber auch in vielen anderen Gotteshäusern. Überall Mosaike, überall kleine, winzig kleine, wunderschöne Steine, die alle für sich unverwechselbar sind und zusammen ein Bild ergeben. Die überhaupt nur zusammen und zusammengefügt ein Bild ergeben.

Was für ein schöner Gedanke es war, selbst einmal Teil des Mosaiks zu sein, ein kleiner Isarkiesel vielleicht. Ein Teil des Felsens, der ohne die Steine nicht lebendig wäre und keine Kirche.

Die Kunst des Glaubens

Die Kirchen in Rom sind so überwältigend, dass ich mich manchmal fragte, was eigentlich zuerst da war, die Kunst oder der Glaube. So rhetorisch das klingen mag, so sicher bin ich mir, dass Kunst den Glauben befördert wie umgekehrt der Glaube die Kunst. Ob in der Musik, in der bildenden Kunst, in der Architektur sakraler Bauten oder eben bei einem dieser unbeschreiblichen Mosaike in den römischen Kirchen. Weil sich der Glaube letztlich nicht in Worte fassen lässt.

Ich begreife von Gott oft mehr, wenn ich ein Kunstwerk betrachte, wenn ich Musik höre oder singend Teil davon bin. Dann ganz besonders. Dann kann mein Glaube eine Kraft entfalten, die über meinen Verstand weit hinausreicht.

Manchmal offenbart sich mir Gott überhaupt erst in der Kunst. Und sehr oft nur in der Musik.

Der Inbegriff des Ineinanderwirkens von Kunst und Glauben, von Glauben und Kunst ist ein Werk des Malers Caravaggio aus dem Jahr 1601. Es ist die Berufung des Paulus, die meist »Bekehrung« genannt wird. Wie viel treffender jedoch das Wort »Berufung« ist, erkennt man sofort, wenn man Caravaggios Bild betrachtet, am besten natürlich das Original in der Santa Maria del Popolo. Dort befindet es sich, verborgen im linken Seitenflügel, verschwenderisch versteckt, sodass man es nicht sieht, wenn man die Kirche betritt. – Auch das passt zur Berufung des Paulus, bei der es ums Sehen geht. Dass man das Bild nicht findet, wenn man nicht weiß, wo es ist. Und man nicht sieht, was man sucht.

In einer einzigen Szene zeigt Caravaggio die Berufung, die für Saulus so unerklärlich ist.

Saulus liegt am Boden, nachdem ihn sein Pferd abgeworfen hat, die Arme ausgestreckt nach oben. Und ein helles Licht beleuchtet ihn, aber die Quelle des Lichts sieht man nicht. Auch Saulus sieht sie nicht, seine Augen sind geschlossen. Und doch bemerkt er das Licht.

Er will begreifen, was er nicht sieht. Buchstäblich. Denn seine Hände sind weit geöffnet. Doch kann er weder sehen noch erfassen, was ihn umleuchtet.

Es ist Christus.

Caravaggio malte den blinden Augen-Blick, dessen Größe man noch mehr erahnen kann, wenn man das Paulus-Oratorium von Mendelssohn kennt. Es ist der Moment, in dem Saul am Boden liegt und eine Stimme hört:

»Saul, was verfolgst du mich?«

»Herr, wer bist du?«

»Ich bin Jesus von Nazareth, den du verfolgst!«

»Herr, was willst du, das ich tun soll?«

»Stehe auf und gehe in die Stadt, da wird man dir sagen, was du tun sollst.«

Und die Stimme der Christenheit singt: »Mache dich auf, werde licht! Denn dein Licht kommt, und die Herrlichkeit des Herrn gehet auf über dir.«

Die Stimme, die Paulus hört, wird vom Chor gesungen, vom Alt und Sopran. Wer das Glück hat, das einmal mitzusingen, ahnt, was vor sich geht. Ahnt, was dieser Moment für Paulus' Leben bedeutet. Die Frage Jesu zu singen, »was verfolgst du mich?«. Und die Weisung, »stehe auf ...«. Das lässt keine Sängerin kalt.

Wir probten das Oratorium zu einer Zeit, in die auch meine Reise nach Rom fiel. Erfüllt von der Musik sah ich das Bild, in dem Caravaggio zum Ausdruck bringt, was wir besangen. Was Caravaggio ins Bild setzte, übertrug Mendelssohn in Musik. Es ist wie Glaubensmalerei und Glaubensmusik, ineinander, miteinander, gleichzeitig. Als habe es sich gegenseitig beflügelt.

Das Bild und die Musik beflügelten meinen Glauben mehr, als ich es in Worte fassen kann.

Glaubensgeheimnisse

Glaube ich nun alles, was in Rom gilt? An die Unfehlbarkeit des Papstes, die als Reaktion auf die Französische Revolution zum Tragen kam? Nein. An die unbefleckte Empfängnis? Auch nicht. Finde ich richtig, dass Frauen von Weiheämtern ausgeschlossen sind? Nein. Dass Homosexuelle diskriminiert werden? Nein. Natürlich nicht. Ich habe mit der Konversion ja nicht aufgehört zu denken. Und auch nicht aufgehört zu sein.

Glaube ich an den »Leib Christi«, an sein Blut bei der Kommunion?

Ich glaube an seine Gegenwart im Sakrament der Eucharistie. Wenn der Pfarrer die Worte spricht, *sende deinen Geist auf diese Gaben herab und heilige sie, damit sie uns werden Leib und Blut deines Sohnes, unseres Herrn Jesus Christus, der uns aufgetragen hat, dieses Geheimnis zu feiern,* ist das für mich keine Zauberei. Dann glaube ich, dass er Teil von mir wird und ich ein Teil von ihm. Dass er wandelt, was mich bedrückt. Erklären kann ich das nicht, weil es sich nicht erklären lässt. Es ist das »Geheimnis des Glaubens«, das gefeiert wird.

Das auszuhalten, ist nicht immer leicht, es nicht zu verstehen, sondern zu glauben.

Beziehungsweisen

Mir wurde einmal gesagt, ich dürfe meine Entscheidung, ob ich katholisch werde, nicht von anderen abhängig machen; ich solle mich nicht binden an die Pfarrkirche, in deren Einzugsgebiet ich seit fast zwanzig Jahren lebe, nicht an den Chor, nicht an die Freunde, nicht einmal an meinen geistlichen Begleiter. Und doch liegt es auch an Menschen, dass ich katholisch wurde.

Denn der Einwand stimmt nicht. Es stimmt nicht, weil das Leben auf Bindungen angelegt ist. Ohne die Begegnung mit anderen, ohne Nähe, Vertrauen und Vertrautheit, ohne Bindung und Verbindung gibt es kein Leben. Auch keinen Glauben. Glaube ist Beziehung. Er ist Bindung.

Glaube ist Verbindung.

Da ist zuallererst die Verbindung mit Gott, der *den Menschen als sein Bild, als Bild Gottes erschuf* und ihn segnete, wie es im ersten Schöpfungsbericht heißt. (1. Mose 1,27–28) Der dem Menschen *den Lebensatem* in die Nase blies, auf dass *der Mensch zu einem lebendigen Wesen* werde. So steht es im zweiten Schöpfungsbericht. (1. Mose 2,7) Der Mensch war ein Beziehungswesen von Anfang an. Durch den eingehauchten Geist stand er in unauflöslicher Bindung zu Gott.

Und da ist die Verbindung mit Jesus. Ohne die Beziehung zu ihm gäbe es das Christentum nicht. Mit der Bindung an ihn fing alles an. Jesus forderte seine Jünger auf, sich an ihn zu binden. Ihm nachzufolgen. Und die Jünger folgten ihm nach, obwohl er ihnen einiges abverlangte.

Simon und sein Bruder Andreas zum Beispiel, die beide Fischer waren, ließen ihre Netze liegen. Jakobus und sein Bruder Johannes, die gerade mit ihrem Vater Zebedäus im Boot saßen und ihre Netze herrichteten, verließen nicht nur das Boot, sondern auch ihren Vater, um Jesus nachzufolgen. (Mt 4,18–22)

Als ein anderer Jünger Jesus darum bat, zuerst seinen Vater begraben zu dürfen, bevor er mit Jesus fortging, erwiderte der: *Lass die Toten ihre Toten begraben!* (Mt 8,22)

Auch die Bitte eines weiteren Jüngers, der noch Abschied nehmen wollte »von denen, die in seinem Haus sind«, schlug Jesus schroff in den Wind: *Keiner, der die Hand an den Pflug gelegt hat und nochmals zurückblickt, taugt für das Reich Gottes.* (Lk 9, 61–62)

Und die Jünger folgten ihm. Kompromisslos ließen sie alles stehen und liegen, gaben alles auf, ihren Beruf, ihre Heimat, ihre Familien und damit auch ihre Verantwortung für sie. Selbst der, dem Jesus gleichsam verboten hatte, seinen Vater zu beerdigen, um ihm sofort zu folgen, gehorchte. Die Jünger folgten Jesus, um sich an ihn zu binden. Für alle Zeit.

Man stelle sich vor, all das würde heute geschehen. Neben dem Entsetzen in den Familien wären Kündigung, Enteignung, Enterbung, Entzug des Sorgerechts und eine ganze Reihe weiterer juristischer Verfahren die Folge.

Fast die ganze Zivilgerichtsbarkeit wäre beschäftigt, das Arbeitsgericht, das Familiengericht – und am Ende gar das Strafgericht. Denn wer sich seiner gesetzlichen Unterhaltspflicht entzieht, macht sich strafbar.

Man stelle sich vor, der Satz »Lass die Toten ihre Toten begraben!« würde heute fallen. Die Entrüstung wäre groß. Denn es klingt, als seien nur die lebendig, die Jesus nachfolgen. Jene aber, die sich um die Beerdigung kümmern, tot – wie jener, den sie begraben.

Jesus hatte eine solche Anziehungskraft, dass er seine Jünger von allem fortholen konnte, was ihnen bis dahin heilig war. Dieser Jesus ist der Kern des Christentums.

Sage niemand, man dürfe sich nicht abhängig machen von anderen. Sage niemand, man dürfe nicht abhängig sein. Sage niemand, den Glauben gebe es nur ohne Bindungen.

Das Gegenteil ist wahr.

Wintersonnenwende

Es war der 21. Dezember 2019, als ich auf einmal wusste, dass ich konvertieren würde. Vier Wochen und vier Tage nach dem Mord in Berlin, kurz vor dem ersten Weihnachtsfest ohne meinen jüngeren Bruder. In einer Zeit, in der nichts gut war. In der es mehr Gründe gab, Gott zu verwünschen, als an ihn zu glauben. In der die Nacht nicht still war und erst recht nicht heilig. In der das »O du fröhliche« wie Hohn in meinen Ohren klang. Nichts war fröhlich in dieser Zeit. Gar nichts.

Und dann kam plötzlich ein Trotzdem daher, als sei der Himmel für einen kurzen Moment heiter geworden.

Am 21. Dezember 2019 war mir klar, dass ich katholisch werden will, weil ich mich längst katholisch fühlte. Ich war keine andere geworden, weder über Nacht noch in der Zeit davor. Ich hatte mich auch nicht gegen etwas entschieden, sondern für etwas, nicht gegen das, was ich kannte, sondern für Neues, für eine Weiterung. Als hätte ich gewusst, dass das letzte Wort über mich noch nicht gesprochen war in meinem protestantischen Leben.

Es kam mir vor, als hätte ein anderer für mich entschieden. Einer, der größer ist als ich. Für etwas, das weit über mich hinausgeht. Als sei dieses Etwas die ganze Zeit klar gewesen, ich es nur nicht gesehen hatte. Als hätte ich erst jetzt erkannt, dass das schon in mir war, dass das schon Ich war. Als sei dieses Ich die ganze Zeit nur verdeckt gewesen. Von zu viel Geschäftigkeit und zu vielem Denken. Von zu vielem Suchen und zu vielen Fragen. Von zu viel Ablenkung und zu großer Ungeduld. Von zu vielen Zweifeln und zu wenig Glauben. Als sei hinter all dem immer Ich gewesen, als sei die Wahrheit immer da gewesen, eine Wahrheit, die ich nie für wahr gehalten hätte. Weil sie so unwirklich schien.

Es war, als hätte sich wie von selbst ein Geheimnis gelüftet, als hätten sich die Puzzleteile meines Lebens endlich zu einem Bild zusammengefügt.

Aber eine andere war ich nicht geworden.

Ich habe keine Ahnung, was geschehen war, das mich auf einmal so sicher werden ließ. Ich weiß es bis heute nicht. Denn nichts war geschehen an diesem Tag. Wenn ich das Kalenderblatt von damals anschaue, ist alles durchgestrichen, was dort einmal stand, eine Erledigung, die zu tun gewesen war, ein vorweihnachtlicher Besuch, das Adventssingen bei Freunden und alle übrigen Dinge auch. Der Tag ist leer, als habe es ihn nie gegeben. Weil mir nach Berlin nichts möglich war.

Und trotzdem hatte es sich an diesem Tag entschieden, inmitten der Leere. Inmitten der dunkelsten Dunkelheit. Mitten im Nichts meines Ichs.

Vielleicht lag es am Nichts. Weil nichts mehr übrig war. Weil nichts mehr da war, auf das ich mich sonst verlassen konnte. Kein

Alltag, keine Routine, keine Normalität. Nur Entsetzen über das, was passiert war.

Vielleicht war es, wie es Karl Rahner einmal in seinem Buch »Von der Not und dem Segen des Gebetes« beschrieben hatte, dass Gott genau dann da ist. Dass es einen solchen Zustand brauchte, damit Gott mir zeigen konnte, dass er da ist: »Er ist da«, schreibt Rahner. »Er ist mitten in deinem verschütteten Herzen. Er allein. Er aber, der alles ist und darum so aussieht, als wäre er nichts. Er ist da, nicht obwohl, sondern weil du sonst nichts mehr hast, nicht einmal mehr dich.«

Als ich das viel später las, erkannte ich, was mir geschehen war. Mein zweiter Bruder war mir genommen. Aber nicht Gott. »Im tiefsten Verließ meines verschütteten Herzens« hatte er mich erwartet, hatte schon lange still gehorcht, ob ich »nach all dem verzweifelten Weinen und stummen Stöhnen« endlich auch einmal schweigen kann vor ihm. Damit er zu Wort kommen kann.

Genauso war es gewesen. In aller verzweifelten Geschäftigkeit, die Berlin nach sich zog, trotz allen Zuspruchs und aller Wärme, die ich in München erfahren hatte, war ich innerlich verstummt. Und ich erfuhr durch Karl Rahner, »dass das versteinernde Antlitz der Hoffnungslosigkeit nur der Anfang Gottes« in meiner Seele war, »dass die Finsternis der Welt nichts als der Glanz Gottes, der keinen Schatten hat, dass die scheinbare Weglosigkeit nur die Unermesslichkeit Gottes ist, der keine Wege braucht«.

Gott war schon da. Ich musste nicht fliehen und mich nicht wegwünschen aus dieser Welt. Musste nicht aus der Verzweiflung in einen Trost flüchten, den es nicht gibt und auch nicht geben kann.

In dieser Stummheit war Gott. In mein Schweigen hinein sprach Gott. In meine Finsternis hinein leuchtete er. Und rief mich.

Monate später erst wurde mir bewusst, was der 21. Dezember für ein Tag ist. Es ist die Wintersonnenwende. Es ist der Tag, mit dem das Licht kommt, mit dem die Tage wieder länger werden. Mit dem das Licht heller und heller wird. Das Licht, das der Dunkelheit trotzt. Das Licht, das die Finsternis vertreibt.

Es war ein Benediktinermönch, der mich darauf aufmerksam machte, im Kloster St. Ottilien.

Seither ist die Wintersonnenwende für mich fast so wichtig wie der Tag meiner Firmung fünf Monate später. Denn das war der Tag meiner Berufung.

(K)eine Sensation

Die Reaktionen auf meine Konversion waren überwiegend gelassen. Bis auf eine. Die kam ausgerechnet in der Zeit des Berliner Prozesses, als mir der Sinn nach allem Möglichen stand, nur nicht nach einer Rechtfertigung. Dabei war die Kritik nicht sonderlich überraschend. Es waren evangelische Einwände, die ich hinlänglich kannte:

… dass die katholische Kirche hierarchisch und männerdominiert ist und wenig Raum für Diskussionen lässt,

… dass sich die Glaubensgeschwister gegenseitig schätzen und trotzdem klar ist, dass eigentlich nichts vorangeht,

… dass die Evangelischen von den Brosamen leben, die von der katholischen Herren Tisch fallen, ein Einwand, der mir wegen seiner biblischen Bildersprache gut gefällt,

… dass die evangelische Seite immer zu Zugeständnissen bereit ist, die katholische aber nie

… und die Katholiken Bedingungen stellen, die letztlich unerfüllbar sind, dass das anders aber auch nicht zu erwarten ist, eben weil die katholische Kirche hierarchisch strukturiert ist und überdies von den dogmatischen Vorgaben von Rom abhängt. Vom Vatikan, der ein gemeinsames Abendmahl, eine gemeinsame Eucharistiefeier ablehnt, der Frauen die Priesterweihe verweigert, der Homosexuelle diskriminiert, der Priestern das Zölibat und damit eine Lebensform mit vielen Zumutungen auferlegt. Einer Kirche, die ihren Mitgliedern die freie Gewissensentscheidung in vielen ethischen Fragen verwehrt.

Stimmt alles.

»In diese Kirche trittst du ein?«

Meine Antwort war so kurz wie die Kritik lang, sie war so simpel wie die Analyse komplex: »Ich bin keine Theologin, ich glaube bloß.«

Am Ende war es ein gutes Gespräch, trotz der Einwände. Man muss nicht verstehen, was andere tun, um sich zu mögen; man muss nicht wissen, warum sie sich so und nicht anders entscheiden. Da genügt Respekt. Ich musste mich nicht rechtfertigen und hätte es auch nicht getan. Denn über den Glauben kann ich nicht diskutieren. Und ich will es auch nicht.

Andere Reaktionen waren zwar weniger direkt, aber trotzdem nicht minder deutlich. Einige nahmen den Umweg über die Familie (»die ist doch seit Generationen protestantisch!«), andere über den Kirchentag (»der ist doch evangelisch!«). Und auch wenn die Fragenden stets zu wissen meinten, dass es vor diesem Hintergrund gar nicht denkbar ist, katholisch zu werden, konnten sie das Fragen nicht lassen: Warum? Wie ist das möglich? Was sagen denn … Und so weiter. Offenbar war die Sehnsucht nach indiskreten Antworten doch stärker als das vermeintliche Wissen, worauf immer sich dieses Wissen auch gründete.

Die Wahrheit ist, dass meine Familie bunt ist, politisch und konfessionell, dass es »die Familie« darum nicht gibt, wie das bei vielen Familien der Fall ist. Überdies ist meine Familie tolerant und hält zusammen.

Die Wahrheit ist aber auch, dass »die Familie« von meinem Weg, der über Jahre ging, nichts wusste, weil es für meine Entscheidung keine Rolle spielte, was »die Familie« denken oder sagen würde. Tatsächlich habe ich über ihre Reaktion viel weniger nachgedacht, als viele meinen. Letzlich hat »die Familie« gar nicht viel gesagt. Was aber gesagt wurde, bleibt mein Geheimnis.

Auch die Reaktion des Kirchentags ist nichts für Sensationslüsterne, die womöglich gehofft hatten, dass es hinter vorgehaltener Hand zu Irritationen gekommen war. Das Gegenteil stimmt. Der Kirchentag reagierte überwältigend. Das Präsidium bat mich sogar, in den (evangelischen und ökumenischen) Gremien zu bleiben – ein Novum in seiner Geschichte. Was seine Mitglieder mir sagten, bewegt mich bis heute, aber auch das behalte ich für mich. Was ich sagen kann, ist dies: Niemand sah in mir das evangelische Präsidiumsmitglied. Alle schauten auf mich, den Menschen. Und wünschten mir Gottes Segen für meinen Glaubensweg. Das werde ich nicht vergessen.

Tatsächlich beschäftigte ich mich nicht mit möglichen Reaktionen und Gedankenspielen. Ich malte mir nicht aus, was andere sagen würden. Es war mir egal, auch wenn das überheblich klingt, was es nicht ist. Wieder und wieder habe ich mich geprüft, ob es stimmt, auch im Nachhinein, und es stimmt: Ich interessierte mich nicht für diese Fragen. Weil sie meinen Glauben nicht berührten.

Nur auf eine Stimme kam es mir an. Die Stimme Gottes.

Daran hat sich bis heute nichts geändert.

Die Wahrheit: katholisch

Natürlich beschäftigte mich die Kritik an der katholischen Kirche, und sie tut es nach wie vor. Manchmal ärgere ich mich auch über das, was aus Rom kommt. Aber es verändert nichts in meinem Glauben.

Um nur ein Beispiel zu erwähnen: Als der Präfekt der Glaubenskongregation, Kardinal Luís F. Ladaria, im Februar 2021 das Nein des Vatikans zur Segnung gleichgeschlechtlicher Paare verkündete, ging es mir wie vielen Menschen in der katholischen Kirche. Ich glaubte, mich verhört zu haben. Lauter Dinge dürfen gesegnet werden, Häuser, Fahrräder, Autos, Fabriken, Seilbahnen, Buchhandlungen, Straßen, Felder, Kerzen, alles ganz offiziell nach dem Benediktionale, dem Segensbuch der römisch-katholischen Kirche.

Nur die Liebe zweier Menschen nicht?

Doch natürlich. Papst Franziskus hatte ja erst am Tag zuvor getwittert: »Gottes Liebe ist so groß, dass er sich selbst verschenkt. Auch die Kirche hat diese Mission: sie ist nicht gesandt, um zu verurteilen, sondern um anzunehmen; nicht um etwas aufzuzwingen, sondern um es auszusäen; nicht um zu verdammen, sondern um Christus, das Heil, zu bringen.«

Was war über Nacht geschehen? War das Papstwort Zufall? Hatte Rom vergessen, was Paulus über die Liebe schrieb?

Die Liebe hört niemals auf. Prophetisches Reden hat ein Ende, Zungenrede verstummt, Erkenntnis vergeht. Denn Stückwerk ist unser Erkennen, Stückwerk unser prophetisches Reden; wenn aber das Vollendete kommt, vergeht alles Stückwerk. ... Für jetzt bleiben Glaube, Hoffnung, Liebe, diese drei; doch am größten unter ihnen ist die Liebe. (1. Kor 13,8–10,13)

Und plötzlich sollte die »größte unter ihnen«, die Liebe, nicht mehr sein, jedenfalls nicht zwischen Menschen des gleichen Geschlechts. Und eine Segnung, »die dazu neigt, ihre Verbindung anzuerkennen«, unzulässig, weil sie »die Absicht zum Ausdruck bringen (würde), ... einen Entschluss und eine Lebenspraxis zu billigen und zu fördern, die nicht als objektiv auf die geoffenbarten Pläne Gottes hingeordnet anerkannt werden können«. So formulierte es die vatikanische Glaubenskongregation. Von einem Tag auf den anderen war von »Sünde« die Rede, und es hieß, Jesus »segnet nicht die Sünde, und er kann sie nicht segnen«.

Was nun: Verurteilen oder annehmen? Verdammen oder Christus, das Heil, bringen?

Wenn Jesus Maßstab des Glaubens und die Liebe die größte ist, sollte es sich von selbst verstehen, dass Homosexuelle gesegnet werden dürfen, auch in Rom. Weil Jesus sie segnen würde.

Anders als der Vatikan nimmt Jesus jene in Schutz, die um seinetwillen gedemütigt werden. Ihnen sagt er: *Selig seid ihr, wenn man euch schmäht und verfolgt und alles Böse über euch redet um meinetwillen.* (Mt 5,11)

Selig sind, die diskriminiert werden, obwohl sie glauben.

Die römische Verachtung, die sich ganz unverhohlen hinter der Herabsetzung von Homosexuellen zu verbergen versucht, verletzt mich. Weil sich der Vatikan anmaßt, Gottes Segen reglementieren zu können. Gottes Segen für zwei Menschen, die sich lieben, achten und ehren, die füreinander einstehen. *Gott ist Liebe, und wer in der Liebe bleibt, bleibt in Gott und Gott bleibt in ihm,* heißt es im ersten Brief des Johannes (1. Joh 4,16). Da sollte der Segen für Liebesbeziehungen das Mindeste sein, wozu die katholische Kirche in der Lage ist.

An dem Tag, an dem der Vatikan sein Nein verkündete, war übrigens die Heilung des Sohnes eines königlichen Beamten das Evangelium des Tages (Joh 4,43–54). Da geht es im Kern um den Glauben des Beamten. Diese Worte des Papstes, die er sechs Jahre zuvor während der Frühmesse in Santa Marta gesagt hatte, hatte der Vatikan in seinem News-Kanal dazugestellt: »Der Glaube besteht darin, der Liebe Gottes Raum zu geben; er besteht darin, der Stärke, der Macht Gottes Raum zu geben, nicht der Macht dessen, der sehr mächtig ist, sondern der Macht dessen, der mich liebt, der in mich verliebt ist und der sich mit mir freuen will. Das ist Glaube. Das heißt glauben: dem Herrn Raum geben, damit er kommt und mich verändert.«

Eben! Glauben heißt, der Macht Gottes Raum zu geben. Und nicht der Macht derer, die »sehr mächtig« sind (und von Liebe nichts verstehen).

In Wahrheit ist der Vatikan nicht mächtig.

Ohne die Liebe ist er sehr ohnmächtig.

Darum halte ich mich an die Worte des Heiligen Vaters: »Die Kirche ist nicht gesandt, um zu verurteilen, sondern um anzunehmen.« Und bleibe katholisch.

Ich bleibe auch katholisch, weil ich viele Menschen kenne, die unter den Vorgaben des Vatikans leiden. Ich bleibe auch katholisch, weil ich viele Priester kenne, die sich dem römischen Votum widersetzen oder es tun würden. Ich bleibe katholisch, um sie alle zu unterstützen. So wenig ich sonst auch tun kann. Für sie. Und die Sache.

Weil die Liebe größer ist als der Glaube und die Hoffnung.

würdig und recht

Es gibt noch zwei weitere Gründe, warum es falsch ist, Menschen zu benachteiligen, egal, um wen es sich handelt. Und egal, wer es tut. Für die Kirche gilt das allerdings ganz besonders.

Es ist erstens falsch, weil es nicht um Gott geht.

Paulus schreibt:

> *Ob ihr also esst oder trinkt oder etwas anderes tut: Tut alles zur Verherrlichung Gottes! Gebt weder Juden noch Griechen noch der Kirche Gottes Anlass zu einem Vorwurf! Auch ich suche allen in allem entgegenzukommen; ich suche nicht meinen Nutzen, sondern den Nutzen aller, damit sie gerettet werden. Nehmt mich zum Vorbild, wie ich Christus zum Vorbild nehme!* (1. Kor 10,31–11,1)

Paulus weist die Gemeinde in Korinth darauf hin, dass es einzig darauf ankommt, was Gott gefällt. Und nicht darauf, was Menschen denken oder tun. Nur auf die Verherrlichung Gottes kommt es ihm an. Um die Ehre Gottes.

Es ist zweitens falsch, weil es nicht von Gott kommt.

Kommt alle zu mir, die ihr mühselig und beladen seid! Ich will euch erquicken, sagt Jesus (Mt 11,28). Niemals würde ihm ein »du bist nicht gemeint, weil du schwul bist« über die Lippen kommen oder ein »dich will ich nicht erquicken, weil du eine Frau bist«. Jesus sagt »alle« und meint »alle«. Paulus definierte das im Galaterbrief ganz unmissverständlich: *Es gibt nicht mehr Juden und Griechen, nicht Sklaven und Freie, nicht männlich und weiblich; denn ihr alle seid einer in Christus Jesus.* (Gal 3,28)

Gott nimmt uns Menschen, wie wir sind. Mit unseren Stärken. Und unseren Schwächen. Mit unseren Eigenheiten. Und unseren Besonderheiten. In all unseren Facetten.

Gott sagt nicht, dies ist gut an dir, darum segne ich dich. Das aber ist schlecht, darum missbillige ich dich. Dieses ist gegen die Bibel, jenes gegen die Natur, ein drittes widerspricht der Norm, darum setze ich dich herab. Nichts von alledem. Denn Gott ist gnädig.

Gnadenlos sind nur Menschen.

Gott kennt keine Vorbehalte. Er hat keine Vorurteile. Er kennt Gut und Böse und alles dazwischen. Aber er stellt keine Bedingungen. Er liebt bedingungslos. Von Anfang an bedachte er den Menschen mit Würde. Mit einer Würde, die für alle gilt. Mit einer Würde, die unantastbar ist.

Davon bin ich nicht nur als Christin überzeugt, sondern auch als Juristin. Nicht von ungefähr heißt es im Artikel eins des Grundgesetzes: »Die Würde des Menschen ist unantastbar.« Nicht: Sie *soll* unantastbar sein. Sie *ist* es. Aus gutem Grund ist die Rede vom Menschen und nicht von einer Gruppe. Jeder und jede ist gemeint, unabhängig von ihrer Identität, Herkunft und Orientierung. Egal ob erwachsen, ob Kind, ob gesund oder krank, ob reich, ob arm, ob gesetzestreu oder nicht.

Die Würde des Menschen nicht zu wahren, ist verfassungswidrig. Die Würde des Menschen nicht anzuerkennen, ist respektlos. Die Würde des Menschen nicht zu achten, ist wider Gottes Wille. Oder positiv gewendet: Die Würde des Menschen zu achten, ist Gottes Gebot.

Mein Glaube ist untrennbar mit der Menschenwürde verbunden und den darauf beruhenden Menschenrechten für jede und jeden.

Dass die römische Kirche das anders sieht und für sich herausnimmt, die einen zu bevorzugen und andere zu benachteiligen, stört mich, ja, es irritiert mich, das ist wahr. Aber für meinen Glaubensweg spielte es keine Rolle. Denn ich weiß, es kommt allein darauf an, was würdig vor Gott ist, »würdig und recht«, wie es im eucharistischen Hochgebet heißt.

Ich bin katholisch geworden, weil es mir um Gott geht und nicht um Politik. Kirchenpolitik und Machtspiele interessieren mich nicht.

Sie tangieren meinen Glauben nicht.

Die Jakobsleiter

Katholisch zu werden, war, als sei mein Leben eine Jakobsleiter, auf der die Engel Gottes auf- und niedersteigen. Und oben stand Gott, der mir sagte: *Siehe, ich bin mit dir, ich behüte dich, wohin du auch gehst, und bringe dich zurück in dieses Land. Denn ich verlasse dich nicht, bis ich vollbringe, was ich dir versprochen habe.* (1. Mose 28,15)

Schritt für Schritt begleitete Gott mich auf meinem Weg. Seine Engel gingen mit mir die Leiter auf und nieder, denn es gab neben den Aufs natürlich auch Abs. Es waren Engel, die sich in Menschen zeigten, in Begegnungen. Engel, die von Gott kamen, da bin ich mir sicher.

Gott war da auf jeder Sprosse. Wenn mir etwas fremd vorkam, führte er mich. Auch wenn es mein geistlicher Begleiter war, der mir erklärte, was ich nicht verstand. Es war Gott, der mich glauben ließ. Stufe um Stufe. Bis ich angekommen war.

Bei Gott, der an meiner Seite ist, dessen Zusage gilt, mich zu behüten, wohin ich auch gehe. Gottes Geleit war mein Antrieb, sein Schutz ist mein Halt. Denn meine Ankunft im Glauben bedeutet nicht, dass ich nie wieder zweifeln, nie wieder etwas infrage stellen werde. Ich höre ja nicht auf zu denken; ich höre ja nicht auf zu leben. Auch Ankunft ist Leben. Ist Weiterleben.

So lebe ich als Teil der katholischen Kirche, als kleiner Stein des Felsen, als winziger Kieselstein aus München.

Im Namen Gottes

Das Leben als Katholikin ist mein Leben. Katholisch zu sein, macht mein Leben authentisch und mich erst zum Ich. Weil ich Teil einer Kirche bin, deren Glauben dem meinen entspricht, deren Gottesdienste mich berühren. Weil ich Teil einer Kirche bin, die weltweit dieselbe ist, deren Messen ich verstehe, wo immer ich bin, auch wenn ich die Sprache des Landes nicht beherrsche. Einer Kirche, die Menschen auf der ganzen Welt miteinander verbindet. Was für eine Stärke, was für eine Kraft! Was für ein Halt. Ich mag den klaren Ablauf, die Rituale, die Liturgie der Gottesdienste und die Frömmigkeit, die darin zum Ausdruck kommt. Ich mag, dass der katholische Dienst an Gott nicht nur aus Worten besteht, sondern auch sinnlich ist. Ich mag, dass im Zentrum die Feier der Eucharistie steht, die Danksagung. Doch ist der Gottesdienst keine Einbahnstraße, ist nicht nur mein Dienst an Gott, sondern auch Gottes Dienst an mir, indem er sich mir mitteilt – im Wort der Bibel, in der Eucharistie und in vielen Zeichen.

Ich mag den Weihrauch, den *Lebensgeruch, der Leben bringt* (2. Kor 2,16), dieses sichtbare und duftende Zeichen der Gegenwart Gottes und des Leben spendenden Heiligen Geistes. Und dass ich Kerzen anzünden kann überall auf der Welt.

Ich mag das Klingeln bei der Wandlung als hörbares Zeichen auch dafür, dass meine Sorgen gewandelt sind. Und die Farben der Messgewänder, die das Kirchenjahr widerspiegeln. Ich finde es schön, dass Kinder nach ihrer Erstkommunion ministrieren können, wenn sie es möchten. So sind sie von Anfang an Teil des Gottesdienstes und nicht nur kleine Gäste.

Beim Beten knie ich lieber, als dass ich sitze oder stehe, weil ich Gott bitten und danken will und ich das ohne Demut nicht kann. Das Niederknien ist für mich Ausweis der Demut, der Ehrfurcht und Ehrbekundung. Es ist Demut dort, wo sie hingehört: vor Gott. Dass ich in evangelischen Kirchen nicht knien kann, fehlt mir besonders, so gern ich in diesen Kirchen auch bin.

Das tiefste Demutsgebet, das ich kenne, ist das Gebet vor dem Empfang der Heiligen Kommunion, das ich nicht sprechen könnte, ohne niederzuknien: *Herr, ich bin nicht würdig, dass du eingehst unter mein Dach. Aber sprich nur ein Wort, so wird meine Seele gesund.*

Demut überkommt mich auch, wenn ich dieses Gebet höre: *Herr Jesus Christus, schau nicht auf unsere Schuld, sondern schau auf unseren Glauben, auf den Glauben deiner Kirche.* Es ist Demut und Ermutigung zugleich, weil es nicht um das Schlechte geht, mein Versagen, meine Fehler, meine Schuld, sondern um das Gute, meinen Glauben.

Das wichtigste katholische Symbol ist für mich das Kreuz, jenes sichtbare Zeichen für Jesu Gegenwart, das der Gemeinde nicht nur gezeigt wird, sondern das sie auch selbst zeigt. Das große Kreuzzeichen zu Beginn des Gottesdienstes »im Namen Gottes, des Vaters und des Sohnes und des Heiligen Geistes« und beim Segen am Ende. Und das kleine Kreuzzeichen auf Stirn, Mund und Brust vor der Lesung aus dem Evangelium, das zum Ausdruck bringt, dass die Worte, die man hört, Denken und Reden bestimmen sollen und im Herzen bewahrt sind. Ich brauche die Berührung, nicht nur die innerliche, sondern auch die wirkliche. Das Segenszeichen auf der Stirn zum Beispiel. Nie werde ich vergessen, wie ein befreundeter Priester mir einst ein Kreuz auf meine Stirn zeichnete, es war das erste in meinem Leben, und dazu sagte: »Das kommt jetzt nicht von mir.« Es war zu einer Zeit, als ich es besonders brauchte. Und es erfüllte mich gleich mit Gottes Segen. Das Kreuzzeichen mit Chrisam bei meiner Firmung, das wichtigste von allen, spüre ich noch immer. Und ich rieche auch noch den Duft des Salböls.

Auch das Aschenkreuz am Beginn der Fastenzeit bedeutet mir viel. Nicht weil sichtbar wird, dass ich glaube. Sondern weil Gott durch dieses Zeichen sichtbar wird. Bei den Worten »bedenke, Mensch, dass du Staub bist und wieder zum Staub zurückkehren wirst«, erkenne ich, wie schwach und zerbrechlich und sterblich ich bin. Und wie sehr ich Gottes Beistands bedarf. Bedeutungslos aber fühle ich mich nicht. Weil wir »der von Gott geliebte Staub« sind, wie Franziskus am Aschermittwoch 2020 sagte. Staub zwar, aber geliebt.

Was für ein schönes Bild.

Sakramente: Menschen, Momente, Zigaretten

Ich glaube an die Sakramente als Zeichen der Nähe Gottes. Ich kenne das Sakrament der Eucharistie, der Firmung und auch das Bußsakrament aus eigener Erfahrung, das Sakrament der Versöhnung, das tatsächlich versöhnt und Frieden schafft. Weil es mich verändert. Als Papst Franziskus einmal sagte: »Wenn ich zur Beichte gehe, dann um Heilung für mich zu erlangen, Heilung für meine Seele. Um dann mit mehr geistlicher Gesundheit weiterzugehen. Um von der Erbärmlichkeit zum Erbarmen zu gelangen«, wusste ich sofort, wovon er sprach. Dass im Zentrum Jesus ist, »der uns erwartet, uns zuhört und uns vergibt«. Dass »im Herzen Gottes« zuerst wir sind, »noch vor unseren Fehlern«.

Ich glaube allerdings, dass es Heilszeichen auch jenseits der sieben offiziellen Sakramente der katholischen Kirche gibt. Vom kleinen Spielzeughund meines Bruders, den wir in der Klinik fanden, war schon die Rede. Er ist für mich ein ähnliches sakramentales Zeichen wie für den brasilianischen Theologen Leonardo Boff der Zigarettenstummel seines Vaters. Boff hatte den vergilbten Stummel einer Strohzigarette in dem Briefumschlag entdeckt, der die Nachricht vom frühen Tod des Vaters enthalten hatte. Seine Schwester hatte den Zigarettenstummel für ihren in München lebenden Bruder aufbewahrt und in den Umschlag mit der Todesnachricht gesteckt. Später schrieb der Katholik darüber: »Die letzte Zigarette erlosch mit dem sterblichen Leben. Aber dennoch: Etwas brennt irgendwie noch immer aufgrund der Zigarette.« Dieses Etwas brannte weiter in ihm, dem Sohn.

Für Boff war der Zigarettenstummel ein Sakrament. Für mich ist es der Filzhund.

Manchmal kann ein Sakrament auch ein anderes Heilszeichen ersetzen, zum Beispiel, weil das eine nicht möglich ist, aber ein anderes. Ebenso kann ein Mensch zu einem Sakramentsmenschen werden, obwohl er gar nicht glaubt, und eine Begegnung mit ihm eine Sakramentsbegegnung sein. Ich denke da an eine Begebenheit aus dem Leben der Geschwister Scholl und ihres Freundes Christoph Probst. Die handelt übrigens auch von einer Zigarette.

Es war der Wunsch der drei Freunde, unmittelbar vor ihrer Hinrichtung ein gemeinsames Abendmahl zu feiern, eine Eucharistie zu dritt. Die Bitte wurde verwehrt. Es war ihr sehnlicher Wunsch gewesen, auf diese Weise, im Angesicht Gottes, Abschied zu nehmen. Doch die Gefängnisgeistlichen erlaubten es nicht. Weil es die Gefängnisordnung der Haftanstalt München-Stadelheim verbot.

Das verstört mich, und es bewegt mich. Bis heute.

Gewiss, Sophie und Hans Scholl waren evangelisch, und Christoph Probst hatte sich kurz zuvor katholisch taufen lassen. Doch was zählt das in solch einer Stunde? So blieb den Mitgliedern der Weißen Rose nur eine letzte gemeinsame Zigarette, immerhin. Die hatte ihnen ein Aufseher erlaubt, obwohl die Gefängnisvorschriften auch das untersagten. Aber es war ihm egal.

Ich glaube, dass die geteilte Zigarette für die drei Freunde ein gemeinsames sakramentales Abendmahl war. Und der Gefängniswärter ein Sakramentsmensch, ohne es zu ahnen. Das jedenfalls wäre ein Trost angesichts der Unfassbarkeit dieser Stunde. Für die Freunde. Und auch für mich.

Maria und Josef

Ich brauche Menschen, um zu leben. Die ich sehe und höre. Die mir begegnen und mich begleiten. Die zu Sakramentsmenschen werden zum Beispiel. Aber auch andere. Solche, die ich um Fürsprache bitten kann. In der katholischen Kirche gibt es sie. Es sind Heilige und Namenspatrone. Sie haben keine göttliche Kraft. Aber sie können mir helfen, wenn es mir schwerfällt, mich an Gott zu wenden. So neu diese Erfahrung für mich anfangs war, so befreiend wurde sie.

Meine Namenspatronin ist Beatrice von Tienen, von der ich vorher noch nie etwas gehört hatte. Sie war die Tochter einer flämischen Bürgerfamilie und verließ ihr Leben im Wohlstand, um Nonne im Zisterzienserinnenkloster Bloemendaal zu werden. Sie verfasste mehrere Schriften und gilt als Mystikerin. Am 29. August 1268 starb sie. Seit meiner Firmung ist das mein Namenstag.

Mir gefällt, dass München einen Stadtpatron hat, den Heiligen Benno, das Bistum München und Freising einen Schutzpatron, den Heiligen Korbinian, und Bayern eine Schutzfrau, die Maria.

Seit ich denken kann, mag ich Maria, die mir immer schon näher war als viele(s) andere in der Kirche, die ich in der evangelischen aber nie fand. Was sie für meinen Glauben bedeutet, erfuhr ich jedoch erst nach der Konversion. Zwar wusste ich vorher, dass sie die Mutter Jesu war, natürlich, wer weiß das nicht? Doch erst als Katholikin erkannte ich, dass sie auch meine Verbindung zu Gott ist, weil Gott durch sie Mensch geworden ist, ganz so wie es in der Bibel steht: *Gott sandte seinen Sohn, geboren von einer Frau.* (Gal 4,4) Maria war es, die die Menschwerdung Gottes überhaupt erst ermöglichte. Sie hätte sich auch gegen den Plan Gottes stellen können. Das tat sie aber nicht. An Maria zeigt sich, dass Gott sich nicht aufdrängt, dass er mir auch den Glauben an ihn nicht aufdrängt. Aber immer da ist. Maria ist eine Brückenbauerin zwischen Gott und mir.

Ich mag auch den Josef, ihren schweigsamen Gefährten, der sich – voller Rücksicht auf Maria – in aller Stille von ihr trennen will, als er hört, sie sei schwanger. Bis ihm im Traum ein Engel erscheint, der ihm sagt: *Josef, Sohn Davids, fürchte dich nicht, Maria als deine Frau zu dir zu nehmen; denn das Kind, das sie erwartet, ist vom Heiligen Geist.* (Mt 1,20) Und er fürchtet sich tatsächlich nicht.

Dieser Josef, der immer zu kurz kommt, der nie im Rampenlicht steht, obwohl er Jesus und Maria rettet, der einen Stall herrichtet, nachdem er in Bethlehem keinen Ort findet, wo Maria gebären kann, und schließlich mitten in der Nacht die Flucht nach Ägypten organisiert, um Herodes zu entkommen. Josef, »dieser unauffällige Mann, dieser Mensch der täglichen, diskreten und verborgenen Gegenwart«, wie Papst Franziskus einmal sagte … dieser Josef ist meine eigentliche Lieblingsgestalt in der Weihnachtsgeschichte. Weil er so fein ist und so unbeachtet.

Ich gehöre Gott

Ich bin gern katholisch, weil mir die katholische Kirche Wurzel ist und Halt, Anker und Weg. Und eine Glaubensgemeinschaft mit Betonung mal auf Glauben, mal auf Gemeinschaft, je nachdem. An meiner katholischen Heimat gefällt mir, dass ich sie überall finde.

Heimat überall ist freilich nicht das Gleiche wie verwurzelt sein dort, wo man lebt. Heimat ist nicht dasselbe wie ein Zuhause, auch wenn das oft als Synonym verwendet wird. Heimat ist ein Gefühl der Zugehörigkeit, Heimat ist Zugehörigkeit. Ein Zuhause ist konkret. Das Zuhause ist da, wo man lebt.

Die treffendste Definition von Heimat, die ich kenne, steht seltsamerweise in der Bibel. Sie stammt vom Propheten Jesaja: *Fürchte dich nicht, denn ich habe dich erlöst; ich habe dich bei deinem Namen gerufen; du bist mein!* (Jes 43,1, LUT) Eine größere Zugehörigkeit als dieses »du bist mein«, »du gehörst zu mir«, »du gehörst mir«, gibt es nicht. Weil es die Zugehörigkeit zu Gott ist.

Dass dieser Vers mein Konfirmationsspruch ist, der meine Zugehörigkeit zur evangelischen Kirche besiegelte, als ich vierzehn Jahre alt war, grenzt für mich an ein Wunder. Denn der Satz, der mich seither begleitet, zeigte sich mir auf einmal von einer anderen, seiner katholischen Seite.

Neben dem Aufruf »fürchte dich nicht«, der mir wichtig ist und bleiben wird, rückte das »du bist mein« in meinen Blick. Der Zuspruch bekam einen neuen Stellenwert. Du als Katholikin bist mein, du gehörst zu mir, deinem Gott. Und es stimmt. Meine Gotteszugehörigkeit ist inniger geworden und mein Zugehörigkeitsgefühl größer, seit ich katholisch bin.

Und trotzdem bin ich dieselbe wie zuvor.

Die Konfession habe ich gewechselt. Aber was Gott mir gegeben hat, bleibt. Meine Herkunft, meine Bindungen, meine evangelischen Wurzeln. All das gehört zu mir und bleibt Teil meines Lebens. Nichts ist mir verloren gegangen, nichts genommen. Aber vieles neu geschenkt. Das Evangelische und Katholische, beides macht mich aus. Beides macht aus mir, was ich bin. Und beidem fühle ich mich verbunden.

So gehe ich manchmal hier, manchmal dort in den Gottesdienst, setze ich mich mal hier, mal dort in eine Kirche. Dann schau ich Jesus an. Und rede mit ihm. Und ich höre, wie er mir sagt: »Du gehörst zu mir – so, wie du bist. Mit allen Schwächen und deinen Stärken. Mit allen Zweifeln und deinem Glauben. Du gehörst mir.«

Und ich fürchte mich nicht.

Norbert Roth

St. Peter steht noch

Es war Vollmond. Wir hatten an der Isar gegrillt, saßen auf Decken zusammen und genossen das eiskalte Bier. Die Gemeinschaft. Uns. Die Zeit. Das Leben! Es war einer dieser Abende, wie sie schöner kaum sein könnten. An denen man die Handbremse ziehen und die rasende Zeit anhalten möchte. Ich bin für solche Abende besonders dankbar. Weil ich nicht in den Terminkalender schauen muss oder auf die Uhr. Weil ich nicht aufpassen muss, was ich wie, zu wem und worüber sage. Weil das Verstehen von alleine geht. Auch wenn ich mal den Mund halte, mich für zehn Minuten auf den Rücken lege und einfach in die Sterne schaue, die den Mond beim Leuchten unterstützen, findet das niemand komisch. Freundschaft ist ein Gottesbeweis.

Geliehener Glanz

Wenn ich so in den Nachthimmel schaue, den Mond genauer betrachte und die Gedanken umherwandern, merke ich, wie bizarr das mit dem lieben Gott und seiner Schöpfung ist. Ich bin kein Kreationist. Aber ich kann mich auch nur sehr schwer dazu durchringen, einem knallenden Zufallsgenerator mehr zu glauben als einem weisen, wollenden und handelnden Schöpfergott. Da steht es im Ergebnis eins zu minus zehn hoch tausend was weiß ich. Ein einziger Gedanke Gottes klingt für mich plausibler als unzählige physikalische Bedingungen, die es geben muss, damit es mir überhaupt möglich ist, hier auf der Decke zu liegen. Was für ein gewaltiger Zufall, dass die Neigung der Erdachse genauso ist, wie sie ist. Glück gehabt, nicht wahr?

Erst wenn ich den Mond länger anschaue, der ja, beiläufig betrachtet, nur ein großer heller Punkt am Himmel ist, entdecke ich allmählich seine Gesichtszüge. Wie die Falten im Gesicht eines Menschen erzählen die Krater und Berge auf der Mondoberfläche seine Geschichte. Vom Entstehen und Werden und davon, dass es ihn unbedingt braucht, wenn ich hier leben will. Ohne ihn wäre es in den Vollmondnächten stockdunkel. Ohne ihn gäbe es keine Wattwürmer. Ob er das wohl weiß? Und da steht er so oben am schwarzen Himmel – direkt über einem, scheint hell, wirkt eher klein und kompakt und weit weg.

Wenn der Vollmond aber am östlichen Abendhimmel aufgeht und sich in der Dämmerung über die Skyline oder den Waldrand schiebt, wirkt er viel größer. Zwar lange nicht so hell, eher zaghaft schüchtern, als wollte er nicht mit der Tür ins Haus fallen, aber im Radius viel größer und mächtiger. Viel näher. Erkennbarer. Als hätte man eine Lupe draufgehalten, um sein wahres Gesicht zu erkennen, bevor er auf der Höhe des Nachthimmels sein silbernes Tagwerk beginnt.

Wenn sich die Gelegenheit ergibt, dem Mond beim Aufgehen zuzusehen, kann ich nie wegschauen. Es fasziniert mich. Ich will es auf Fotos bannen. Aber das schafft die Handykamera nicht. Da ist nur ein weißer Punkt zwischen den Häusern. *La Luna.* So eine Diva! Der Mond hat eine eigene Schönheit. Und er hat viel gesehen, weiß viele Geheimnisse. Bezaubernd und beruhigend verlässlich zieht er seine Bahn. Monat für Monat. Auch wenn hier unten das Chaos ausbricht, diese Ordnung oben bleibt. Sympathisch ist mir der Mond auch, weil er kein Wichtigtuer ist. Er weiß, dass er nur zur Geltung kommen kann, wenn jemand anderes ihn anscheint. Sein Glanz ist nur geliehen. Und doch zieht mich an, was ich da sehe. Der Mond macht es mir möglich, ins Sonnenlicht zu sehen – mit meinen eigenen Augen. In die Sonne selbst kann ich nicht schauen. Aber wenn *er* mir das Sonnenlicht zeigt, halte ich es aus. Und weiß – selbst in der Dunkelheit ist die Welt umgeben von Licht.

Bizarre Pracht

In der Schule habe ich gelernt, dass diese unterschiedliche Größenwahrnehmung des Mondes mit Relationen zu tun hat: Wenn der Mond am Horizont aufgeht und ich davor Häuser, Bäume oder einen See sehe, deren Größe und Entfernung ich kenne, dann erscheint mir der Mond im Verhältnis zu ihnen viel größer und näher. Später, wenn er oben am Firmament steht, fehlen diese irdischen Vergleichspunkte und der Mond erscheint viel kleiner, viel weiter weg.

Ähnlich ging es mir bei meinem letzten Besuch in Rom vor dem Petersdom. Ich saß auf den Stufen der Kolonnaden. Ganz ohne Grill und ohne Bier. Dafür mit Wasserflasche und *gelato*. Der Vormittag war verhältnismäßig ruhig. Und so saß ich da und schaute mir die Springbrunnen an, die Tauben, das Pflaster, die steinernen heiligen Männer und Frauen an der oberen Brüstung der Kolonaden und genoss das herrliche Wetter.

St. Peter ist die einzige Kirche, die ich kenne, die absichtlich gewestet ist. Sie hat ihren Altar in Richtung Westen verlegt und ihre Tür nach Osten ausgerichtet, zur aufgehenden Sonne hin. Was sage ich: nur die Tür? Nein. Sich selbst. Das ganze Bauwerk. Alles ist auf Erwartung hin gebaut: Die beiden Kolonadengänge wirken wie ein Trichter, wie offene Arme, die am Ende der Zeiten den kommenden Messias willkommen heißen wollen. Gebaut für die Ewigkeit! Und alles zentriert sich auf die imposante Kuppel hin. Diese Kuppel, die höchste der Welt, ist gigantisch. Aber wenn man da so sitzt und sich umschaut, merkt man diese Größe nicht. Der gewaltige Kuppelbau wirkt sehr bergend, fast klein. Proportional total stimmig. Wie eine heilige Festung, die aber offen sein darf, weil etwas Unsichtbares, das keine dicken Wehrmauern braucht, hier regiert. Wie gewaltig das alles ist, nehme ich erst wahr, als ich meinen Blick über den Petersplatz gleiten lasse und dort Besucher sehe. Menschen, die in die Kirche hineingehen und mir von meinem Platz aus erscheinen, als wären sie Flöhe in der Manege des Zirkus Krone.

Was für eine Pracht! Was für Dimensionen. Was für eine Macht. Tatsächlich beeindruckend. Als Lutheraner an den Stufen von St. Peter zu sitzen, hat etwas Aufwühlendes. Jedes Mal bekomme ich ein mulmiges Gefühl im Bauch, auch wenn mir die Schönheit und Erhabenheit sehr imponieren.

Ich glaube, es sind zwei Dinge, die sich da in mir melden: zum einen die Person, wegen der das alles hier steht. Petrus. Der einfache

Mann aus der galiläischen Provinz. Ob der sich so ein Grab ausgesucht hätte? Ich bin mir nicht sicher. Und zusätzlich nehme ich hier die Figur des Petrus irgendwie als Exklusivapostel der Katholiken wahr. Kephas gehört den Römern. Wir Lutherischen dürfen da nicht ran. Uns Lutheranern ist der Paulus lieber. Vielleicht auch, weil Paulus sich schon damals mit Petrus angelegt hat und sich nicht hat sagen lassen, wer hier der Babo ist. Das zum einen. Zum anderen bezwingt mich die Geschichte des Gebäudes. Ich meine, dieser bombastische Dom in all seiner Imposanz stünde nicht hier, wenn es tausendfünfhundert Kilometer nördlicher nicht unzählige arme, bebende und bangende Seelen gegeben hätte, die ihre letzten Kröten zusammengekratzt, gespart oder gebettelt haben, um auf kirchliches Geheiß hin mit diesem Geld den Himmel zu bestechen. Das wurde ihnen so beigebracht! Du kannst dir den Himmel kaufen! Und wenn du genug Geld hast, deiner lebenden und verstorbenen Familie auch noch.

Sollte mir jetzt ein kluger Katholik um die Ecke kommen und mir sagen, dass es beim Ablasshandel damals nicht um den Himmel, sondern »nur« um kirchliche Strafen ging, darf er wissen, dass mir das schon bewusst ist. Aber diese Tatsache macht den Verkauf von Ablässen ja noch viel schlimmer. Mahnend verglichen schon die Kirchenväter die Kirche mit dem Mond: Aus eigener Kraft werde die Kirche niemals leuchten, sagten sie. Nur wenn die Kirche sich Christus, der Sonne, zuwendet, könne sie strahlen und sein Licht an die Menschen weitergeben. Eine Kirche, die eigenmächtig Strafen verhängt, um sie generös und gut entlohnt dann wieder zu erlassen, vergeht sich an den Seelen. So eine Selbstüberschätzung des Mondes! Als wäre er selbst die Sonne.

Ich will mich ja gar nicht aufregen. Der Missbrauch des Ablasshandels ist lange her. Und er war an diese besondere Zeit gebunden. Korrupte Bischöfe. Geldbewusste Familien. Ein schwacher Papst. Eine berechnende, unkritische Theologie. Und eine Welt in Untergangsstimmung. Vieles trug dazu bei, dass es kam, wie es kam, und sich am Ende die Kirche spaltete.

Nun steht diese übertriebene Großartigkeit über dem Grab des berühmtesten galiläischen Fischers und ich denke mir, man müsste sie eigentlich einreißen, oder? Niederreißen, allein, um der einstigen armen Seelen willen. Zerstören, allein um zu zeigen, dass Niedertracht nie so schön werden darf. Abtragen, allein um zu beweisen, dass die Geschichte nicht vergisst. Oder anzünden, weil wir es heute besser wissen. Je länger ich dasitze und mir diese Gedanken durch den Kopf jagen, werde ich zunehmend beklommener. Schrecklich! Was da gelitten wurde. Was da gelogen wurde. Wie schamlos da Gottes Liebe verraten, wie finster da der Himmel gemacht wurde. Dass ich am Grab des Apostels die Warum-Frage stellen muss: Warum, lieber Gott? Warum hast du diese »geistlichen« Quälgeister der Menschheit so brutal agieren lassen? Warum lässt du das heute noch zu? Warum trifft sie nicht einfach der Blitz, bevor sie allzu großen Schaden anrichten können?

Hilf mir, Gott!

Die Beklommenheit nimmt zu. Denn einen Haken hat diese Frage, merke ich im Schatten von St. Peter. Wenn ich so frage, formuliere ich sie auf einen fernliegenden Punkt hin. Wenn ich so frage, spiele ich ein bekanntes Spielchen. Ein Spielchen, das ich gerne anderen vorwerfe. Denn ehrlicherweise müsste ich diese Fragen viel näher an mich heranholen und mich fragen – mich selbst befragen. Mich infrage stellen – mich. Wie es etwa die britische Essayistin und Romanautorin Dorothy Sayers 1938 in »Das größte Drama aller Zeiten«, beschrieb:

> »Warum schlägt Gott den Diktator nicht tot?« ist eine Frage, die uns sehr naheliegt. So frage ich Sie, Madam, warum hat dann Gott Sie nicht mit Stummheit gestraft, bevor Sie vorgestern jene unbegründete und unwahre Verleumdung über Ihre Nachbarin in die Welt gesetzt haben? Oder warum hat Gott mich nicht gestraft, bevor ich mich einem wohlmeinenden Freund gegenüber, der mir helfen wollte, so peinlich rücksichtslos benehmen konnte? Warum nicht?

Und sie fährt fort:

>Wollten Sie behaupten, dass Ihre Taten und die meinigen vor Gott zu unbedeutend sind, als dass er sich damit abgeben würde? Ich fürchte, diese Ansicht könnte eine zweischneidige Sache werden – denn dann dürfte es für seine Schöpfung wunderbar wenig ausmachen, wenn wir beide morgen einfach ausgelöscht würden, nicht wahr?«

Gott ist echt seltsam. Es wäre doch ein Leichtes für ihn, das Gute durchzusetzen, wenn er einfach die Bösen beiseiteräumte. Göttliche Cancel Culture. Warum tut er es nicht? Mir bleibt diese Frage immer öfter im Halse stecken. Weil ich mir nicht sicher sein kann, ob nicht auch ich gemeint bin. Mein Grant über die anderen färbt sich so langsam um. Wie die Haut im Licht der Sonne golden wird, so wird die Seele im Licht Gottes milder. Auch wegen mir selbst. Denn ich bin ein Teil der Spielchen. Und ich sitze noch da, auf den Stufen der Kolonnaden von St. Peter in Rom. Wenn eine Seele und ein Charakter nicht ganz eingerostet sind, dann spürt ein Mensch das. Dass er behutsam sein sollte mit dem Abkanzeln der anderen. Er spürt, wie klein und ängstlich wir sein können, angesichts des Lebens und der dahinrasenden Zeit, angesichts der fremden und eigenen Ansprüche und unserer Anfälligkeit zu fallen.

Irgendwann im Leben merken wir, dass es so großartig und toll um uns gar nicht steht, wie wir es gerne hätten. Irgendwann merke ich, dass ich klein bin und ängstlich. Und endlich. Ich brauche ja nur mal unter Druck zu geraten, in meinen Beziehungen oder im Berufsleben. Ich brauche ja nur einmal zu erleben, wie das ist, wenn der Vorgesetzte plötzlich sagt: »Wenn Sie jetzt nicht liefern!« Komma dann ... »dann wird es mit der Entfristung eng!« Zum Beispiel. Dann können wir sehr ängstlich werden und uns sogar vor dem lausigsten Vorgesetzten zu verstecken suchen. In unserer Unzulänglichkeit.

»Aber!« – und das sagen wir dann in dieser Ängstlichkeit – »wenn es einen Gott *geben* sollte, dann regelt der das für uns. Denn Gott ist auf jeden Fall mutig und er kann uns Mut geben und dann könnten wir selbst diese feigen Augenblicke überstehen. Gott gleicht das Defizit schon aus, oder nicht?« Und diese Logik geht dann immer weiter. Wir sind sterblich. Aber Gott ist ewig. Und wir in unserer Sterblichkeit sind zwar kleinkariert – aber Gott in seiner Ewigkeit ist groß und weit. Bei uns ist so viel Jammer und Elend und bisweilen viel Leid. Aber bei Gott ist Herrlichkeit. Und dann beten wir den Schluss des Vaterunsers:

> *Denn dein ist das Reich*
> *und die Kraft und die Herrlichkeit*
> *in Ewigkeit. Amen.*

Und hoffen, dass Gott uns in unserer Kleinheit etwas von dieser Herrlichkeit überlässt. Und von der Kraft und einen Teil der Ewigkeit. Oder nicht? Das ist einleuchtend und logisch. Wir ganz klein – und Gott unermesslich groß.

Die Konsequenz daraus ist, dass wir, wenn wir unter Druck sind, so beten: Gott möchte sich doch bitte unserer erbarmen und möchte uns helfen. Und wenn wir in Schwierigkeiten sind, dann möchte Gott uns von diesen Schwierigkeiten befreien, damit wir aus dieser Enge wieder rauskommen. So beten wir. So bete ich! Und die Logik dahinter ist ganz einfach. Sie heißt: Wir sind klein, wir sind beschränkt – aber Gott ist groß und gewaltig. Und wenn Gott uns einen Gefallen tun möchte – sodass wir an ihn glauben – dann soll er uns gefälligst etwas von seiner Größe abgeben, damit wir das Leben in unserer Kleinheit halbwegs überstehen. So beten wir, so bete ich. So denken wir alle.

Nur – stimmt das denn? Ist Gott wirklich so? Oder ist das womöglich ein Bild, das wir gerne hätten von Gott? Ein Bild, von dem aus ich dann von Gottes Größe schwärmen kann – einer Größe, die ich anhimmle und abbilde und von der dann bestenfalls auch etwas auf mich abfällt? Wenn ich nur darum bete … Ist das so? Oder bilde ich mir das ein, weil ich mir gern ein Bild mache? *Mein* Bild von Gott. Weil ich klein bin und etwas Großes brauche. Und weil ich hilflos bin und ich möchte, dass Gott hilfreich ist. Und weil ich sterblich bin und ich möchte, dass Gott unsterblich ist. Ich wünsche mir jemanden, der mir in meiner Vergänglichkeit, meiner Kleinkariertheit und Enge und in meinen Problemen hilft. Und dann mache ich ihn groß, damit auch ich groß werde. Und dann stelle ich einen bombastischen Dom auf einen einstigen Friedhof und zeige, wie groß ich eigentlich sein möchte!

Steingewordene Gnade

Je länger ich dasitze, unter den Kolonnaden, frag ich mich: Komm ich eigentlich mit diesem Verständnis von Gott und von mir weiter? Gelingt das Leben besser, wenn wir Gott bitten, dass er uns mit seiner Kraft aushilft? Ich will niemanden verklagen, wenn ich jemanden verklage, dann bin ich das selbst. Denn ich selbst lebe ja so. Ich möchte in meiner Enge, dass Gott mir mit Größe hilft.

Es ist eine skandalöse, eine anstößige Wahrheit, die sich mir angesichts der römischen Pracht erschließt. Gott ist seltsam. Er bedient sich nicht unserer religiösen Logik. Vielmehr serviert er uns sich selbst in Schlichtheit. Natürlich, die Bibel sagt es von vorn bis hinten: Der Gott, der den Himmel und die Erde in all ihrer Größe und Pracht gemacht hat, ist tatsächlich groß. Gott ist größer, ganz bestimmt größer als der Mensch. Größer als unsere Welt. Größer als unser Sonnensystem. Er ist gewaltiger als der Kosmos mit all seinen Kräften. Das wird nirgends bestritten. Die Bibel erzählt davon, dass Gott unfassbar, undenkbar groß ist. Dass das, was *wir* begreifen, nicht Gott ist. Aber wenn dieser Gott sich uns Menschen zuwendet, macht er es auf seine Weise.

Wenn dieser unfassbare Gott in Raum und Zeit kommt, dann kommt er immer klein. Dann kommt er unscheinbar. So unscheinbar, dass wir Menschen, die wir alle größer geraten wollen, ihn glatt verpassen – müssen. Wie es im Gottesknechtslied beim Propheten Jesaja heißt:

Und wir sahen ihn – und er hatte weder Gestalt noch Schönheit. Wir sahen ihn, da war nichts, was uns gefallen hätte. Er war der Allerverachtetste. Und Unwerteste. Der Unansehnlichste. Er war voller Schmerzen und Krankheit. Er war so fertig – so verachtet, dass man das Gesicht vor ihm verbarg. (Jes 53,2–3)

So kommt Gott. Und legt sich wie fast nebenbei in Windeln in einen Stall.

Wir haben ihn nicht geachtet, heißt es da – wir haben es gar nicht beachtet, was da geschieht, nicht einmal zur Kenntnis genommen haben wir es. So wenig war da zu sehen. Das meint – klein geworden. Gott kommt in Jesus so unscheinbar in unsere Welt, dass man ihn übersieht. Das wurde mir in Rom klar.

Natürlich: Große christliche Ideen und Ideale muss man nicht verpassen. Große Kathedralen übersieht man nicht. Gelehrsamkeit und weltverbessernde Appelle überhört man nicht. Und als Kirche in der Welt und in der Politik mitmischen, das verpassen wir nicht. Aber Gott kann ich verpassen. Weil er verborgen ankommt. Und zwischen all dem Gold und all dem Marmor und all dem, was nicht zu übersehen ist, im Dreck der Ritzen, der Fugen und Risse – da ist Jesus gegenwärtig. Nicht in Größe. Nicht in Imposanz. Sondern klein.

Das Kleine, das sich in den Fugen von St. Peter verbirgt, ist das, was die Bibel Vergebung nennt. Das hält alles zusammen. Weil Gott uns vergibt – steht St. Peter noch. Er reißt es nicht ab, brennt es nicht nieder. Nein. Und weil Gott *mir* vergibt – steht mein kleines Leben noch. Weil Gott so unscheinbar und diskret handelt – steht das Gebäu meiner Freundschaften noch. Weil Gott nicht auf den Putz haut, sondern den Dreck wegräumt, stehen die Verbindungen in meiner Familie noch. Beziehungen leben nicht vom schönen Schein. Sie leben von dem, was verborgen geschieht. In Jesus.

Gott gibt uns Menschen nicht auf. Es wird ihm nie zu blöd mit uns. So seltsam ist er! Er hat auch seine Kirche nicht abgeschrieben. Und Gott hat auch mich nicht aufgegeben. St. Peter in Rom ist steingewordene Gnade, finde ich. Auch wenn ich nicht katholisch bin. Der galiläische Fischer, der Jesus-Freund von einst, hat erlebt, was Gnade bedeutet.

Lutherische Reliquien

Dass eine Playmobil-Figur, die Martin Luther darstellt, die Hitliste aller jemals gefertigten Playmobil-Figuren anführt, ist im konfessionellen Blumenbeet nur eine von vielen Skurrilitäten. Davon gibt's viele. Zum Beispiel, dass im katholischen Österreich der Karfreitag kein Feiertag ist, Mariae Empfängnis aber schon. Oder dass die Baptisten sagen, die Taufe sei nicht heilsnotwendig – und dann vehement darauf bestehen, sie als Bekenntnistaufe im Erwachsenenalter zu feiern. Oder dass die orthodoxe Kirche – je nachdem – Weihnachten oder Ostern an einem anderen Datum feiert als die Kirche im Westen. Über manches kann man sich so schön wundern. Und das sind auch nur Beispiele. Alles nicht wirklich schlimm. Ein gezieltes Florilegium der Konfessionensticks kann sich lohnen, für Herz und Verstand und Humor. Zum Schmunzeln gibt es da so einiges.

Märtyrerin im Morgenmantel

Mir sind als fränkischem Lutheraner ehemals katholische Gotteshäuser, die in der Reformationszeit zu evangelischen Kirchen wurden, ja durchaus vertraut. Da die Franken entweder aus Respekt, aus Bequemlichkeit oder wegen religiöser Nüchternheit nicht zum Ikonoklasmus neigen, überlebten in vielen lutherischen Gemeinden Bayerns allerlei Zurückbleibsel aus altgläubigen Zeiten. In vielen Kirchen werden bis heute die alten Sakramentshäuser der Aufbewahrung der *vasa sacra* genutzt. Und man feiert lutherischen Gottesdienst in Gegenwart unterschiedlicher Heiligenfiguren, deren Geschichten man im Kindergottesdienst lernt. Oder die Kirchen tragen auch häufig den Namen eines Heiligen. Gerne mit dem Kürzel »St.« vorne dran, wie St. Lorenz in Nürnberg. Ich bin das also von klein auf gewöhnt. Und ich finde es auch sehr schön. In der Kindheit war für mich klar: Der Himmel hat in jedem Dorf, in dem eine Kirche steht, eine kleine Zweigstelle.

In Südbayern entdeckte ich jedoch später katholische Eigenheiten, die mich bis heute staunen lassen. Natürlich war mir bekannt, dass Katholiken einen gewissen heiligen Hang zu heiligen Orten und heiligen Gegenständen entwickeln können. Geweihte Rosenkränze und Eheringe. Gesegnete Tankstellen und Feuerwehrautos. Klöster auf heiligen Bergen und berühmte Wallfahrtsorte. Aber als mir vor etlichen Jahren in einer der durchbarockisierten südbayerischen Klosterkirchen eine bestimmte Form der Reliquienverehrung zum ersten Mal auffiel, war ich schon sehr verblüfft, um nicht zu sagen am Fremdeln. Es war in Benediktbeuern. Viel gerühmt und ja, zugegeben, auch umwerfend schön.

Dort begegnete mir die schon angedeutete Skurrilität auf einem der Seitenaltäre. Davon gibt es in den Klosterkirchen sehr viele, die Heiligen gewidmet sind, deren Namen ich, wenn überhaupt, nur vom Hörensagen kenne. Und auf jedem Altar liegt dort, wo bei uns Evangelischen normalerweise die Kerzen stehen, ein Schneewittchensarg. Eineinhalb Meter lang, ganz aus Glas, an den Kanten mit Blei verlötet. Und darin – ich kann es nicht anders sagen – räkelt sich jeweils ein Skelett. Wirklich!

Die Körperhaltung – oder besser: die Beinstellung – ist sehr lebendig. Es muss eine Dame sein, denn auf den Schild steht »St. Clementia«. Sie liegt auf der Seite, den rechten Ellenbogen in ein Samtkissen gedrückt, die linke Hand in die Hüfte. Und der Schädel ruht auf der rechten Hand. Als würde sie am Strand liegen und spielenden Kinder beim Sandburgenbauen zuschauen. Clementia ist auch angezogen. Ihre Gebeine sind in zarten, weißen Tüll gekleidet, hauchdünn, sodass man die alten Knochen gut sehen kann. Gold- und Silberdrähte halten alles Gebein am vorgesehenen Platz. Von weiter weg schaut es aus, als läge sie im weißen Morgenmantel auf ihrem Kissen. Sie trägt eine Krone, Armbänder, Ringe und Edelsteine funkeln dort, wo einst die Augäpfel waren.

Ich lernte, dass sie eine der sogenannten Katakombenheiligen ist. Eine Märtyrerin aus der Zeit der jungen Kirche, die man zu Beginn des 18. Jahrhunderts aus den Katakomben Roms barg, um sie in eine der vielen Kirchen und Klöster Bayerns zu bringen. Die Katakombenheiligen gehören seitdem zur barocken Ausstattung dieser südbayerischen Kirchen. Sie werden die »Heiligen Leiber« genannt – als wäre es die fromme, ferne Verwandtschaft aus Italien, für die man sich nicht schämen muss und die man gern zeigt. Eine Instagram-Story aus der Barockzeit mit einer kleinen Prise Grusel.

Ökumenische Klassenfahrt

Reliquien sind uns Evangelischen zwar bekannt, stehen aber in keinem besonders guten Ruf. Am Vorabend der Reformation wetteiferten weltliche und geistliche Fürsten darum, wer den größten Reliquienschatz anhäufen konnte. Erzbischof Albrecht von Brandenburg – dessen Knochen- und Bistumssammelleidenschaft Martin Luther zum Versenden der 95 Thesen veranlasste – lieferte sich mit Friedrich dem Weisen (ja!) einen frommen Trophäenwettstreit.

Aber wie sagt man so schön? *Abusus non tollit usus.* – Die Gefahr des Missbrauchs korrumpiert noch lange nicht alles. Das durfte ich von katholischen Geschwistern lernen. Es war in den Nullerjahren. Ich war in Frankfurt als theologischer Referent dafür zuständig, die Dritte Europäische Ökumenische Versammlung in Hermannstadt vorzubereiten. Diese Versammlung wurde wie eine gestreckte Kasualie gefeiert. Nicht nur als einmaliges Treffen, sondern drei Tagungen an verschiedenen Orten. Wir planten also eine Versammlung mit drei Etappen, in denen je eine Konfessionsfamilie Gastgeberin für die anderen sein sollte. Die Stationen dieser Reise waren Wittenberg, Rom und schließlich Hermannstadt – Sibiu in Siebenbürgen. Protestantisch, katholisch und orthodox.

Auf die Reise nach Rom freute ich mich sehr, nach der ersten Etappe. Ich meine, man kann Wittenberg ja schön finden, aber die Liste der Sehenswürdigkeiten der kleinen Stadt ist doch überschaubar. Wir kamen jedenfalls in Rom an und hatten spannende Begegnungen und Gespräche. Ein bunter Haufen aus Gottes großartiger Kirche. Orthodoxe Partriarchen, lutherische Erzbischöfinnen, katholische Professorinnen und freikirchliche Prophetenfiguren. Alles, was Gott an sein Herz gerufen hat, war da. Einen Nachmittag dieser Arbeitswoche in Rom stellten die katholischen Gastgeber ganz unter die Betrachtung der Ökumene des Blutes. Das klang zunächst fremd. Sehr fremd. Aber schnell wurde klar, dass es um die Märtyrer der Kirche und ihrem Beitrag für die sichtbare Einheit unter den Christen gehen soll. Bei dem Wort »Märtyrer« sah ich natürlich gleich wieder meine Strandheilige St. Clementia von Benediktbeuern vor mir. Schmunzelnd. Denn andere Assoziationen wollte ich in mir nicht zulassen. Und ich ahnte noch nicht, was mich erwartete.

An diesem Nachmittag erfuhr ich auf der Busfahrt durch die Ewige Stadt, dass Papst Johannes Paul II. im Jahr 2002 eine kleine Kirche auf einer Insel im Tiber, San Bartolomeo, den Märtyrern des 20. Jahrhunderts gewidmet hatte. Der polnische Papst, der aus seiner einstigen Heimat nur wenige orthodoxe oder evangelische Christen kannte, hatte erlebt, wie zwei unterschiedliche politische Systeme den christlichen Glauben auszulöschen versuchten und ihre Ideologie an die Stelle Gottes setzten. Koste es, was es wolle – auch an Leben. Er wusste, welchen Preis es haben konnte, an Christus festzuhalten, wenn andere Kräfte an die Macht drängen. Daher legte Wojtyła einen besonderen Aspekt auf die »Ökumene des Blutes«. Er ließ eine große Ikone anfertigen, auf der Männer und Frauen abgebildet wurden, die im 20. Jahrhundert aufgrund ihres christlichen Glaubens getötet wurden. Nicht nur Katholiken, sondern auch Protestanten und Orthodoxe. Auf der Ikone ist auch Dietrich Bonhoeffer zu sehen, und Paul Schneider neben Maximilian Kolbe und Oscar Romero.

Wir kamen nach San Bartolomeo und es wurde ein für mich unvergesslicher Nachmittag. Wir betraten diese kleine, uralte Kirche. Die Ikone füllt fast den ganzen Chorraum und zog uns alle sofort in den Bann. Wie ein großes goldenes, heiliges Wimmelbild mutet sie an. Unsere »Erklärerin« – eine katholische Schwester aus der Gemeinschaft St. Egidio, die hervorragend Deutsch sprach, ging sehr behutsam vor und – wie ich finde – äußerst geschickt. Sie musste eine Ahnung davon haben, dass evangelische Christen aus

Deutschland – auch wenn sie ausgemachte Ökumenikerinnen und Ökumeniker sind – nicht ganz frei von einem antirömischen Affekt sind. Daher wählte sie ihre Worte sehr bedacht.

Erinnerungsgegenstände

Nachdem sie uns die Ikone gezeigt und erklärt hatte, über die wir alle mit offenen Mündern staunten, lenkte sie unsere Aufmerksamkeit auf – wie sie sagte – »Erinnerungsgegenstände« in den Seitenschiffen. Dort werden – im Vorbeigehen hatte ich lediglich beleuchtete Vitrinen wahrgenommen – persönliche Gegenstände einzelner Personen aufbewahrt, die auf der Ikone abgebildet waren. In einer Vitrine liegt etwa das Messbuch, über dem Oscar Romero, der katholische Erzbischof von San Salvador, 1980 während der Messe erschossen wurde. In der Seitenkapelle daneben liegt das Gebetbuch des katholischen Priesters Maximilian Kolbe, der stellvertretend für einen Familienvater in den Hungerbunker des Konzentrationslagers Auschwitz ging. Er starb an den Folgen der Qualen, während der Vertretene die Haft überlebte.

Erinnerungsgegenstände! Schließlich näherten wir uns den Reliqu ... äh, den Erinnerungsgegenständen von Paul Schneider und Dietrich Bonhoeffer. Ich war hingerissen! Aber ich war auch erstaunt, wie verzückt, wie gerührt, wie katholisch-emotional meine evangelischen Geschwister reagierten. Die, die sonst so nüchtern sind. Ein ehrfürchtiges Raunen ging durch die protestantische Schar. Ein Drängeln vor den Ausstellungskästen. Der instinktive Wunsch, diese Gegenstände berühren zu wollen und diesen verehrten Menschen über die Bande ihrer einstigen Besitztümer näherzukommen, war im Raum greifbar.

Erinnerungsgegenstände wie ein kleiner Filzhund. Der Wunsch, etwas zu halten von dem, was nicht festzuhalten ist. Ein Gegenstand, der irgendwie von einer heileren Zeit spricht, die dann doch anders wurde. Ein Gegenstand, der von einem »Davor« erzählt, von einer Zeit, in der es noch Hoffnung gab, dass es doch noch anders ausgehen könnte. Ein Gegenstand, der geblieben ist, obwohl andere die Unschuld verloren haben. Ein Gegenstand, der erzählt – zeitlos. Aus dem Gestern bekannt, irgendwie. Für das Morgen erhofft. Aber heute nur zu haben – wie in einer kleinen Flaschenpost, tänzelnd auf dem Meer der Zeit. Die wartet, dass man sie findet und öffnet. Gott ist seltsam.

Der Esel

Ob der Esel, der heute an den Heiligen Abenden unter vielen Christ-bäumen an der Krippe steht, im originalen Weihnachten dabeistand, als das Wort Gottes im Fleisch zur Welt kam, ist nicht ausgemacht. Die Geschichte vom sprechenden Esel Bileams mag ebenfalls einer Fabel mehr ähneln als einer historischen Nachricht. Aber dass ein Esel Jesus nach Jerusalem brachte, wie es in den Evangelien steht, ist so unwahrscheinlich nicht.

Ein demütig-triumphaler Einzug Jesu in die Heilige Stadt. Die Menschen jubelten ihm zu, legten ihre Kleider wie einen roten Teppich auf das Straßenpflaster und rissen Palmzweige von den Bäumen, um sie wie eine Fahne zu schwenken. Daher Palmsonntag. Doch dieser Sonntag, mit dem die Karwoche beginnt, müsste eigentlich Eselssonntag heißen. Die Palmzweige haben keine Botschaft. Der Esel schon.

Der Esel ist der »graue Apostel« des Palmsonntags. Er bringt Jesus zu den Leuten. In ihre Stadt – in ihre kleine Welt. Der Esel trägt Jesus. Und das ist der Eselsdienst der Kirche. Jesus unter die Leute bringen. Und dort tut Gott selbst an den Menschen sein erlösendes Werk. Er spricht mit ihnen, er heilt sie, er vergibt ihnen – und stirbt für sie. Jesus. Der Messias. Er kommt auf einem Esel. Und wenn's blöd läuft, denkt der Esel womöglich, der Applaus gelte ihm, als die Menge jubelt und nach Erlösung schreit ...

Wahrscheinlich hat er dann kurz Eselsgänsehaut ob seiner vermeintlichen Bedeutung. Fühlt sich selbst unverzichtbar, weil ihm so viel Aufmerksamkeit zuteil wird. Meint, er sei attraktiv und unverzichtbar.

Bis er spürt, bis er sieht und begreift, was für ein Esel er ist.

Kloster

Norbert Roth
Hast deine Zelle schon?

Beatrice von Weizsäcker
Ja

Norbert Roth
Gleich is vesper

Norbert Roth
Will auch!!!

Beatrice von Weizsäcker
Ich nehm dich mit ...

Norbert Roth
Um 18?

Beatrice von Weizsäcker
Genau

Beatrice von Weizsäcker

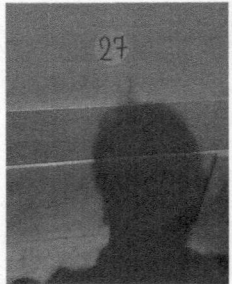

Norbert Roth
Mönche Mönche Mönche Mönche

Beatrice von Weizsäcker
Vergess ich nie mehr ...

Norbert Roth
Was?

Beatrice von Weizsäcker
1. Die Vesper

2. Wie unglaublich laut es ist, in einem Schweigen-Speisesaal auf eine Gurke zu beißen ...

Norbert Roth
Kloster Kloster Kloster Kloster Kloster

Norbert Roth
Wann ist Komplet?

Beatrice von Weizsäcker
Um 20 Uhr

Norbert Roth
Danach

Beatrice von Weizsäcker

Norbert Roth

Beatrice von Weizsäcker
 ♥

Norbert Roth

Beatrice von Weizsäcker

Ich liebe Birken

Norbert Roth
Warum scheint draußen die Sonne?

Beatrice von Weizsäcker
Weil sie drinnen auch scheint :)

Norbert Roth

Beatrice von Weizsäcker
 →

Norbert Roth
Ichwillauchinskloster

Beatrice von Weizsäcker
Herkommen!

Beatrice von Weizsäcker

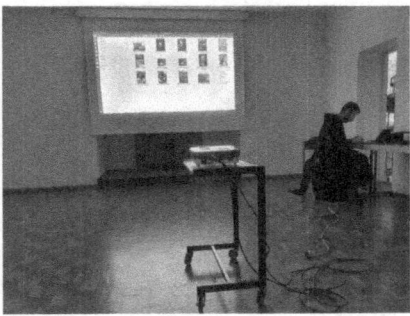

Mein Mönch, jetzt schauen wir ein
paar von unseren Bildern vom Tag an.
Der einzige Moment, in dem wir nicht
schweigen. Es ist einfach so gut hier!

Norbert Roth
Des glaub ich dir

Beatrice von Weizsäcker
Ich verlier jedes Gefühl von Zeit und
Raum

Beatrice von Weizsäcker
Überall Gott und Jesus

Beatrice von Weizsäcker
Und zwischendurch mit dir chatten

Norbert Roth
Du Mönchin :)

Beatrice von Weizsäcker
Hehe

Beatrice von Weizsäcker

Jesus sonnt sich

Norbert Roth
😄

Norbert Roth

ora et labora

Ein heiliger Ort – so habe ich das Kloster Heiligenkreuz erlebt. Nicht weil hier besonders heilige Menschen lebten – wie könnte ich das je beurteilen? Und wer bin ich, das zu tun? Oder weil hier Gott mehr gegenwärtig wäre als woanders. Nein. Aber ein heiliger Ort, weil er exklusiv dafür da ist, Gott zu suchen. Oder besser: sich der Gottsuche auszusetzen. Gott sucht ja zuerst uns! Lange bevor ich anfing, Gott finden zu wollen, ihm näherzukommen, verstehen zu dürfen, was das Göttliche ist in uns – da war er schon längst auf der Suche nach mir. Und an einem heiligen Ort kann es passieren, dass es einem die Schuhe auszieht. Nicht nur die an den Füßen. Es kann passieren, dass an solchen Orten, in der Nähe der Heiligkeit Gottes, der Tritt unsicher wird und man das Gesicht verbirgt, den Kopf einhüllt.

Manche winken ab. Heilige Orte? Ach was! Bedrohliche Nähe Gottes? Papperlapapp. Das mag im Alten Testament der Mythen und patriarchalen Gottesbilder verortet sein. Schnee von gestern. Bei uns heute gilt das nicht mehr. Die alten Geschichten hört man sich zwar weiterhin gern an. Entbehren sie doch nicht dessen, was heutige Unterhaltung umfangreich zu bieten weiß: Gruselfaktor, Sex and Crime und Wirbelstürme – aber maßgeblich für das Gottesbild gelten sie weiß Gott nicht. Mehr. Ich frag mich, wann uns das verloren ging?

fremd und willkommen

Als ich das erste Mal nach Heiligenkreuz kam, war das ein Eintauchen in eine andere Welt. Ich war 21, und Pater Maximilian, der aus meiner Heimat stammt, hatte mich eingeladen. Zuvor war ich mehrere Male in Bochum zu Besuch gewesen. Dort hatte Heiligenkreuz 1988 ein Tochterkloster gegründet. Nach vielen Hundert Jahren ein erster Versuch, etwas Neues zu starten – oder etwas Altes an einem neuen Ort zu pflanzen und zu schauen, ob es gedeiht. Hoffentlich. Ein dynamisches Kloster lernte ich in Bochum kennen. Ich, der ich von den Großeltern einst hörte, dass man mit Katholiken besser nichts zu tun haben und deren Budenzauber am besten meiden solle. Wie der Teufel das Weihwasser. Dass aber nicht das Weihwasser das zu Meidende ist, erschloss sich mir erst später. Ich durfte verstehen lernen: gebeugte Knie, geweihwässerte Finger und duftendes Gebäu ehren Gott und beehrfurchten den Menschen. Christsein mit Leib und Seele. Ich begriff allmählich. Auf behutsame und erfreulich freundliche Art und Weise. »Lob sei dir, Christus.«

Im Kloster tauchte ich ein in eine mir fremde Bilderwelt, in Riten und Zeiten, hörte seltene Namen und ahmte die stillen Abläufe des klösterlichen Tages nach. Anfangs fremd und unbeholfen. Ich weiß aber noch, dass es mir niemand übel nahm, als ich ständig in die falsche Richtung lief, mich zur falschen Zeit falsch verneigte und zur falschen Zeit die falsche Seite im falschen Gebetbuch aufschlug. Sehr freundliche Gesellen, diese Mönche. Stille, stabile Genossen. Mit Humor. Und demütigem Freimut. Die bergende Struktur, der Wechsel zwischen Gebet und – ja, Arbeit – und Stille umarmte mich behutsam. Ich begann zu verstehen. Und mit dem Verstehen kam das Vertrauen. Und mit dem Vertrauen der Respekt. Und mit dem Respekt die Neugier auf mehr. Bochum ist ein neues Kloster, in das alte Leben einzog. Zumindest ist die Lebensform viel älter als die Gebäude. Aber nun war ich das erste Mal in Heiligenkreuz. Und hier fühlt sich das alles noch einmal ganz anders an. Dort lebt in uralten Gebäuden unter alten Riten sehr junges Leben. Auch wenn es sich mit alten Gewändern zeigt.

Jedenfalls besuchte ich irgendwann Ende der Neunziger das erste Mal die alte Zisterzienserabtei aus dem 12. Jahrhundert im Wienerwald. Ich wähnte mich nicht als Eindringling – war ich doch einer Einladung gefolgt und wusste von der benediktinischen Gastfreundschaft, die mir auch liebevoll entgegenkam. Aber ich war fremd. Ihnen. Und mir war alles fremd. Denn was da an katholischer Luft für einen lutherischen Kerl schon in Bochum zu rauchig war, das wurde in Heiligenkreuz noch durch die österreichische Art des Katholisch-seins überboten. Am Sonntag und manchmal auch donnerstags gab es die wöchentliche Ration von Torte – wie der Österreicher zu sagen pflegt »a fette Tortn« – zur Wiener Melange in der Rekreation. Die Umgangsformen waren noch eingeübter als in der Neugründung. Man sprach viel Latein beim Ambulieren durch den Klostergarten. Es ging untereinander viel förmlicher zu als im Ruhrgebiet. Man siezte sich. Und ich ahnte: Es ist ein Unterschied, ob in einem Kloster sechs Mönche leben oder über 80. Es ist ein Unterschied, ob ein Kloster neun Jahre alt ist oder neunhundert. Es ist ein Unterschied, ob es in der Umgebung noch andere Christen gibt oder eben nur römische Katholiken. Und es ist ein Unterschied, ob man früh um sieben in einer kleinen, beheizten Kirche sitzt oder früh um fünf in einer romanischen Basilika.

Aufwachen

Ich neige nicht zum Frühaufsteher. Und so war es in diesen ersten Tagen in Heiligenkreuz für mich eine Qual, um viertel nach vier am Morgen den Schlaf zu beenden. Warum tut man das? Weil Gott mit den Hühnern aufsteht? Weil in der Bibel was von Wachen und Beten steht? Oder weil man Opfer bringen muss, um Gott zu gefallen? Wie unevangelisch! Weil man Zeit sparen will? Was soll das? Jeden Tag vor dem Morgengrauen aufzustehen, täglich die Morgendämmerung und das Erwachen des Tages mitzuerleben und sich im Sommer ins Bett zu legen, wenn es draußen noch hell ist?

Ich meine, der Sommer ist doch deswegen so schön, weil man die langen, lauen Abende bei Helligkeit verbringen kann, bis es dämmert und dunkel wird am Grill an der Isar. Oder nicht? Und man schläft am Morgen so lang, bis es zumindest schon graut, um nicht bei Dunkelheit aus dem Haus zu müssen. Als urbaner Mensch bin ich es so gewöhnt. Mein Tag beginnt bei Licht. Er läuft im Licht ab. Und zum Abend hin bewegt er sich aus dem Licht in die Dämmerung hinein, bis es Nacht ist. Natürlich gehe ich erst ins Bett, wenn es stockfinster ist. Sei es erschöpft von den Aufgaben des Tages nach noch langen Abendstunden am Schreibtisch. Oder faul geworden nach einem Gläschen Wein vor der Glotze. Und wenn's blöd läuft, schlaf ich noch vor dem flimmernden Kasten ein und stolpere später hinüber ins Schlafzimmer.

Manchmal frage ich mich – wo ich das durchs Kloster nun auch anders kenne – ob wir nicht auch so leben? Ähnlich dem, wie wir unsere Tage gestalten, verläuft doch auch die Spannungskurve des Lebens. Aus dem Licht der Kindheit und der jugendlichen Unbeschwertheit, aus der Glut und dem Licht des Erfolgs der jungen Jahre, aus dem dankbaren Ernten und Genießen des gereiften Lebens spült es uns in den Abend. Den Lebensabend. Der unweigerlich damit endet, dass ich ganz am Ende erschöpft niedersinke, die Augen schließe und es dann zappenduster ist. Ich fürchte, genau das prägt das Lebensgefühl vieler Zeitgenossen. Und so prägt es auch den Glauben. Dass am Ende nur ein schwarzes Loch auf mich wartet. Deckel zu. Und das Hinüberdämmern geht am besten mit zwei Flaschen Rotwein im Kopf. Behauptet zumindest die zynische Weltbeschreibung Friedrich Nietzsches.

Aber bei meinem ersten Besuch im Kloster empfand ich die Mühe des Aufstehens am Morgen als genau das Gegenteil. Als wollte man absichtlich den Schlaf beenden, um den Tag als eine Bewegung aus der Finsternis durch die Morgendämmerung ins Licht zu vollziehen. So habe ich das später von einem Mönch erklärt bekommen. Und in diesem Licht legt man sich später auch wieder schlafen. Es ist also ein Ende im Licht. Mich hat das vom ersten Tag an fasziniert, wenn auch gewaltig angestrengt. Die alten Mönche sahen morgens nicht so verknittert aus wie ich. Wahrscheinlich, weil Aufstehen seit Jahrzehnten schon ihr Leben durchleuchtet. Kinder des Lichts. Damals habe ich verstanden, dass Paulus das nicht verstrahlt meint oder esoterisch: »Lebt als Kinder des Lichts.« (Eph. 5,8) Sondern als Menschen, die sich vom Morgen mehr erwarten als von der Nacht. Daran kaue ich bis heute. Denn ich bin eine Eule.

Vieles in meinem Leben ist nachts entstanden. Die besten Sätze in der Doktorarbeit. Die glücklichsten Stunden. Die ehrlichsten Gespräche. Die tiefsten Freundschaften. Die tränenreichste Freude. Der freieste Rausch und die unbändigste Lust. Aber auch die abgründigsten Ängste, die schwärzesten Zweifel und die blutigste Schuld. Alles in der Dunkelheit. Bloß nicht schlafen gehen! Vielleicht liegt es auch an uns Heutigen – die wir meinen, alles, was nur irgendwie geht, in dieses eine mickrige Leben hineinzupressen. Sogar jene Menschen, die die Hoffnung auf einen Himmel und auf ein Leben nach dem Tod noch nicht völlig abgeschrieben haben, sind diesem Lebensgefühl ausgesetzt. Und wir schieben deshalb allabendlich das Zubettgehen möglichst weit hinaus. Aus Angst, etwas zu versäumen, aus Sorge, den Tag loszulassen. Wegen der irrationalen Gier, noch möglichst viel herauszuholen aus dem Tag – und aus dem Leben, auch wenn es vielleicht nur Banalitäten und Netflixserien sind.

Im Kloster lernte ich von einem Mönch und durch den Tagesablauf, dass es ein kostbares Erlebnis ist, jeden Tag als Bewegung des Aufwachens zu erleben, statt des Ermüdens. Auch wenn ich die komplette Vigilfeier – und die dauert – brauche, um fit zu werden, erlebe ich den Tag anders und weiß ihn am Abend auch »komplett«, auch wenn er nicht perfekt war. Kann ihn abschließen mit der Komplet. Ich lege mich danach nicht völlig erledigt und angespannt ins Bett, in einer Art Kapitulation. Sondern ich überlasse mich wach und vorsätzlich der Ruhe. Lasse los und vertraue mich dem Schlaf an. Die Psalmen der Komplet sind das Letzte, was den singenden Mund verlässt. Und die entsprechenden Bilder bereiten mich auf die Ruhe der Nacht vor.

In pace in idípsum
dórmiam et requiéscam,
quóniam tu, Dómine, singuláriter in spe
constituísti me.

In Frieden lege ich mich nieder und schlafe ein; denn du allein, Herr, lässt mich sorglos ruhen.

Beten

Überhaupt – das Gebet! Ich weiß nicht, ob ich ein Beter bin. Also einer, der vergleichsweise viel und intensiv betet. Auch wenn das weder in Qualität und Quantität bewertbar sein kann. Was ich aber kenne, ist ein Grundgefühl von Verbundenheit mit Gott. Ein sehr guter Jugendfreund, der inzwischen als Coach und Supervisor arbeitet, erklärte mir, dass es in der Beratungswelt für Talentfinder, Berufseinsteiger und Karriereplaner so etwas gibt wie »Verbundenheit«. Ein Grundgefühl, von dem es heißt: »Menschen mit einem starken Gefühl der Verbundenheit sind davon überzeugt, dass alle Dinge miteinander verbunden sind. Sie glauben nicht an den Zufall und gehen davon aus, dass so ziemlich alles, was geschieht, irgendeinen Sinn hat.« Ich habe vor Jahren seinen Test einmal gemacht, und das war eines meiner bestimmenden Merkmale. Und in der Tat. »Verbundenheit« gehört zu einer der Grundskills meiner Persönlichkeit. »Kein Kunststück«, dachte ich mir – ich bin Zwilling. Also nicht vom Sternzeichen, sondern von der Geburt her. Ich habe einen Zwillingsbruder und bin also während meiner Kindheit quasi vom Augenblick meiner Zeugung an nie allein gewesen. Ein Gefühl der Verbundenheit, so wie wenn man in einen stockfinsteren Raum kommt – in dunklen Tagen – und weder den Ausweg noch irgendein angstmilderndes Tool sieht, aber man spürt, dass da jemand ist, der einen sicher hinausführen wird. Auch wenn man ihn nicht sieht. Jemand, mit dem man reden kann. Und den man anschreien kann. Und dem man sich erklären kann. Und anbetteln und versuchen zu überreden ... So wie man halt manchmal betet, wenn's eng wird in der Not.

Gebet als Ausdruck dessen, was wir ahnen: Dass es mit unserer eingebildeten Größe und Befähigung doch nicht so weit her ist. Und wir Gott anflehen, von seiner Größe uns in unserer Kleinheit etwas zu geben. Doch so funktioniert das nicht. Daher ist das Beten auch eine Schule der Ernüchterung. Gerade im Blick auf das eigene Gottesbild. Denn die größte Klage, die ein Christenherz haben kann, ist, dass der Himmel eisern schweigt. Dass nicht einmal durch ein einziges Ritzchen etwas von Gottes Licht herrüberscheint in meine dunklen Stunden. Ich jedenfalls kenne kaum eine größere Not, als wenn das Gebet pelzig ist und wirkungslos zurückgeht, Gott sich verbirgt und zu den Tränen, die ich mit vielen anderen weine – schweigt.

Aber der Himmel ist *nicht* dazu da, dass ich kapiere, in meiner kleinen Welt ungehört und ungesehen versinken, vergehen oder ersticken zu müssen, so wie ein Ton einer gerissenen Saite, der blechern verklingt. Sondern dass wir im Gebet lernen, nicht allein Gottes Eingreifen herabzubetteln, wenn wir am Ende sind. Sondern zu warten, bis Gott zu unserer Seele spricht.

Wenn Gott kommt, dann kommt er klein. Ein Wort. Ein Bild. Ein Name. Ein Mensch. Und dieser Mensch ist gekommen – Jesus. Dass unser Gebet in zwei Augen schauen kann. Und ich beten darf: Sprich, Herr! Sprich! – Tadle, wenn du willst, aber sprich. Zerbrich das Meine, alles, streiche sämtliche Pläne aus meinem Leben – mach, was du willst. Aber sprich! Sprich zu meiner Seele. Lass das Schweigen, von dem ich eingehe wie eine Blume ohne Licht. Und gib die Stille auf, Gott!, in der der altböse Feind sich feiert und jubelt und dich meiner Seele schlecht macht.

Das freie Beten habe ich als Jugendlicher bei den Jesus Freaks gelernt. Eine Jugendbewegung in den frühen Neunzigern, die von Gott einen besonderen Auftrag bekommen hatte. Beten hieß: Frei, frech von der Leber weg und rotzehrlich, ohne geschraubtes Gerede Gott sagen, was Sache ist. Ihn loben – wobei schon das Wort »loben« nicht zu meinem alltäglichen Wortschatz gehörte: »Danke, Mum, ich lobe dich für das geile Schnitzel ...« So sprach ich nicht. Aber Gott lobe ich. Das passt schon. Aber das Rotzehrliche passt eben auch. Dass ich mit Gott spreche, wie es mir in Herz und Sinn kommt. Dass ich ihn hören will und er mich anhören muss. Dass ich meine Bedürfnisse benenne und meine Ängste formuliere. Dass ich ihm sage, wie glücklich ich bin und wie ich mich um liebe Menschen sorge. Dass ich ihn frage, wo ich Fehler gemacht habe, und mich dafür schäme, weil ich anderen nicht das zu geben vermochte, was sie sich von mir wünschten, ich Depp.

Es ist die Liebe, die mich festhält.
Es ist die Gnade, die mich trägt.
Du bist die Kraft, die mich entfesselt
und wie ein Sturm durch mein Herz weht.

Dir will ich nah sein, dich will ich sehen,
denn du bist mächtig, herrlich und wunderschön.
Jede Begegnung trägt dazu bei,
dass meine Angst immer mehr vergeht
und Ehrfurcht bleibt.

Du bist die Liebe meines Lebens.
Was wär' mein Leben ohne Dich?
Für immer will ich mit dir gehen
und mehr begreifen, wie du bist.

So und noch anders klingen die Lieder der Jesus Freaks. Die ehrlichen. Die emotionalen. Die lauten und die stillen. Und wir waren gut darin, Worte zu finden, mit und von Gott zu reden, sodass es eben nicht nach Kanaan klingt oder wie auf einer irdisch-behördlichen Dependance des Himmels. Sondern wir lebten und sprachen immer unter der Vorstellung, dass im himmlischen Thronsaal eine Tanzfläche ist, ein Schlagzeug steht, ein Stroboskop, fünf Verstärker und natürlich: eine Nebelmaschine.

Hier bei den Mönchen war das Gebet anders. Sechs Mal am Tag, zwischen fünf Uhr früh und abends um acht, treffen sie sich, wie es verabredet ist, in ihrer weißen Kukulle mit der Kapuze und den langen weiten Ärmeln und stellen sich, wie verabredet, an ihren Platz und singen, wie verabredet, die alten Hymnen und Psalmen. Tag für Tag. Alle 150 Psalmen in einer Woche runtergerockt. Und dann wieder von vorne. Woche für Woche. Manche Psalmen kommen jeden Tag, sodass sogar ich heute manche schon auswendig kann. Selbst auf Latein. Monat für Monat. Und zwischendrin die großen Feste – an denen gejubelt wird oder geklagt in den alten Melodien, die auf erstaunliche Weise die Gefühle in Ruhe lassen. Einstimmig, ohne eintönig zu werden. Jahr für Jahr.

Ich habe freilich an meinen ersten Tagen im Kloster stark gefremdelt mit dieser Art zu beten. Denn es kam mir so vor, wie es Jesus warnend seinen Jüngern einst sagte: »Wenn ihr betet, macht nicht viele Worte – plappert nicht wie die Heiden, sondern betet für euch allein, kurz und wesentlich: Vater Unser.« (Mt. 6,7) Und so fragte ich einzelne Mönche, frech und naiv, ob das denn nicht schädlich sei für die Gottesbeziehung, Beten zu *müssen*, wenn man nicht wegen Lust und Liebe, sondern wegen Uhrzeit und Pflicht zum »Beten« kommt. Ich spürte den inneren Widerstand gegen diese Art des Redens mit Gott, da es meine eigene Art zu beten und meine persönlichen Worte ja nahezu verhindert, dadurch, dass die alten Verse der Psalmen so viel Raum bekommen. Doch ich wehrte mich nur halbherzig. Wahrscheinlich vermutete meine Seele längst die verborgene Tiefe einer Gottesliebe, von der ich zwar schon geschmeckt, sie aber nie und nimmer in dieser Art des Glaubenslebens vermutet hatte.

dreifach liebend

Im Kloster wurde damals für mich eine dreifache Liebe sichtbar. Da war zunächst die Liebe zu Gott. Unabhängig und losgelöst von der eigenen Befindlichkeit. Gott lieben um seiner selbst willen. Das heißt, in den Zeitraum der Gebetsstunde einzutreten, in den Gesang der Mitbrüder einzustimmen, Gott die eigene Zeit und den eigenen Willen anzubieten allein deshalb, weil er Grund genug ist, dies zu tun – er allein Grund genug ist, ihn zu lieben. Auch dann, wenn das Leben gerade hart, die Lebensfreude momentan verschwunden und der Zweifel mächtiger ist als der Glaube. Gott, ich danke dir, nicht weil du mir guttust, sondern weil du gut bist. »Ich liebe Gott um Gottes willen.« So hat es Bernhard von Clairvaux formuliert.

Doch hier wurde nicht nur die Liebe zu Gott, sondern auch die spezielle Art der Liebe der Mitbrüder untereinander spürbar. Natürlich nahm ich auch die Spannungen wahr, die sich in so einer Gemeinschaft auf- und entladen, sodass es kracht. Doch das macht es ja noch beeindruckender. Denn das Chorgebet ist ein tägliches Ringen! Miteinander und mit sich selbst. Weil man sich selbst oder einen Mitbruder gerade nicht wirklich leiden kann. Der eine riecht etwas, der andere singt falsch. Aber man trägt sich gegenseitig. Es geht ja allen so. Da ist ja keiner perfekt. Und das hat mich zutiefst beeindruckt. Was, wenn das nicht nur ein Kennzeichen für ein gesundes Kloster wäre? Was, wenn das, was ich hier erlebt habe, auch ein Kennzeichen der ganzen Kirche und jeder Gemeinde wäre: Dass man auch immer da ist, für und wegen der anderen? Und wegen Gott!

Es gibt doch diese Zeiten, da geht es mir im Glauben und im Leben nur mäßig gut. Um nicht zu sagen beschissen. Und da habe ich keine Lust auf Gemeinde. Keine Lust auf Gott. Keine Kraft fürs Gebet und kein Bedürfnis nach Gottesdienst. Ja, es mag sein, dass mich auch der eine bestimmte Prediger zu Tode langweilt, und es mag sein, dass ich die alten Kamellen an Liedern und liturgischen Formulierungen nicht mehr hören kann. Es mag sein, dass mir das Schweigen näher ist als das Singen und Beten und Bekennen – all das mag sein. Aber den Gedanken einmal zu denken, dass es den anderen – jenseits aller Anti- oder Sympathie – guttun könnte, dass ich da bin, würde unser Verständnis von Gemeinde und Gottesdienst reformieren.

Und eine Revolution wäre es gar, wenn wir endlich wieder dahin kämen, aufzuhören von Gottesdiensten zu erwarten, dass sie *uns* erbauten oder religiös anregten. Das tun sie nicht. Immer. Das müssen sie auch nicht. Denn Gottesdienst ist kein spirituelles Entertainment, keine Therapiesitzung beim himmlischen Leib- und Seelenarzt. Sondern es ist die Zeit, die ich Gott schenke, ohne zu wissen, was er damit tut. Erst einmal ganz zweckfrei. Unverfügbar. Um Gottes willen. Und es kann natürlich passieren, dass ich den Gottesdienst verlasse, angeregt, geheilt, berührt – ja. Wie wunderbar! Aber wenn ich das immer erwarte, werde ich frustriert werden. Von den Mitchristen und von Gott. Gottesdienst ist die Zeit, die ihm erlaubt, in meinem kleinen Leben sein großes Werk zu tun – wann, wie und auf welche Weise er es will. Und ich darf gespannt sein, was sich tut, wenn ich drei Tage nach der Beisetzung eines geliebten Menschen mit allen anderen in der Gemeinde spreche: *»Ich glaube an die Auferstehung der Toten und das ewige Leben. Amen.«*

Wenn ich selbst das in diesem Moment nicht sprechen, geschweige denn glauben kann, mein mir »fremder« Bruder, meine unbekannte Schwester in der Kirche links oder rechts von mir kann es vielleicht gerade glauben. Und tut das für mich mit. Heute. Und morgen. Und vielleicht noch in vier Wochen. Und es kommt womöglich der Tag, an dem ich für die Schwester oder den Bruder mitglaube und mitspreche: »*Ich glaube an die Vergebung der Sünden*«, obwohl er oder sie angesichts einer geschehenen Schuld nicht wagt, den Blick zu heben.

Und da war noch eine dritte Liebe: die unbändige Liebe dieser zurückgezogenen Männer zur Welt. Keine Gebetszeit, in der sie nicht für die Anliegen und Nöte auf der ganzen Erde gebetet haben. Es ist ihnen hinter ihren friedlichen Klostermauern nicht egal, ob anderenorts Krieg herrscht. Es ist ihnen in ihren gleichen Gewändern nicht egal, wenn Menschen unter Ungerechtigkeit leiden. Und es ist ihnen in ihrem das himmlische Jerusalem und den Garten Eden abbildende Kloster nicht egal, wenn Tier- und Pflanzenwelt von der Gier des Menschen aufgezehrt werden. Denn sie beten jeden Tag mehrmals für die Schöpfung.

Ich war schwer beeindruckt, als ich begriff, was diese Art des Betens für die Welt für eine Kraft hat. Im zweifachen Sinne. Die eine Kraft geht von den Bitten und Worten aus, die aus den Mündern der Mönche kommen. So wie ich es auch kannte. Man betet und vertraut darauf, dass der Allmächtige, der alles im Blick hat und lenkt, sich von meinem kleinen mickrigen Gebet berühren lässt und mich erhört. Dass unsere gebeteten Worte tatsächlich Macht und Kraft haben, einen Unterschied herbeizuführen – den wir freilich nicht verfügen können, aber der in dem Satz zusammengefasst ist – im Vaterunser – »*Dein Reich komme*«. Aber zum anderen, dass – wie mir der Abt sagte – ihre Art zu beten nicht einfach dazu da ist, Gott mit den eigenen Worten zu bitten und zu loben. Denn das hieße ja, dass *mein* Geist immer die richtigen Worte finden müsste, um mich Gott zuzuwenden. Wir suchen in uns nach Anliegen, Gründen, Sätzen, Wörtern und Buchstaben, um etwas in dieser Welt mitzuformen. Zum Wohl der Menschen und zur Ehre Gottes. Aber das monastische Gebet geht den Weg andersherum. Die alten Worte der Psalmen aus der Bibel sind viel älter als wir. Sie sind

Wort Gottes. Und das tägliche Wiederholen, das Zitieren und Nachbeten dieser Worte formt sich nicht aus mir und meinem Verstand, sondern diese göttlichen Worte formen mich und meinen Geist – dadurch, dass ich sie spreche, singe und bete. Sie formen somit auch mein ganzes Leben. Und auf diese Weise wird das Gebet doppelt wirksam. Es bewirkt bei Gott das, was er erhört, und es bewirkt bei mir, dass Gott mich verändert. Durch sein Wort. Mich verändert, dass ich beitrage zum Frieden, zur Gerechtigkeit und zum Wohl der ganzen Schöpfung.

dreifach ernüchtert

Einer der alten Mitbrüder sagte mir im Gespräch einmal, dass Gebet ein Geheimnis ist und ich achtgeben solle, dass ich mich von Gott im Gebet führen lasse und nicht der Versuchung erliege, Gott führen zu wollen im Gebet. »Religiöse Menschen finden Gott nützlich«, sagte er. »Im Glauben wachsende Christen finden Gott schön.« Und sie lassen es zu, dass das Gebet auch über längere Zeiträume eine trockene und ernüchternde Angelegenheit sein kann. Wie überhaupt das ganze christliche Leben – besonders im Kloster – ein Leben der Ernüchterung ist. Gebet ist zunächst zweckfrei, sagte er. Man verdient sich damit nichts. Man erzwingt damit nichts. Man verschenkt sich nur. Das ist alles. Und auch das geht nicht ohne die Erfahrung der Ernüchterung. Aber wie nach einem Rausch, wenn der Kater einen Schwur auf ewige Abstinenz heraufbeschwört und die Lust am Erfolg oder am Exzess der Freude am Schönen mehr und mehr weicht, so gibt es auch im geistlichen Leben die Ernüchterung.

Dreifach ernüchtert. Zunächst ernüchtert von der Gemeinschaft, zu der man gehört. Man merkt schnell, dass die Menschen, denen man sich angeschlossen hat, halt Menschen sind. Man erkennt schnell ihre Macken, ihre Schwächen und Fehler und möglicherweise auch ihre abgründigen Sünden und wird ernüchtert davon, dass man sich hat blenden lassen (wollen) von dem Glanz und dem Besonderen, das die Gemeinschaft nach außen hin ausstrahlt, sodass man unbedingt dazugehören möchte. Das ist in einem Kloster nicht anders als in einer Gemeinde oder einem Freundeskreis. Und das gilt auch für andere Gemeinschaften mit hohen Idealen, die sich für hohe Ziele einsetzen in Politik und Wirtschaft, in Umweltschutz und Gerechtigkeitsfragen. Schnell sieht man die Schwachstellen und muss sie nüchtern hinnehmen. Oder gehen.

Die zweite Ernüchterung ist die von sich selbst. Nämlich vom Rausch der eigenen Frömmigkeit und des eigenen Gutseins und des eigenen (religiösen, politischen, ökologischen oder ökonomischen) Eifers. Der Novizenmeister sagte mir mal, dass da jeder Rookie durchmuss. Wenn ein Novize ins Kloster kommt und in der Probezeit erlebt, wie zerbrechlich die glänzende Schale der Gemeinschaft ist, mag er das noch verkraften. Die meisten kommen ja aus normalen Familien, wo sie das schon erlebt haben. Hart aber wird die Erfahrung, dass man sich selbst wohl für den strengsten Mönch halten kann, der je gelebt hat, aber dann an den eigenen Idealen scheitert: morgens nicht aus dem Bett zu kommen. Und wenn doch, es nicht mit Freude, sondern unter Qualen zu tun. Oder sich leicht reizen lässt und gereizt auf eine gewollte oder ungewollte Lieblosigkeit eines Mitbruders reagiert. Oder sich darüber ärgert, dass das wöchentliche Offizium doch wieder nur das Kerzenanzünden und Auspusten ist und eben nicht der zweite Kantorendienst. Die Ernüchterung über sich selbst und die Tatsache, dass man auf Nachsicht angewiesen ist wie alle anderen auch, ist keine einfache Erfahrung.

Und die dritte Ernüchterung ist die tiefste – auch die am meisten verändernde: die Ernüchterung durch Gott. Nämlich dass man im Laufe eines Klosterlebens merkt, dass Gott eben unverfügbar bleibt. Dass man in der Jugend noch Führung erlebt hat und klare Erkenntnisse im Gebet empfangen zu haben meint. Aber dass diese Erfahrung nachlassen kann – in der zeitlichen Intensität. Nicht jedoch in der Tiefenwirkung. Das steht aber auf einem anderen Blatt. Das ist gemeint, wenn man sagt: »Gebet ist zweckfrei.« Es zwingt nicht. Es wirkt nicht. Es hebt nicht die Stimmung. Es ist ein liebender Dienst an der Welt. Ein wartendes Hoffen auf Gottes Zeit und ein glaubendes Vertrauen auf Gottes Wort. Ganz schlicht: »Herr Jesus, wenn du mich haben willst, musst du die Fesseln lösen.« (St. Philipp Neri)

heilvoll verstrickt

Geht es nach den Regeln der Zisterzienser, ist dies das Lebenskon-
zept der Mönche. Sie haben sich von allem loslösen lassen. Aber da
der Mensch nicht ohne Bindung leben kann, ist die Bindung an Christus auch die Bindung an die konkrete Gemeinschaft. Sie sind gebunden aneinander. Sie sind heilvoll verstrickt in ihre Gemeinschaft, ihre
Gelübde, in sich selbst und kennen – so regelt es der Orden – das
Schuldkapitel. Ich habe so etwas nie erlebt. Aber davon gehört und
es verstanden als einen Ort, an dem ein Mönch die Würde erhält, sich
selbst nicht auszuweichen und vor sich, vor der Gemeinschaft, vor
dem Abt und vor Gott benennen zu können, was zu benennen ist. Der
Mönch bekommt die Chance der Selbstdistanzierung und darf erleben, dass es ihn nicht zerstört, wenn Gott und die Gemeinschaft wissen, dass es immer auch eine andere Ausgabe von einem selbst gibt.
Die christliche Tradition weiß, dass ein Mensch schuldig werden kann
und – ich sage es nicht ohne Zittern – schuldig werden muss. Wir
kommen aus diesem Verhängnis niemals heraus. Jeder und jede von
uns wird schuldig und *muss* schuldig werden – selbst wenn er oder
sie ein noch so gutes und heiliges Leben zu führen versucht. Dieser
Gedanke tut weh. Ist aber für ein Leben in der Nachfolge Jesu uner-
lässlich. Da es mich völlig an ihn bindet. Das Ich, das Wir – das Du
in Christus. So baut sich eine Gemeinde, eine Gemeinschaft auf, von
der Stephan Harding – einer der Gründer des Zisterzienserordens –
sagte, dass sie eine Schule der Liebe seien.

ehrlich dankbar

Im Kloster und von Luther habe ich gelernt, dass es zur Würde des
Christen gehört, den eigenen Schatten anzuerkennen. Der christliche
Glaube erlaubt es uns, nicht in Angst und Schrecken zu erstarren vor
unseren Schattenseiten. Wir sind dazu befreit, uns unsere Fehler und
Schwächen einzugestehen. Das lutherische *Pecca fortiter*, das Luther
an Melanchthon 1521 schrieb: »Sei ein Sünder und sündige kräftig,

aber glaube noch stärker und freue dich in Christus, welcher der Sieger ist über die Sünde, den Tod und die Welt!«, kann man missverstehen. Aber Martin Luther ging es nicht um die Bagatellisierung der Sünde. Sondern darum, sich ehrlich dem zu stellen, wer und wie man ist.

Deswegen liebe ich die Zeit vor Gott so. Das Stundengebet und den sonntäglichen Gottesdienst. Denn kein Gottesdienst vergeht, in dem man sich nicht dessen bewusst wird. Ich freue mich darüber, dass die Gemeinde jeden Sonntag vor Schriftlesung, Predigt und Abendmahl ihre Schuld bekennt. Dass man sich nicht selbst ausweichen kann und Gott sich danach sehnt, uns von unseren Bindungen zu lösen. Und so gern ich die Messe der katholischen Geschwister auch mag – bei einer Stelle komme ich immer ins Stocken. Da heißt es kurz vor der Kommunion: »Herr, schaue *nicht* auf unsere Sünden, sondern auf den Glauben deiner Kirche.« Und ich denk mir jedes Mal: »Doch, um Himmels willen, Jesus schau auf meine Sünden! Schau her – so bin ich, daran leide ich, das will ich vor dir nicht länger verbergen – schau hin und nimm's weg! Bitte ... Und danke, dass ich auf deinen Glauben schauen kann! Dass du, Jesus, deinen Glauben nicht verloren oder aufgekündigt hast, als dein Geschick über dich hereinbrach. Lass mich deinen Glauben sehen und stärke dadurch meinen.« Und verleihe uns Einheit und Frieden.

Und weil ich es als Großstadtpfarrer fast körperlich spüre, wie dringend wir urbanen Menschen so einen kathartischen Moment brauchen. Ein Innehalten, wenigstens einmal in der Woche, bevor wir uns und die neue Woche unter den Segen Gottes stellen. Davor brauche ich, lieber Gott, deine lösende Gegenwart. Das zu bekennen – diese Bedürftigkeit zu bekennen, diese Lebenswunde Gott täglich hinzuhalten, das haben mir die Mönche beigebracht. Dafür bin ich sehr dankbar.

Stille

Bloß nicht bewegen! Versteinert blieb ich stehen, als ich aus der Dusche gestiegen war. Wie ein Lauscher an der Wand vermied ich jede Bewegung. Denn ich wollte nicht durch das Knacksen der nach langer Reise mürben Gelenke, durch das Tapsen der nackten Füße auf kühlem Steinfußboden und durch das Streichen des Handtuchs auf nasser Haut jenes Geräusch übertönen, das ich meinte, gerade vernommen zu haben. Da! Da war es wieder. Wohl ein Steinkauz, ein Uhu, eine Eule – irgendein Nachtvogel rief sein Geheimzeichen in die pechschwarze Dunkelheit. Der kurze Laut war das einzige Geräusch, das ich neben dem Rauschen des eigenen Blutes ausmachen konnte. Sonst nichts! Selbst das fallende Wasser beim Duschen eben kam mir vor wie das Rauschen der Niagarafälle. Als wollte ich den fernen Vogel nicht stören, drehte ich den Wasserhahn noch ein zweites Mal zu, fester zu als sonst, trocknete mich ab und zog mir im Flüsterton die Kleider über den Leib.

»Wo sind wir hier nur?«, nuschelte ich hinter vorgehaltener Hand ein wenig später einem meiner mitreisenden Freunde zu. Mir war es, als stemmte sich das schwache Licht im Bad mit aller Kraft gegen die Dunkelheit der kommenden Nacht. Kein Flugzeug zog brummend am Himmel entlang. Kein Zug eilte aus der Ferne rauschend dem Bahnhof zu und kein Auto bog zuckelnd in die nächste Seitenstraße ab. Da war nichts. Einfach nur Stille. »Wo sind wir hier nur?«, fragte ich mich und selbst dieser Gedanke schien mir zu laut, ihn überhaupt zu denken.

Der Zisterzienser-Roadtrip

Noch vor zwei Stunden waren wir im Kleinbus durch die Täler der südfranzösischen Provence geschaukelt. Es war September. Wir waren zu dritt unterwegs. Zwei Mönche aus Heiligenkreuz, die mir im Laufe der Jahre zu Freunden geworden sind, und ich machten einen Roadtrip durch Frankreich. Wir hatten die Klöster Cîteaux, Cluny, auch Taizé besucht. Führten ausreichend Käse, Baguette und Rotwein mit. Und erfuhren uns die Wurzeln der Zisterzienser – nicht ganz monastisch streng, sondern eher frei und fröhlich wie Gott in Frankreich. Aus dem Burgund waren wir in Richtung Süden aufgebrochen. Laute Musik, ausgelassene Gespräche und lebendiger Straßenlärm umgaben uns.

Doch nach und nach, fast unmerklich verlangsamte sich alles um uns. Auch wir wurden langsamer und stiller. Wir bogen in die Berge ab, das Ziel klar und zugleich völlig vage vor dem inneren Auge. Schlaufe um Schlaufe schraubte und schnaufte sich der tapfere Turbodiesel den Hang hinauf. Von oben ein atemberaubender Blick. Nur der Himmel und die Felsen. Vor uns der Abgrund. Unten, ganz unten im Tal, wohin es die Sonne nur etwa vier Monate im Jahr schafft, lag das Ziel unserer Fahrt. Wie ein getarnter Falter, zart, zurückgezogen und nur mit zusammengekniffenen Augen wirklich auszumachen, lag das Kloster Sénanque zu unseren Füßen. Auf die Entfernung schien es noch schüchterner, als ich es bereits von Bildern kannte. Bezaubernd.

Als die Mönche unseren Besuch beim Abendgebet bemerkt hatten, waren wir auch schon aufgenommen. Der Habit meiner Mitreisenden verriet sie als Verwandte. So schnell konnte ich gar nicht schauen, wie die beiden mit in der Klausur verschwunden waren. Ich blieb etwas vergessen in der Kirche zurück. Der Bruder Gastmeister nahm sich dann meiner an und ich wurde in den Gästebereich geführt. Wir hätten ihre Gastfreundschaft beleidigt, wären wir nicht wenigstens eine Nacht geblieben. Die unwiderstehliche Herzlichkeit der Mönche, die etwas scheu daherkommt und sich in aufrichtigen Augen ausdrückt, beeindruckte mich. Ich zog gerne ein. Nun, nach Gebet, Abendessen und der lang ersehnten Dusche ließ mich die Eule so langsam erahnen, wo wir tatsächlich angekommen waren.

Wie laut Stille sein kann, habe ich wohl dort im Kloster das erste Mal in meinem Leben wirklich gehört. Klar, es gibt Orte, da ist es leise. Die eigene Wohnung hat ruhige Lage und der Motor des neuen Wagens läuft schallgedämpft. Aber diese Art von Stille, die alles so umfängt, dass sogar ein Käuzchen im Fortissimo ruft, war mir neu.

Ich ging zu Bett. Kein Fernsehgerät, keine Playlist und kein Rechner griffbereit, der mir hätte helfen können, der Stille zu entgehen, vom Handy gar nicht zu reden. Ob ich Empfang hätte haben können, versuchte ich erst gar nicht herauszubekommen. Mein Innenleben sprang zwischen Ruhe und Panik hin und her. Diese Stille! Lebt hier noch was? Was fang ich mit mir an? Keine Chance auf Zerstreuung. Nur der Uhu da draußen ließ mich wissen, dass ich noch lebte.

Gebrüllte Sehnsucht

Diese flüsternde Nacht in Südfrankreich sehne ich mir heute oft herbei. Im Getöse der Großstadt. Ich liebe das ja, sonst würde ich nicht hier leben. Aber manches geht dann doch an die Nerven. Der Rummel der Weihnachtsmärkte zum Beispiel macht mir jedes Jahr neu bewusst, dass die Sehnsucht nach Wesentlichem das Leben eines Menschen so einnimmt, dass man die gelebten Widersprüche entweder gar nicht wahrnimmt, oder eisern ignoriert. Deswegen umkreisen wir scheu schielend die Klöster und die stillen Menschen dort, weil wir vermuten, dass in diesen Seelen und zwischen diesen Mauern noch ein Rest des Eigentlichen übrig sein könnte. Das meine ich nicht kitschig oder verklärt. Ich kenne zu viele Mönche und Nonnen, um nicht zu wissen, dass ich von draußen idealisierungsgefährdet draufschaue. Doch diese flüsternden Orte und Existenzen ziehen einen auf geheimnisvolle Weise an.

Großstädtische Weihnachtsmärkte flüstern nicht, sie brüllen. »Stille Nacht« mit 94 Dezibel, »Kling Glöckchen, klingelingeling« in Endlosschleife, bis einem schwindlig wird, »Leise rieselt der Schnee« im Spätsommerwinter des klimawandelbeheizten Europas. Nicht zuletzt der schwülstig besungene Tannenbaum, der nicht mehr nadelt, weil's von Plastikzweigen nichts zu nadeln gibt. Dieses unsinnliche Ambiente brüllt genau jenes hinaus, was tief drinsteckt. So wie Weihnachtsmärkte aussehen, so leben viele Menschen ihr Weihnachten. Und Weihnachten ist doch der Inbegriff der Sehnsucht, die Chiffre für so viele unerfüllte Wünsche. Die Alle-Jahre-wieder-Hoffnung auf eine bessere Welt. Auf ein besseres Jahr. Oder auf ein besseres Mir oder:

Ich. Die Hoffnung, dass was anders werden kann, wenn es nicht so bleiben kann, wie es ist.

Die Zeit um Weihnachten und die ersten langsamen Tage im neuen Jahr stellen manchen Menschen vor große Fragezeichen. Weihnachten hinterfragt meist, ob die eigene, bisweilen idealisierte Vorstellung vom Leben mit der gelebten Wirklichkeit bisher übereinstimmt. Silvester und Neujahr werfen die Frage auf, wie's wohl werden wird – das kommende Jahr. So eigen diese Fragen auch sein mögen, so sehr hängen sie aneinander. Denn die ängstliche Beklommenheit vor dem, was auf einen zukommt, speist sich meist aus dem, was hinter einem liegt. Aber wie auch immer man das Gestern bewertet, das Morgen ist dem Zwang vergangener Tage nicht unterworfen. Das ist jedenfalls die Botschaft von Weihnachten.

schlaflos und gottvergessen

Für gewöhnlich erlaubt man sich aber selbst diese kurze Atempause nicht. Echte Stille wird vermieden. Doch in dieser Nacht in der Provence blieb mir kein Weg, außer der in die Stille. Die Umgebung des Klosters in Frankreich provozierte meinen Widerstand. Ich begann zu lesen. Doch die fremden Gedanken auf den Seiten des Buches hatten die Wucht der Geräuschkulisse in einer Großraumdiskothek.

Es war kaum auszuhalten. Ich fummelte am Handy rum, las alte WhatsApp-Nachrichten, schaute mir Fotos an, ging das Kontaktverzeichnis durch. Nur, um diese stille Einsamkeit um alles in der Welt zu überwinden. Doch zwecklos. Also löschte ich endlich das Licht dieser stillen Nacht, um zu schlafen.

Nun begann in dieser kargen Klosterzelle etwas, was ich bisher nur aus meiner Großstadtwohnung kannte, wenn ich mich gehetzt von den Terminen und Aufgaben des Tages für wenige Stunden der Nacht ins Bett lege. Das Spiel namens Schlaflosigkeit. Dieses Spiel läuft bei mir folgendermaßen ab: Man legt sich in sein Bett und hört zu, wie eine halbe Stunde nach der anderen stiller wird und die Stadt im Schlaf versinkt. Dies geschieht aber, ohne dass man selbst einschläft. Dann zählt man die Viertelstunden nach dem Schlag der Kirchturmuhr und bleibt wach – Stunde um Stunde. Grübelt sich durch seine Beziehungen und Pläne und Pannen. Spürt das Schlagen des Herzens in der Brust, das noch an Fahrt aufnimmt, wenn einem unvermittelt eine peinliche Situation von vor Jahren einfällt, für die man sich noch immer schämt. Adrenalin ist einfach Scheiße, früh um halb zwei. Man dreht sich auf den Bauch, auf die Seite, den Rücken. Das Kissen wird zum Boxgegner, das Laken wickelt sich lästig aufdringlich um den Unterschenkel. Zu Hause hätte ich zumindest noch die Glotze. Aber hier ...

Hätte ich gekonnt, ich wäre aufgestanden, um zu joggen. Laufen wollte ich, erkannte aber sofort den Wunsch nach Flucht. Ich wagte es also nicht, zumal ich gar nicht wusste, ob ich aus dem Kloster überhaupt raus- und wenn ja, jemals wieder reinkommen würde.

Hier hatte ich keine Chance, die üblichen Auswege zu nehmen. Hier wurde meine Schlaflosigkeit zu einer Art Gebet. Ich lag einfach da, untätig, hilflos, allein, und ließ mich von der unerforschlichen Tyrannei der Zeit erdrücken. Die Matratze wurde zum Altar und ich gab mir keine Mühe mehr zu verstehen, in welchem Sinne ich das Opfer meiner Selbst, der eigenen Umstände, Hektiken und Hilflosigkeiten geworden war. So lag ich nun da, im Tal mit der Eule. Schlaflos, hellwach und wehrlos.

Die Einsamkeit und die Stille zwangen mich, mir selbst zuzuhören. Hinhören, was ich denn eigentlich wirklich will. Nicht nur das zu hören, was andere von einem wollen – sondern mich. Und dann wurden mir wieder Dinge wichtig, die so nebensächlich erscheinen, wenn man so lebt, wie man heute halt lebt. Aber genau das wollte ich jetzt. Die Geborgenheit aufrichtiger Freundschaften, die sich verlieren, weil man dem Freund nicht zuhört, sondern nur von den eigenen Erfolgen erzählt. Die Nähe der eigenen Familie, die aus dem Auge rutscht, weil man meint, das Elternhaus überboten zu haben. Und die Entspanntheit fauler Stunden, die man sich selbst verbietet, weil einem beigebracht wurde, dass das Leben kurz und die Möglichkeiten unendlich seien. Hier schien das umgekehrt. Die vielen Möglichkeiten griffen nun viel zu kurz und ein Hauch von Unendlichkeit durchzog für einen Augenblick mein Leben.

Ich weiß nicht, wie lange ich so dalag. Die Turmuhr verstummte irgendwann. Das karge Zimmer roch etwas muffig, die Scheiben waren in den Ecken leicht beschlagen. Draußen eine klare, blauschwarze Nacht. Die Silhouetten der knorrigen Kiefern schienen noch schwärzer als schwarz zu sein. Die Schlichtheit dieser Umgebung, der fehlende Schlaf, die Einsamkeit. Mir schien, als hätte Gott nun zwar Raum, mich aber völlig vergessen.

Wo war Gott jetzt nur? Bei den Mönchen? Bestimmt. Diese hageren Männer leben hier seit Jahrzehnten ein gottgefälliges Leben. Sie beten, bestellen die Felder und bieten ihre Waren zum Verkauf an. Sonst nichts. Und das immer am selben Ort. Still, stabil und streng. Sehr streng. Aber nur zu sich selbst.

Es schien mir bei der Begegnung vor dem Abendessen, dass den Mönchen diese Strenge im eigenen Leben eine unglaublich gewinnende Milde anderen gegenüber ermöglicht. Da war nichts Bitteres oder Dressiertes. Auch hatte ihre Art nichts Weichliches, üppig geschminkt blumig parfümiert Tantenhaftes, sondern ihr Lächeln war brüderlich, ihre Freude über uns auch. Ihre Augen leuchteten, als würden je zwei Kerzen dahinter brennen. Ich bekam so etwas wie eine Ahnung durch diese durchsichtigen, bärtigen Mönche, denen der Bruder Schneidermönch offenbar einen viel zu großen Habit verpasst hatte. Oder Bruder Koch absichtlich an der falschen Stelle sein Offizium versieht und es sicherlich bessere Köche gäbe. Nein, Gott hatte die Mönche hier nicht vergessen – davon war ich schnell überzeugt.

Aber hatte Gott mich vergessen? So gottgefällig und einfach wie die Mönche lebte ich nicht. Oder war es umgekehrt? Hatte ich vielleicht Gott vergessen?

Wie geht beten?

In den Jahren meiner Jugend war das Gebet in allen möglichen Formen ein fester Bestandteil meines Lebens. Ob ich die Psalmen murmelte – die Handvoll, die ich auswendig draufhatte – oder die Lieder aus Gnadenthal auf Kassette hörte, die schmachtigen Lobpreislieder sang oder einfach mit Jesus redete, als würde er neben mir im Auto sitzen, war dabei egal. Jedenfalls fiel mir diese erste Liebe auf meinem klösterlichen Lager wieder ein. Ein Kuss auf die Stirn. Ich weiß nicht, ob ich es verkläre, wenn ich sage, dass ich damals Tag und Nacht das Gefühl hatte, von Gott umgeben zu sein und mit ihm reden zu können wie mit einem imaginären Freund. So etwas hatte ich als Kind nie. Schließlich sind wir vier Geschwister und ich habe einen Zwillingsbruder. Aber vielleicht ... ja, vielleicht. Ach, lassen wir die psychologische Welterzählung einfach. Das ist albern. Als wüsste der Verstand über die Seele und ihren Erschaffer besser Bescheid als über sich selbst.

Doch im Lauf des Studiums und der ersten Berufsjahre verlor das Gebet seinen zentralen Platz. Gar nicht absichtlich. Eher schleichend. Und wahrscheinlich nicht nur wegen der sich ständig ändernden Voraussetzungen und Umstände in meinem Leben. Sondern auch weil Gott selbst ein seltsamer Partner geworden ist. Schließlich bestreite ich inzwischen mit dem lieben Gott meinen Lebensunterhalt, verdiene mein Geld an ihm. So wurde Gott zu jemandem, mit dem man gut Freund bleiben muss, um keine Probleme zu bekommen, und dessen Gegenwart man nicht gerade ungebrochen genießt, weil ja fast alle um einen herum einem das Gefühl geben, dass dieser imaginäre Freund ja schon etwas peinlich ist. Und einer gewissen Plausibilitätslücke nicht entbehrt.

Die Stille hier im Kloster aber warf mich wieder schonungslos auf Gott zurück, weil alles an Ablenkung endlich einmal schweigen musste. Nein, Gott vergisst nicht. Aber ich hatte vergessen, wie man betet, wo er zu finden ist und wie gut er ist. So lag ich nun da, schlaflos, einsam und gottvergessen. Und erkannte, dass diese Gedanken und Gefühle bei mir, wie wohl bei den meisten gläubigen Menschen auch, recht zögerlich auf der Schwelle zum Bewusstsein verharren. Weil, wenn man sie zulässt ...

Draußen in der weiten Welt lief das Leben genauso weiter wie immer. Draußen, wo es Nacht ist, ist vielleicht ein Mensch, der in den schwarzen Nachthimmel schaut, eine raucht und plötzlich begreift, dass etwas, was er getan hat, furchtbar ist. Völlig unerwartet befällt ihn Trauer und er entdeckt, dass er beten kann.

Langsam zog es mir die Augen zu. In dem Zustand zwischen Wachsein und Einschlafen fallen einem ja oft merkwürdige Dinge ein. Erinnerungen, Gerüche, Menschen oder Lieder. Ein solches kam in mir hoch. »Stille Nacht« summte es in meinem Kopf. Ja wirklich! Mitten im September. Gut, es stimmte ja, still war es. Nacht auch. Aber es war nicht Weihnachten. Es war Spätsommer.

Ein Weihnachtsbild kam hoch: meine drei Geschwister, meine Eltern und ich vor der kitschigen Krippe mit Siebzigerjahre-Figuren aus hartem Plastik und den Worten aus dem Mund von Vati: *Es begab sich aber zu der Zeit, dass ein Gebot von dem Kaiser Augustus ausging ...* Wenige Stunden vorher hatte ich stolz im Gottesdienst beim Krippenspiel den Josef gegeben. Schlaflos in Bethlehem, einsam in einem fremden Landstrich und gott- wie menschenvergessen in einem Stall. So habe ich die Szene in Erinnerung. Armer Josef, arme Maria – armer Jesus. Weiß Gott, die Stille wird der kleinen Familie das bange Herz zerbrüllt haben. Die Stille, nachdem Maria ihre Geburtsschmerzen in die schwarze Nacht hinausgeschrien hatte.

Die stille Nacht ist der Ort, wo Gott ist. Das schenkt Weihnachten. Seine stille Macht erweist sich in einem Kind. Gott teilt sich mit, er zeigt sich, er sucht die Nähe von Menschen.

Das war mein letzter Gedanke.

Dann bin ich eingeschlafen.

Beatrice von Weizsäcker

Wenn die Glocken Ruhe bringen

Glauben heißt: die Unbegreiflichkeit Gottes ein Leben lang aushalten.

(Karl Rahner)

Seelenzuckerl

Die Fastenzeit ist eine karge Zeit. Sie ist Verzicht, Enthaltsamkeit. Man geht in sich und denkt viel nach. Da geht es nicht um Spaß, da ist fast alles ernst.

Mitten in diese Kargheit hinein hatte die Jugendstelle Landshut einmal eine wunderbare Idee. Sie sammelte auf Instagram persönliche Himmelreichmomente. Es war der erste Fastensonntag, und es ging um die Worte: *Die Zeit ist erfüllt, das Reich Gottes ist nah. Kehrt um und glaubt an das Evangelium.* (Mk 1,15) Hashtag #seelenzuckerl.

»Wenn Jesus vor über 2000 Jahren davon gesprochen hat, dass das Reich Gottes nahe ist, dann können wir doch aus unserer jetzigen Perspektive sagen: 2000 Jahre später hat das Himmelreich schon begonnen, es ist schon da!!!«, schrieben die Initiatorinnen. »Vielleicht haben wir es nicht immer direkt vor Augen oder sehen unsere persönlichen Himmelreichmomente nicht immer gleich. Also lasst uns auf die Suche gehen – wo fängt dein Himmelreich an? Welchen Himmelreichmoment möchtest du festhalten?«

Es dauerte keine zehn Sekunden, da schrieb ich: »Bei Sonnenaufgang Gott erleben.« Nur Minuten später postete die Jugendstelle meinen Satz mit einem wunderschönen Bild in ihrer Story.

Und eine unendliche Sehnsucht ergriff mich. Die Sehnsucht nach St. Ottilien. Einfach nur da zu sein. Vom Sonnenaufgang bis zu ihrem Untergang.

Sehen

Nie werde ich meinen ersten Aufenthalt im dortigen Kloster vergessen. Auch wenn es nur fünf Tage waren.

Der erste Jahrestag der Berliner Katastrophe stand bevor, und ich wollte fort aus München, weg von den Menschen, die ich kannte. Ich suchte die Stille, die Abgeschiedenheit, um ruhig zu werden. Um Kraft zu schöpfen. Um gerüstet zu sein für die kommende Zeit.

Im Internet fand ich einen Kurs in der Erzabtei St. Ottilien, Fotografie und Kontemplation hieß er. Es waren Schweigeexerzitien, die gerade noch abgehalten werden konnten, bevor das Kloster wegen des Lockdowns seine Pforten schließen musste.

Der Alltag war bestimmt vom Leben der Benediktinermönche. 5.40 Uhr Vigil und Laudes, 8 Uhr Messe, 12 Uhr Mittagshore, 18 Uhr Vesper. Dazwischen Kontemplation, Schweigen, Stille. Schließlich am Abend noch einmal Kontemplation.

Und fotografieren.

Gottes Spuren nachgehen, sie ergründen – in der Kirche, im Exerzitienhaus, im Freien, überall. Im Himmel und auf Erden, zu jeder Zeit. Und immer allein.

In der Dunkelheit am frühen Morgen, in der es so leise war, dass der Tau in den Blättern laut war wie dicke Regentropfen; später im Nebel über den weiten Feldern, bevor der Dunst das Geheimnis der Landschaft lüftete und die Sonne in den Tag hineinschien. In der Kirche, deren Schönheit so groß ist wie ihre Größe schön; in der das Licht sich ändert und von Stunde zu Stunde alles anders aussieht, die Kuppel, die Fenster, vor allem der Christkönig vorne im Altarraum, der ganz besonders, mit dem türkisenen Kristallbogen um seine Gestalt, der mal hell war wie der Frühlingshimmel und mal dunkel wie die Abenddämmerung. Im Klostergarten mit einem kleinen See und einer Bank, die zum Verweilen einlädt, und einem Holzverschlag, in dessen Ecken feine Spinnweben vorsichtig hin- und herschwebten. Im Klosterladen, der eigentlich tabu war (wegen der Ablenkung), wo die Gesänge der Mönche erklangen und kleine Erinnerungen nur darauf warteten, mitgenommen zu werden. Im Speisesaal, in dem es so still war, dass man jeden Bissen hörte. Und dort, an der Wand, ein Kreuz, ganz schlicht, aus hellem Holz, das mich gleich beim ersten Blick in seinen Bann zog, weil die Füße des Gekreuzigten übereinanderliegen, als wolle der eine Fuß den anderen beschützen. Das schlichte Metallkreuz in meinem Zimmer, das sonst gänzlich schmucklos war, mit einem violetten Stein in der Mitte, dort, wo das Zentrum ist, das Herz. Und irgendwo, irgendwann auf meinem Weg ein kleiner Stein zu meinen Füßen, weiß mit einem dunklen Muster, das aussieht wie ein Mönch, der durch die Gegend geht. Ein kleiner Mönch, der jetzt bei mir herumspaziert.

Gott in allen Dingen suchen, Gottes Spuren sichtbar machen.

Sichtbar in einer Abtei, deren Namenspatronin blind zur Welt gekommen war, durch die Taufe mit zwölf Jahren sehend wurde und ihr Leben fortan Gott weihte.

Ausgerechnet.

Hören

Klosterzeit ist Beten. Mit jedem Atemzug. Gott einatmen, Gebet ausatmen. Beten ohne Worte. Gebete spüren. Beten fühlen. Beten hören. Sich beten lassen. Und gebetet werden.

Bei jedem Schritt durch die schöne Landschaft. Schauen und hören. Staunen über das, was ist. Hören auf das, was kommt. Einatmen, lauschen. Ausatmen, staunen. Schritt für Schritt. Und hin und wieder stehen bleiben.

In St. Ottilien kam ich mir manchmal vor wie Beppo, der Straßenkehrer aus Michael Endes »Momo«. Er lässt sich nie irritieren, und sei die Straße noch so lang und noch so schmutzig. Beppo macht nach jedem Schritt einen Atemzug und nach jedem Atemzug einen Besenstrich. Schritt – Atemzug – Besenstrich. Schritt – Atemzug – Besenstrich. Dazwischen bleibt er manchmal ein Weilchen stehen und schaut vor sich hin. Dann geht er weiter. Schritt – Atemzug – Besenstrich. Und die Straße wird sauber, ohne dass es ihm Mühe gemacht hatte, ja, ohne dass er es merkte.

Und während er sich »dahinbewegte«, wie Michael Ende so unnachahmlich schreibt, hinter sich die gereinigte Straße, vor sich die schmutzige, »kamen ihm oft große Gedanken. Aber es waren Gedanken ohne Worte, die sich so schwer mitteilen ließen wie ein bestimmter Duft, an den man sich nur gerade eben noch erinnert, oder wie eine Farbe, von der man geträumt hat«.

Gedanken ohne Worte …

Mir ging es im Kloster ganz ähnlich, draußen in der Natur, beim hörenden Staunen und staunenden Hören, beim Beten. Auch ich sah Farben und bemerkte Gerüche, für die es keine Worte gibt, während ich mich zwischen den Feldern dahinbewegte. Was ich wahrnahm, war wortlos wahr.

Schritt – Atemzug – Stille.

Einatmen, lauschen. Ausatmen, staunen. Mehr nicht. Nur das. Schritt für Schritt. Das Unaufgeräumte lag hinter mir, es war auf einmal weg. Was vor mir lag, war klar.

Und der Blick weitete sich wie die Sicht in St. Ottilien, nachdem der Nebel sich hebt. Dann kann man die Alpen sehen. Und es klärten sich Dinge, aber ich weiß nicht, wie das geschah. Es hatte mir keine Mühe gemacht.

Schritt – Atemzug – loslassen.

Einatmen, lauschen. Ausatmen, staunen. Gott einatmen, Gebete ausatmen. Und mittendrin eine unerklärliche Gegenwart, unglaublich, unbeschreiblich, unfassbar, uneinfangbar in Bildern, weil man auf Fotos nicht sehen kann, was ich dort sah.

Das ist wohl gemeint, wenn es im Großen Glaubensbekenntnis heißt:

Wir glauben an den einen Gott, den Vater, den Allmächtigen, der alles geschaffen hat, Himmel und Erde, die sichtbare und die unsichtbare Welt.

Die unsichtbare Welt. Ihre Unergründlichkeit.

Genau das widerfuhr mir in St. Ottilien; mir, die die Welt so gern ergründet, die sie ergründen will, um zu verstehen, was los ist.

Die meint, sie ergründen zu müssen, um sich zu verstehen. Die wissen will. Und nicht nur glauben.

Schritt – Atemzug – Gegenwart.

Einatmen, lauschen. Ausatmen, staunen. Nichts müssen. Nichts wollen. Nichts wollen müssen. Nichts müssen wollen. Nichts wissen wollen, nichts wissen müssen. Nichts ergründen, nichts verstehen, schon gar nicht mich selbst. Nicht mehr reden. Nichts mehr denken. Nur schweigen, spüren, hören.

Einatmen – ausatmen – aufatmen.

Und sich beten lassen.

Und ich verstand auf einmal, was Søren Kierkegaard einst über das Beten schrieb:

»Als mein Gebet immer andächtiger und innerlicher wurde, da hatte ich immer weniger und weniger zu sagen. Zuletzt wurde ich ganz still. Ich wurde, was womöglich noch ein größerer Gegensatz zum Reden ist, ich wurde ein Hörer. Ich meinte erst, Beten sei Reden. Ich lernte aber, dass Beten nicht bloß Schweigen ist, sondern Hören. So ist es: Beten heißt nicht, sich selbst reden hören. Beten heißt still werden und still sein und warten, bis der Betende Gott hört.«

Diese Sätze standen unter dem Programm unseres Kurses, die ganze Zeit. Doch ich entdeckte sie erst, als die Zeit vorbei und ich wieder in München war. Auch dann erst erkannte ich, dass ich sie tatsächlich zum ersten Mal begriffen hatte. Dass ich nicht ergründen muss, was unergründlich ist.

Der Glaube ist kein kleiner zurückgebliebener Bruder vom Wissen, er ist auch kein löchriger Strumpf, der mit Wissensfäden gestopft werden muss. Im Gegenteil. Der Glaube ist der Faden, der alles zusammenhält. Je unergründlicher und löchriger die Welt ist, desto mehr.

Wie oft wünsche ich mich in diese Stille zurück. Wenn die Gedanken anfangen, sich zu drehen, wenn sie in meinem Kopf hin- und herjagen, wenn sie von allen Seiten gleichzeitig kommen, von links und von rechts und oben und unten wie kleine Blitzschläge. Und ich partout nicht beten kann, obwohl ich beten will. Wenn mir selbst das Vaterunser im Halse stecken bleibt und es mir nicht einmal gelingt, die ersten beiden Worte auszusprechen: »Vater un- ser ...« Und jedes Geräusch viel lauter ist, als es in Wahrheit ist.

Dann sehne ich die Stille herbei, die ich im Kloster fand. Dann versuche ich, nicht mehr zu reden und weniger zu denken. Und stattdessen zu hören. Ach ...

Manchmal genügt die Erinnerung an das, was war: einatmen, lauschen. Ausatmen, staunen. Und an das, was Beten ist: still wer- den und warten. Warten, bis Gott sich zeigt. Bis ich ihn höre. Mit einem Schritt und einem Atemzug.

Oft gelingt es nicht.

München ist eben nicht St. Ottilien.

Schweigen

Klosterzeit ist Fastenzeit. Nichtreden, Nichtwichtigsein, Nicht-Ich- Zeit. Klosterzeit ist Schweigen, ist Ruhe, mit Ausnahme der Glocken der Kirche. Sie bestimmten den Rhythmus dieser Tage, in denen es still war und ich ganz still wurde. Die mich demütig werden ließen, wenn ich ungerecht war. Und gehorsam, was ich sonst nicht bin. Im Kloster wurde ich gehorsam, weil ich das Wort hier anders verstand. Ich wurde gehorsam, weil ich horchte. Weil ich auf Gott hörte. Weil ich zu ihm gehöre, was ich hier viel stärker empfand als anderswo.

Da verrauchte alles, was ich vorher in mir trug.

Still sein. Allein sein. Umkehren. Umdenken. In sich gehen und der Versuchung widerstehen, es besser zu wissen. Darauf verzichten, die anderen zu beschuldigen. Unerreichbar sein für das Draußen, ob Menschen oder Nachrichten, unberührt von Dingen, auf die man sonst meint, nicht verzichten zu können. Und erreichbar werden für Gott und seine Gaben. Empfänglich werden für das, was Gott mir sein und geben will. Was er mir sagen will, während ich schweige. Und dem Engel folgen, der im Elias von Mendelssohn singt: *Sei stille dem Herrn und warte auf ihn; der wird dir geben, was dein Herz wünscht. Befiehl ihm deine Wege und hoffe auf ihn.* (nach Ps 37,7)

Klosterzeit ist Gnadenzeit, Versöhnungszeit. Mit mir und den anderen. Mit Gott, der Versöhnung bringt und Gnade bewirkt.

Und dann hören, was Gott seinem Sohn, der die Verzweiflung so gut kannte, sagte, bevor ihn der Geist in die Wüste trieb, in die Einsamkeit, in der Jesus vierzig Tage blieb, in der er vom Satan in Versuchung geführt wurde und bei den wilden Tieren lebte, »und die Engel dienten ihm« (was für eine wunderbare, sparsame Sprache): *Du bist mein geliebter Sohn, an dir habe ich Gefallen.* (Mk 1,11)

Und hoffen, dass Gott auch an mir Gefallen findet – ja, vielleicht sogar hat. Trotz meiner Fehler.

Und mit meinen Fehlern.

Die Seele, weit geöffnet

Doch nicht alles ist rosig im Kloster. Die Stille, das Schweigen, das Für-sich-Sein, trotz Gruppe. Die Gedanken beginnen zu kreisen. Das Herz fängt an umherzuziehen, fort aus St. Ottilien, hin zum Alltag, den man doch loswerden will. Zu den Sorgen und dem Kummer. Zu den Kämpfen und den Zweifeln. Zu dem Unglück in Berlin und der unendlichen Trauer.

Und alles ist wieder da, der Mord, der Prozess, die Bilder, die Erinnerungen. Plötzlich sind nicht nur die Tautropfen lauter als sonst, auf einmal verschafft sich alles Gehör, verschafft sich Zutritt zum Kloster, was dort nicht hingehört, dringt vielleicht noch stärker ins Herz vor als sonst. Weil die Seele weit geöffnet ist. Und alle Sinne geschärft sind, das Sehen und das Hören, das Empfinden und Spüren. Weil man hier alles aufnimmt, das Gute, das Erhabene, Ergreifende. Aber auch das, was dort nichts zu suchen hat. Was von einem selbst Besitz ergreift. Wieder einmal.

In der Stille des Klosters liegt nicht nur Frieden. Grundfragen melden sich zu Wort. Weil man nicht fliehen will aus dem Schutzraum und der Schutzraum keinerlei Ablenkung bietet. Und man ganz auf sich gestellt ist.

Und alleine ist. Mit sich und seinem Gott.

Und man wieder, schon wieder anfängt, Gott zu fragen: warum? Man fragt, weil man nicht anders kann. Obwohl man weiß, dass es keine Antwort gibt. Nicht auf das Warum und nicht nach dem Sinn.

Und dann, auf einmal, antwortet er doch. Er sagt nichts zum Sinn und dem Warum, wie könnte er auch. In St. Ottilien antwortete Gott mir mit einem Satz, den ich nicht mehr vergessen will, er stammt vom Kirchenvater Franz von Sales: »Wenn dein Herz wandert oder leidet, bring es behutsam an seinen Platz zurück und versetze es sanft in die Gegenwart Gottes.«

Der Benediktinermönch, der den Kurs leitete, hatte den Satz ausgewählt, als er noch nichts wusste von Berlin. Es war, als hätte Gott einen Engel geschickt, in Gestalt eines Mönches. Und ihm diese Worte eingeflüstert.

Wie einen heiligen Vers wiederhole ich den Satz, mantraartig, wieder und wieder, bis er einen Rhythmus findet in meinem Ein- und Ausatmen. Ich spreche ihn in der Kirche und auf den Feldern. Ich flüstere ihn beim Essen und vor dem Einschlafen. Ich sage ihn mir beim Aufwachen, da besonders, weil es keinen schutzloseren Moment gibt in meinem Leben als den. Bis er sich selbst sagt, in mir.

Und ich werde wieder ruhig. Ruhig in der Stille. Ruhig trotz der Stille. Ruhig beim Schweigen. Ruhig in Gottes Hand und Gegenwart. Ruhig und getröstet, obwohl der Schmerz nicht fort ist.

Das Mysterium

Vielleicht reagierte ich so stark auf den Satz, weil Gott es so wollte. Weil er mir sagen wollte, es ist, wie es ist, es lässt sich nichts ändern an dem, was gewesen ist, nichts am Leben, nichts am Tod, nichts an München, nichts an Berlin. Nichts mehr. Es wird nicht mehr so sein, wie es einmal war. Nie wieder.

»Nie wieder«, dieses brutale Wort.

Und dennoch. Ich glaube, dass Gott mich wegen dieses »nie wieder« in seine Gegenwart zurückholen wollte. Sanft, weil es so hart ist. Immer wieder, weil die Erinnerung mich nicht loslässt. Vielleicht musste ich fallen, tief fallen, um zu erfassen, was es heißt, Gott zuzuhören. Ihn zu hören. Neu zu beten. Und neu zu sehen. Nicht nur im Kloster.

Tatsächlich erkannte ich Gott in St. Ottilien neu, tatsächlich wurde auch mein Gebet ein anderes. Vielleicht konnte ich die Tiefe des Neuen erkennen, weil ich selbst in der Tiefe war. Und ich nichts sehen konnte vor Trauer. Als ich taub war. Und blind.

»Zuerst musste er zu Boden geworfen, dann aufgerichtet, zuerst verwundet, dann geheilt werden«, schrieb Augustinus über Saulus, der vor Damaskus plötzlich von einem hellen Licht getroffen und zu Boden geworfen wird. Und blind wird für drei lange Tage.

»Damit sein Herz hell würde von innerem Licht, wurde ihm das äußere für eine Zeit lang genommen. Dem Verfolger wurde es genommen, dem Verkündiger sollte es wiedergegeben werden«, schreibt Augustinus weiter. »Während der Zeit, in der er sonst nichts sah, erblickte er Jesus. So wurde in seiner Erblindung das Mysterium der Glaubenden dargestellt; denn wer an Christus glaubt, muss ihn sehen. Alles andere muss werden, als wäre es nie geworden, damit für das Herz die Geschöpfe ihren Geschmack verlieren, der Schöpfer aber zum Wohlgeschmack wird.«

Gewiss, der Vergleich hinkt, denn ich bin nicht Paulus, zu dem Saulus durch seine Bekehrung wurde. Weder war ich vorher eine Verfolgerin von irgendwem noch verkündigte ich nachher irgendwas. Und dennoch erkannte auch ich in der Dunkelheit, wer Christus ist. Dass er in mein Leben strahlt, dass er Licht in mein Leben bringt, auch wenn dort alles finster ist. Weil ich ihn sah.

Nur das »*Alles muss werden, als wäre es nie geworden ...*«, das Augustinus erwähnt, will mir nicht in den Sinn. Denn es war ja alles gewesen. Es bestimmt doch mein Leben jeden Tag. Das unfassbare Berlin. Das, was dort geschah, was ich nicht verstehen kann, noch jemals verstehen werde. Und dann ist da Gott. Und Jesus. Dieser Bruder. Und mein Glaube. Noch ein Bruder. Der große Bruder vom Wissen. Und es passt nicht zusammen.

»Glauben heißt: die Unbegreiflichkeit Gottes ein Leben lang aushalten«, schrieb Karl Rahner. Das trifft meine Lage ziemlich gut.

Gott hatte mein Herz wieder hell werden lassen von innerem Licht, nachdem mir das äußere genommen war. Er hatte mich hören lassen, nachdem ich taub geworden war. Er hatte mich wieder sehen lassen in meiner Tränenblindheit. Wie er das geschafft hat, weiß ich nicht.

Gott ist wirklich seltsam.

***

Die Tage im Kloster vergehen. Aber sie vergehen nicht, wie Tage sonst vergehen, mal schneller, mal langsamer. Vielmehr sind sie immer Gegenwart. In St. Ottilien bemisst sich die Zeit nach ganz anderen Maßstäben. Gewiss, der Rhythmus der Tage wird bestimmt von den Gebeten der Mönche, und die Kirchenglocken geben den Ton an. Und manchmal bricht man auch ein, weil das Draußen nach innen dringt.

Und doch ist das Leben im Kloster wie ein Dahinbewegen in Zeitlupe; ein Schweben, das kein Gestern und kein Morgen kennt. Es ist eine Zeit, die das Jetzt nie verlässt.

Fünf Tage war ich in dort, fünf Tage und Nächte voller Gegenwart. Ich werde wieder hinfahren. Nicht erst, wenn mein Herz wieder fortläuft. Wenn es anfängt zu wandern.

Wenn meine Sehnsucht allzu groß wird, schaue ich auf das Foto vom schönen Christkönig in der Klosterkirche. Wie er leuchtet, wie er strahlt … Das Bild hängt neben dem kleinen Kreuz aus der Basilica di San Clemente in Rom, dem Bruder-Kreuz.

Als passe Jesus auf ihn auf.

München

> **Beatrice von Weizsäcker**
> Hauptsache die Tattoos sind drin

> **Beatrice von Weizsäcker**
> Ich freu mich schon auf meins

> **Norbert Roth**
> Hihi

> **Beatrice von Weizsäcker**
> Weils von dir ist :))

> **Norbert Roth**
> Ich däddowier dich net

> **Norbert Roth**
> 😂

> **Beatrice von Weizsäcker**
> Schaaadeeeeee

> **Beatrice von Weizsäcker**
> Ein echter Roth auf meiner Haut
> Hach …

Beatrice von Weizsäcker
Kennst du ein Studio?

Norbert Roth
Gegenüber ist eins ;)))

Beatrice von Weizsäcker
Wo gegenüber?

Norbert Roth
Von mir

Beatrice von Weizsäcker
Nix wie hin :))

Norbert Roth
Hier in der Kreuz(!!)straße

Beatrice von Weizsäcker
Wenn das kein Zeichen ist*

*schreibt innerlich schon am Kapitel

Norbert Roth
😂

Beatrice von Weizsäcker
Ist es offen?

Norbert Roth
Denk schon

Norbert Roth
Muss ich mal abchecken

Beatrice von Weizsäcker
Plies
Worauf warten wir noch?

Norbert Roth
Aber so ein original Jerusalem Dadduh is
fei auch was Großes!!!

Nicht, dass wir dich nachm ersten
völlig zuhaken (ein hipper Begriff für
zutätowieren), weil du addicted wirst :))))

Beatrice von Weizsäcker

Da ist noch genug Platz unter der Sonne

Beatrice von Weizsäcker

Haltepunkte

HERR, du hast mich erforscht und kennst mich. Ob ich sitze oder stehe, du kennst es. Du durchschaust meine Gedanken von fern. Ob ich gehe oder ruhe, du hast es gemessen. Du bist vertraut mit all meinen Wegen. Zu wunderbar ist für mich dieses Wissen, zu hoch, ich kann es nicht begreifen.

(Ps 139,1–3,6)

Sichtbares und Unsichtbares

Bevor ich nach München kam, bin ich sechzehn Mal umgezogen. Es ist lang her, dass ich das gezählt habe, und ich bin mir auch nicht sicher, ob die Zahl stimmt. Es waren jedenfalls sehr viele Umzüge; zuerst mit der elterlichen Familie, dann während des Studiums an drei verschiedenen Orten, schließlich berufsbedingt erst in Bonn, dann, nachdem die Mauer fort war, in Berlin, natürlich, wo sonst.

Nun also München. Hier bin ich angekommen. Hier will ich bleiben.

Je unruhiger es wurde, und unruhig war es überall, desto mehr Haltepunkte brauchte ich. Das sind nicht nur Orte, an denen ich gerne bin (München) und zu denen ich immer wieder zurückkehre, wenn die Sehnsucht mich packt (Jerusalem! St. Ottilien!). Es sind vor allem Menschen, die mir Halt geben. Die, die waren, und die, die sind.

Haltepunkte sind auch Gegenstände wie das kleine Kreuz aus Rom, der Filzhund des einen Bruders und die Kunstwerke, die der andere eigens für mich geschaffen hat. Natürlich die Federn, die ihren Weg zu mir finden. Und manches mehr.

Haltepunkte sind schließlich Dinge, die ich immer bei mir habe. Ein kleiner Anhänger, eine katholische wundertätige Medaille mit der Gottesmutter Maria, die mir ausgerechnet ein protestantischer Freund geschenkt hatte, als ich noch evangelisch war; die »Mary«, wie wir immer sagen. Die Medaille ist klein und silbrig, ganz klassisch. Sie war mit mir schon in Israel und ist auch sonst stets da, wo ich bin. Auch das Kreuz an meiner Halskette gehört dazu. Außerdem Segenssprüche und kleine Bilder, die mir jemand mitgab, ein Foto von einer Kintsugi-Kunst zum Beispiel, bei der kleine Goldfäden zusammenhalten, was zerbrochen war. Sichtbare Spuren von Verletzungen. Alles ist griffbereit in der Handyhülle.

Und dann gibt es Haltepunkte, die man nicht sehen kann.

Erinnerungen gehören dazu. Momente, die den Boden unter meinen Füßen fest werden ließen, sodass ich noch heute sicher stehe, wenn ich an sie zurückdenke.

Der wichtigste Moment war und ist mir die Segnung mit dem Chrisam-Kreuz, jenem spürbaren, duftenden Heilsversprechen bei meiner Firmung, die Besiegelung des Bundes zwischen Gott und mir. »Die Ausstattung mit dem Heiligen Geist«, wie der Pfarrer sagte. Es ist ein Kreuz, das sich wie eine unsichtbare Tätowierung auf meiner Stirn niedergelassen hat und dort geblieben ist. Es war ein Zeichen der Nähe Gottes, gewiss. Im Augenblick der Segnung aber kam es mir vor, als sei Gott nicht bloß nah, sondern da, er selbst, in diesem Kreuz. Als salbe er mich, während der Priester sprach: »Sei besiegelt durch die Gabe Gottes, den Heiligen Geist.«

Ich weiß noch, dass ich vor dem Gottesdienst ein bisschen nervös gewesen war, freudig-nervös, weil Erwachsenenfirmungen so selten sind, und dann war es ausgerechnet ich … Doch als ich Gott spürte und den Priester sah, war alle Nervosität verflogen. Da gab es nur noch uns und Gegenwart. Gottes Gegenwart.

Bis heute habe ich das Firmgebet im Ohr, die Bitte um Zuspruch für mich:

Allmächtiger Gott,
Vater unseres Herrn Jesus Christus,
du hast unsere Schwester Beatrice in der Taufe von der Schuld
Adams befreit,
und du hast ihr aus dem Wasser und dem Heiligen Geist neues
Leben geschenkt.
Wir bitten dich, Herr,
sende ihr den Heiligen Geist, den Beistand,
gib ihr den Geist der Weisheit und der Einsicht,
des Rates, der Erkenntnis und der Stärke,
den Geist der Frömmigkeit und der Gottesfurcht.
Darum bitten wir durch Christus, unseren Herrn.
Amen

Musik – gehimmelt und geerdet

Ein anderer Haltepunkt ist die Musik. Auch die kann man nicht sehen. Das Singen und das Hören. Das Beteiligtsein an diesem Schöpfungswunderwerk und ein Teilsein davon. Ohne Musik wäre mein Leben ärmer, wäre mein Glaube geringer, ohne Frage. Ohne Musik hätte ich oft keinen Halt. Ich brauche sie wie die Luft zum Atmen. Oft ist Musik mein Gebet. Ich höre sie – und verstehe. Ich singe sie – und glaube.

Ich laufe viel und höre dabei fast immer Musik. Ich laufe, bis der Akku meines Handys leer ist. Wenn ich so vor mich hin spaziere, merke ich nichts von anderen Menschen, dafür umso mehr von der Gegend um mich herum, entdecke Dinge, die ich vorher nicht sah, große und kleine. Überall.

Ich bin oft im Nymphenburger Park, weil ich in der Nähe wohne. Er ist groß und wunderschön, ein Schlosspark, wie er im Buche steht. Mit uralten Bäumen, mit Rasen und Wiesen und verwunschenen Ecken, mit barocken Tempeln und einer versteckten Kirchenruine, mit Wasserfällen und einem Kanal, auf dem im Sommer manchmal eine Gondel fährt. Der Park ist in München sehr beliebt. Darum sind dort meistens viele Menschen.

Einmal, es war Winter und früh am Morgen, ging ich wieder einmal dort spazieren, und ich kam an einen Platz, auf dem niemand war. Nur Bäume und weite Flächen und der Schnee zu meinen Füßen und über mir der große blaue Himmel. Und ich streckte meine Arme aus und fing an, mich zu drehen wie ein Kind. Bis mir schwindelig war. Da merkte ich auf einmal, dass ich gar nicht allein war, sondern jemand mit mir da war: Gott. Gott über mir, Gott unter mir, Gott zu allen Seiten, Gott überall. Auch in mir.

Dann war der Akku aufgebraucht und ich ging nach Hause, glücklich und beseelt und ganz verändert irgendwie.

Das ist es, was Musik bewirken kann. Sie kann mir den Himmel auf die Erde holen, mehr als Worte, mehr als Gottesdienste, mehr als Bilder, mehr als alles andere und auch mehr als (fast) alle Menschen, die ich kenne.

»Musik macht das Herz weich. Ganz still und ohne Gewalt macht sie die Tür zur Seele auf«, schrieb Sophie Scholl, und es stimmt. Musik erhöht meine Freude und befreit mich von Angst. Sie tröstet meine Trauer und gibt mir neue Kraft.

Wenn ich singe, geht es mir wie einst Paulus und Silas, die im Gefängnis saßen und um Mitternacht, zur dunkelsten Stunde, anfingen zu beten und Loblieder zu singen. *Und die Grundmauern meines Gefängnisses geraten ins Wanken und die Türen springen auf. Und alle Fesseln fallen von mir ab.* (nach Apg 16,25–26)

Musik begleitet mein Leben. Das ist durchaus wörtlich gemeint. Ich höre sie nicht nur, ich singe sie nicht nur, sie ist auch nicht bloß Teil meines Lebens. Musik begegnet mir und geleitet meinen Weg, immer wieder, als wisse sie, was los ist, was ich brauche und was mich gerade bewegt.

Es sind vor allem zwei Oratorien, bei denen es so war, beim Elias und dem Paulus, beide von Felix Mendelssohn Bartholdy. Kein anderes Werk hat mich und mein Leben so geprägt wie diese. Und ich habe auch kein anderes Werk je so gesungen wie diese beiden.

Weil sie ein Teil von mir waren.

Elias: steh auf

Ich hatte nie Angst vor dem Tod, vor dem Sterben schon, aber nicht vor dem Tod. Dafür aber eine Zeit lang eine merkwürdige Angst vor dem Leben als Tote. Ich träumte, in einem Irgendwo zu sein, in dem es nichts und niemanden gab. Keine Vergangenheit, keine Gegenwart, keine Zukunft, keine Menschenseele und auch keinen Gott. Es waren Albträume, ein Grauen vor dem Nichts. Keine Bibelstelle half, kein Psalm 23. Nichts.

Wie Elias wollte ich weg, fort von mir und weit weg von allem. Wie Elias wollte ich seufzen und klagen und rufen: *Es ist genug, so nimm nun, HERR, meine Seele.* Und schlafen. Traumlos schlafen. Ich wollte tun, was Elias tat.

Elias floh in die Wüste, legte sich unter den Wacholder und schlief. Er aß und trank zwar, als ein Engel kam und ihm geröstetes Brot und einen Krug Wasser brachte. Doch er stand nicht auf. Er legte sich wieder hin und schlief.

… es ist genug …

Der Engel aber gab nicht auf. Abermals brachte er Elias Brot und Wasser: *Steh auf und iss! Denn du hast einen weiten Weg vor dir.*

Da steht Elias auf. Er isst und trinkt und geht *durch die Kraft der Speise vierzig Tage und vierzig Nächte bis zum Berg Gottes, dem Horeb.* (1. Kön 19,8)

Auch zu mir kam damals ein Engel. Es war ein guter Freund. Sein Brot war das Zuhören, sein Wasser das Gebet. Er kam und blieb, bis er mich aufgerichtet hatte. Und tatsächlich stand ich wieder auf und konnte wieder gehen. Wie Elias.

Und meine Angst war weg.

Seither fürchte ich mich nicht mehr vor dem Nichts. Denn ich weiß, dass es das Nichts nicht gibt. Egal, wie weit der Weg ist, der vor mir liegt. Egal, ob ich lebe oder sterbe. Selbst wenn ich tot bin, ist da kein Nichts. Ich muss keine Heldin sein. Ich kann schwach und entmutigt sein. Ich darf verletzlich sein und verzweifelt.

Und wenn ich nicht weiterkann, schickt Gott mir einen Engel. Mit duftendem Brot. Und frischem Wasser. Er tut es auch, wenn ich nichts davon merke. *Denn er hat seinen Engeln befohlen über mir, dass sie mich behüten auf allen meinen Wegen, dass sie mich auf den Händen tragen und ich meinen Fuß nicht an einen Stein stoße.* (nach Ps 91,11 f.)

Jedes Mal, wenn ich den Elias von Mendelssohn höre, und ich höre ihn oft, denke ich daran. An das »Es ist genug«, an den Engel, die Stärkung, an die grenzenlose Ermutigung und den Schutz. Und jedes Mal singe ich mit dem Chor: *Siehe, der Hüter Israels schläft noch schlummert nicht.*

Gott schläft nicht ... *das* zu singen!

Viele Jahre später erwarb ich eine Ikone, die das Leben des Propheten zeigt. Sie stammt aus Russland und hat etwa die Größe eines DIN-A4-Blattes. Es war das erste sichtbare Gotteszeichen, das ich besaß. Dass ich einmal eine Ikone erstehen würde, hätte ich vorher nicht gedacht, denn eigentlich bin ich keine besondere Ikonenfreundin. Die meisten sind mir zu finster. Und manche finde ich bedrohlich. Dabei sind sie ein »Bekenntnis zur Menschwerdung Gottes, zum Wert der Materie, zum Wahrheitsanspruch der Theologie und zur Ästhetik des Glaubens«, wie der orthodoxe Theologe Giorgos Vlantis zum Sonntag der Orthodoxie, dem Fest der Ikonen, einmal auf Facebook schrieb. Also ein Grund zur Freude.

Trotzdem. Diese Ikone wollte ich, obwohl auch sie ganz klassisch eher dunkel ist. Weil sie auf schönem Holz und in warmen Farben den ganzen Weg des Elias zeigt; die Finsternis, die Wüste, Elias schlafend unter dem Ginsterstrauch und den Engel, der ihn weckt; alle Höhen und Tiefen. Sein Leben. Mit Licht und Schatten.

Sie zeigt Elias, der betet: *Herr, es wird Nacht um mich; sei du nicht ferne! Verbirg dein Antlitz nicht vor mir! Meine Seele dürstet nach dir wie ein dürres Land.* Doch der Herr, den er anruft, geht vorüber.

Sie zeigt den starken Wind, der die Berge zerriss und die Felsen zerbrach. *Aber der Herr war nicht im Sturmwind.*

Sie zeigt die Erde, die erbebte, und das Meer, das erbrauste. *Aber der Herr war nicht im Erdbeben.*

Sie zeigt das Feuer, das nach dem Erdbeben kam. *Aber der Herr war nicht im Feuer.*

Und schließlich das Eigentliche, das stille sanfte Sausen, das dem Feuer folgte. *Und in dem Säuseln nahte sich der Herr.* Auch das kann man sehen, wenn man genau hinschaut.

Die Ikone ist ein sichtbarer Halt eines unsichtbaren Haltepunktes. Sichtbarkeit und Unsichtbarkeit in einem. Ja, auch so etwas gibt es in Gottes seltsamer Welt.

Saulus: welch eine Liebe

Noch wichtiger als der Elias wurde mir ein anderes Oratorium. Auch das habe ich mitgesungen, viele Jahre später in München. Es ist der Paulus von Felix Mendelssohn Bartholdy. Auf kein anderes Konzert hatte sich der Chor intensiver vorbereitet. Wir studierten die Bibelstellen und setzten uns mit Kunstwerken auseinander, die Paulus darstellten. Dazu gehörte auch Caravaggios Bild von der Bekehrung des Paulus. Ich hatte es fotografiert, nachdem ich es in der S. Maria del Popolo in Rom entdeckt hatte, und gleich unserem Chorleiter geschickt.

Wir beschäftigten uns mit der Familie Mendelssohn, den Eltern, die ihre Kinder protestantisch taufen ließen, obwohl sie selbst noch nicht zum Christentum übergetreten waren. Wir erfuhren, wie leidenschaftlich sich Felix Mendelssohn mit den biblischen Texten befasst hatte und doch die jüdischen Wurzeln seiner Familie nicht vergaß. Es ist, als hätte er in die Wandlung des Saulus zum Paulus eigene Erfahrungen hineinkomponiert.

Das Konzert konnte kommen. Wir probten bereits in der Kirche, und langsam gewöhnten wir uns an die Akustik. Der Chor war gerüstet.

Gerüstet für die Steinigung des Stephanus und das erbarmungslose *Weg, weg mit dem! Er lästert Gott, und wer Gott lästert, der soll sterben!*. Vorbereitet auf das Damaskusereignis, als Saul die Stimme Jesu hört, die nur von uns Sopranistinnen und Altistinnen gesungen wurde, ohne die Tenöre und die Bässe ... Bereit für das erlösende *Sehet, welch eine Liebe hat uns der Vater erzeiget, dass wir sol-*

len Gottes Kinder heißen. Und für den gewaltigen Schlusschor: *Lobe den Herrn, meine Seele, und was in mir ist, seinen heiligen Namen. Ihr Engel, lobet den Herrn!*

Und dann, am Dienstag, fünf Tage vor der Aufführung, kam die Nachricht aus Berlin.

Schweigen. Entsetzen. Fassungslosigkeit. Die Sorge um die anderen. Telefonieren. Züge buchen. Telefonieren. Züge wieder stornieren. Denn die Familie wollte, dass ich singe. Dass ich für Fritz singe, für die Brüder und den Vater. Doch zur Probe am Mittwoch ging ich nicht.

Am späten Mittwochabend kam eine Nachricht per WhatsApp. Mit einem Foto vom Chor. Aus der Kirche. Von allen. Mit Kerzen. Jedes Chormitglied hielt eine Kerze in der Hand. Dazu die Worte: »Wir sind alle bei dir – dein Chor! Und wir alle halten das Licht in den Händen, das der Dunkelheit trotzt.«

Der Chor hatte in der Zeit der Sprachlosigkeit die einzig mögliche Sprache gefunden: die des Lichts. Das Licht des Glaubens und der Hoffnung auf ein ewiges Leben. Das Licht, das auch im Paulus-Oratorium eine so zentrale Rolle spielt. Ein Licht, das alles verändert.

Es hat lange gedauert, bis ich mir die Gesichter anschauen konnte, die vom Kerzenschein beleuchtet sind. Und es fällt mir zuweilen heute noch schwer. Aber diese Geste, dieses Zeichen, dieses Licht, das der Dunkelheit trotzte, aus meiner Kirche werde ich nie vergessen.

Am Tag darauf schickte mir mein Chorleiter ein Foto von den Noten eines Chorals: *Dir, Herr, dir will ich mich ergeben, dir, dessen Eigentum ich bin. Du nur allein, du bist mein Leben, und Sterben wird mir dann Gewinn. Ich lebe dir, ich sterbe dir, sei du nur mein, so g'nügt es mir.* »Ich übe gerade den Choral und du gehst mir nicht aus dem Kopf«, schrieb er. Und ergänzte: »Wo uns der Glaube gelingt, hält er uns. Wo er uns nicht gelingt, halten wir uns hier auf Erden. Beides ist kostbar und beides erzählt von Gott.« Und die Tränen liefen mir übers Gesicht. Das *Ich lebe dir, ich sterbe dir, sei du nur mein, so g'nügt es mir* hatte mich von Anfang an am tiefsten berührt. Ich glaube nicht, dass mein Chorleiter das wusste. Als ich es ihm sagte und auch, dass ich trotz allem mitsingen wolle, antwortete er: »Wir halten dich, wo du es brauchst, und wir lassen dir Ruhe, wo du es brauchst.«

So getragen, gehalten und beschützt von allen, von jeder und jedem, war es mir möglich, das Konzert mitzusingen. Selbst das »Ich sterbe dir«.

Ich konnte auch singen, weil im Publikum jemand saß, der auf mich achtete, der da war – für mich. Immer wieder tauschten wir Blicke, nickte er mir ermutigend zu, ja freudig. Auch er war ein Bote Gottes, ein Schutzengel im Wortsinn, einer, den Gott gesandt hatte wie damals in meiner Elias-Zeit und den Gott nun so platziert hatte, dass wir uns sehen konnten. Nie zuvor habe ich den Paulus so sicher gesungen. Strahlend-trotzentschlossen sang ich die Traurigkeit beiseite.

Doch die Trotzkraft kam nicht von selbst, die Entschlossenheit, mich nicht unterkriegen zu lassen, und auch das Strahlen nicht. Ich sang überhaupt nicht wie von selbst. Weil es nicht um mich ging. Ich sang für den Bruder, doch in Wahrheit ging es um Gott. Zu seinem Lob sangen wir, sang auch ich, obwohl es nichts zu loben gab nach Berlin. Und doch war das Konzert genau das: ein Lobgesang zu Ehren Gottes. – Und meine Stimme brach kein einziges Mal.

Der ganze Chor hat noch nie so gut gesungen wie an dem Tag. Es war, als sängen alle für Fritz.

»Der Paulus ist ein Teil von euch geworden«, schrieb uns der Chorleiter hinterher. »Wenn man sich so unerbittlich und konsequent vorbereitet, dann kann zum Ende hin das Wunder geschehen, das man selber nicht willentlich leisten kann: Es wächst in einem immer weiter, und man wächst mit der großartigen Musik über sich hinaus. Dann hört alles Interpretieren und Gestalten auf – das Stück wird im Moment durch die Aufführenden Gegenwart. Und es wird eine Sternstunde, die man selbst nicht schaffen kann.« Genau das war es. Eine Sternstunde, die leuchtete, weil wir zum Lobe Gottes sangen. Ein Wunder, das wir selbst nicht hätten vollbringen können.

Es war unser letztes Konzert vor dem Beginn der Pandemie. Nicht auszudenken, wir hätten es nicht mehr singen können. Nicht auszudenken, der Paulus wäre nicht Teil meines Lebens geworden.

Paulus: werde licht

Wir sangen das Oratorium in dem Jahr, in dem mir klar wurde, dass ich katholisch werden will. Das war mein zweites Paulus-Wunder in jener Zeit.

Mitten in den monatelangen Proben entdeckte ich Parallelen zu meinem Leben. Als Paulus, da er noch seinen jüdischen Namen Saul trug, auf dem Wege nach Damaskus war, erleuchtet ihn plötzlich ein Licht vom Himmel, und er fällt auf die Erde und hört eine Stimme: »Saul, was verfolgst du mich?« – und er erschrickt: »Herr, wer bist du?« – »Ich bin Jesus von Nazareth, den du verfolgst!« Zitternd und zagend antwortet er: »Herr, was willst du, das ich tun soll?« – »Stehe auf und gehe in die Stadt, da wird man dir sagen, was du tun sollst.«

Und dann singt der Chor, die Stimme der Christenheit: *Mache dich auf, werde licht! Denn dein Licht kommt, und die Herrlichkeit des Herrn gehet auf über dir.* Es ist der Schlüsselsatz des Oratoriums, denn es änderte sich alles für Paulus.

Dieses *Mache dich auf, werde licht!* (Jes 60,1) ist der Bibelvers, den ich schon für meinen Weg des Katholischwerdens ausgesucht hatte, bevor wir mit den Chorproben für den »Paulus« begannen. Er wurde mein Firmspruch, obwohl es so etwas in der katholischen Kirche nicht gibt, und mein dritter Lebenssatz nach meinem Taufspruch (*Siehe, ich sende meinen Engel vor dir her, der deinen Weg vor dir bereiten soll.* Mt 11,10, LUT 1912) und dem Konfirmationsspruch (*Fürchte dich nicht, denn ich habe dich erlöst; ich habe dich bei deinem Namen gerufen; du bist mein!* Jes 43,1).

Als Saulus diese Worte gehört hatte, *richtete er sich auf von der Erde, und da er seine Augen auftat, sah er niemand.* Seine Gefährten nahmen ihn bei der Hand und führten ihn gen Damaskus. Drei

Tage war Saulus *nicht sehend, er aß nicht und trank nicht.* Und er singt diese Arie:

> *Gott, sei mir gnädig nach deiner Güte und tilge meine Sünden nach deiner großen Barmherzigkeit. Verwirf mich nicht von deinem Angesicht und nimm deinen Heiligen Geist nicht von mir. Ein geängstetes und zerschlagenes Herz wirst du, Gott, nicht verachten. Denn ich will die Übertreter deine Wege lehren, dass sich die Sünder zu dir bekehren. Herr, tue meine Lippen auf, dass mein Mund deinen Ruhm verkündige. Und tilge meine Sünden nach deiner großen Barmherzigkeit. Herr! Verwirf mich nicht.*

Verwirf mich nicht von deinem Angesicht und nimm deinen Heiligen Geist nicht von mir. – Mitten in seine Berufung hinein sang Saulus mein Kindergebet. Noch ein Paulus-Wunder.

Als er wieder sehen kann, steht er auf und lässt sich taufen. Nichts ist mehr, wie es war, sein Glaube nicht, sein Name nicht und auch nicht sein Leben. Nun war er Paulus.

Ich habe schon viel gesungen in meinem Leben. Aber dass der Paulus ausgerechnet in jenem Jahr an der Reihe war,

… in dem ich Gott wieder und wieder fragte, was willst du, das ich tun soll,

… in dem ich oft nichts sah, erst meinen Weg nicht und dann nichts vor Schmerz,

… in dem ich hin- und hergeworfen war

… und dann die Antwort erhielt: *mache dich auf, werde licht. Denn dein Licht kommt, und die Herrlichkeit des Herrn gehet auf über dir …*

… in dem Jahr, in dem ich erkannte, was Gott mit mir vorhatte, das grenzt an ein Wunder.

Aber der Glaube

Ja, Gott, du bist seltsam. Und was du tust, ist unergründlich.

Du erforschst mich und kennst mich. Ob ich sitze oder stehe, du verstehst es. Du durchschaust meine Gedanken von fern. Ob ich gehe oder ruhe, du hast es gemessen. Du bist vertraut mit meinen Wegen, mit all meinen Wegen, nicht bloß den nächsten Schritten. Und doch hältst du verborgen, was du willst und mit mir vorhast. Du verbirgst deinen Plan vor mir.

Dieses Wissen ist zu hoch für mich, es ist zu wunderbar, ich kann es nicht begreifen.

Auch der Glaube ist seltsam, der Glaube an dich, dein Geschenk an mich, das oft so gut verpackt ist und manchmal allzu fest verschnürt.

Aber das macht nichts. Denn du glaubst an mich. Du vertraust mir. Du traust mir mehr zu als ich mir selbst.

Auch dieses Wissen ist zu hoch für mich. Doch zu wunderbar ist es nicht.

Es ist der Wahnsinn.

Norbert Roth

Oktoberfest

Im September 2008 kam ich nach München. Doch viel Gelegenheit, mich zu akklimatisieren, blieb nicht. Ich stieg gleich in einen neuen, spannenden Job ein – durch den ich in vorderster Reihe den Zweiten Ökumenischen Kirchentag mitgestalten durfte. 2010 sollte er in München stattfinden. Die Vorbereitungen hatten schon Fahrt aufgenommen, während ich »daheim« die Möbel in meiner frisch bezogenen Wohnung zusammenschraubte.

Es war eine schöne, verzauberte Anfangszeit, was mich sehr freute. Denn zuvor hatte ich noch gezögert, nach München zu gehen – eigentlich wollte ich gar nicht. Ich wollte aus Frankfurt nicht in die nächste Großstadt. Ich wollte eigentlich gar nicht in die Stadt und schon gar nicht nach Oberbayern. Und ich wollte nicht für den Kirchentag arbeiten. Von einer kleinen Gemeinde im Fränkischen hatte ich geträumt. Oder vom Kloster. Aber es kam anders. Und – was mich überraschte – es brauchte nur wenige Wochen, dann wollte ich aus München nicht mehr weg.

Kaum einen Monat nach meiner Ankunft begann das alljährliche Oktoberfest. Ich war mit dem neuen Job, dem Einrichten der Wohnung, dem Veröffentlichen der Doktorarbeit und dem Leben so ausfüllend beschäftigt, dass ich es in diesem einen, ersten Jahr kein einziges Mal auf die Wiesn schaffte. Wirklich! Es interessierte mich auch nicht. Null.

Für mich heute ist das undenkbar! Wie konnte ich nur? Aber mir ging es anfangs mit der Wiesn wie vielen, die noch nie da waren: »Da geht man nicht hin.« – »Das ist doch abartig!« Alles an Klischees, die man so kennt, hatte auch ich auf diese Veranstaltung gelegt: massenhaft besoffene Menschen. Unverschämt berechnete Preise. Peinlich billige Trachten. Erwartbar dumpfes Brauchtum. Vollgekotzte Hauseingänge und aggressive Grundstimmung. So etwas braucht kein

Mensch. Also habe ich von all dem in meinem ersten Münchenjahr nichts mitbekommen. Das Einzige, was ich merkte, war, dass das Hotel in der Nachbarschaft für die zwei Wochen Oktoberfest extra Türsteher engagiert hatte und es auch drei, vier Mal etwas lautere Gespräche gab. Die Polizei kam auch einmal vorbei.

Hinter den Klischees

Wer das Oktoberfest noch nicht erlebt hat, wird sich bei seiner inneren Bewertung davon leiten lassen, was die Bilder der Übertreibungen und der ausgesuchten Momentaufnahmen liefern. Und, ganz klar: Wer es nicht mag, unter vielen Menschen zu sein, weil es eher beschaulich als ausgelassen zugehen soll, wer gern auf Distanz bleibt und sowohl sich als auch seine Umwelt lieber unter Kontrolle halten will und wer seine Freude am Leben anders zum Ausdruck bringen will als im Fest, dem sei Ende September ein Besuch auf der Theresienwiese nicht empfohlen. Mit der Wiesn ist es wie mit dem Karneval im Rheinland: Das versteht und liebt man nur, wenn man es jenseits aller Klischees und Gerüchte erlebt und sich selbst erobert hat.

Was ist das nur in uns Menschen, dass wir uns mit billigen Antworten und Stereotypen so leicht zufriedengeben? Dass wir uns ganz schnell aus der Drohnenperspektive – auf Distanz, versteht sich – zu allem meinen äußern zu müssen über gut oder schlecht. Über gehört sich oder gehört sich nicht. Über links oder rechts, schwarz oder grün, progressiv oder konservativ, liberal oder orthodox. Das Oktoberfest ist da nur ein Anlass von vielen, über den man sich aufzuregen bereit ist und meint, genau zu wissen, was angebracht ist und was nicht. Warum müssen wir mit aller Gewalt immer auf der »richtigen« Seite stehen? Ohne auch nur einen kurzen ehrlichen Augenblick wahrhaben zu wollen, dass man sich auch gewaltig irren könnte.

Wer Gott nicht erlebt hat, wer so etwas wie die Magdalenensekunde des Ostermorgens nicht kennt, in der ich im tiefsten Schmerz und in der verschnürtesten Verwirrung Jesu Blick auf mir spüre und meinen eigenen Namen höre; wer nie erfuhr, was Vergebung ist, die von woanders her kommt und mich leben und neu anfangen lässt, sogar dann, wenn ich nichts von dem, was ich verbockt habe, jemals wieder gutzumachen imstande bin; wer nie einen Gottesdienst mitgefeiert hat, an dem man selbst Teil der zärtlichen Berührung zwischen Himmel und Erde wurde, versteht nur schwer, was man daran finden kann, an Gott zu glauben. Oder wer nie eine sogenannte »Differenzerfahrung« seiner selbst gemacht hat. Also völlig geflasht auf einem Berggipfel stand oder einen Sonnenuntergang mit innerer Bewegung erlebt hat, wer also nie sich selbst im Gegenüber zur Natur, zur Größe der Welt, zum Geheimnis der Liebe oder zum ewigen Leben angesichts der Sterblichkeit wahrgenommen hat, kann nur kritisch und abwinkend urteilen, was Glaube an Gott ist.

Und dann sind sie schnell auf dem Tisch, die Begründungen, warum man diesen Glauben an Gott nicht möchte – all die garstigen Momentaufnahmen der Kirchengeschichte als Argumente gegen die Schönheit Gottes. Was nicht selten im Gestus der Unangreifbarkeit geschieht, so als wäre er oder sie selbst erhaben über jeden Makel. So jemand muss beim Gedanken »Gott« abwinken – sogar dann, wenn alle philosophischen und weinseligen Diskussionen zur Möglichkeit der Existenz Gottes ausverhandelt sind. Wer über den Dingen steht, kann mit Gott unter seinem Niveau nichts anfangen. Und da ist von einem Gott, der sich mit Namen vorstellt und sich mir einfach in den Weg wirft – meinen Lebensweg und meine Weltdeutung im wahrsten Sinne des Wortes kreuzt – noch gar nicht gesprochen.

Das Wagnis

Das ist das Bizarre an Gott. Dass das Entscheidende der Kuss ist und nicht der Liebesroman. In einem Roman oder einem Film kann ich mitleiden. Ich kann mitheulen, mit urteilen und ich kann alle positiven und negativen Gefühle nachempfinden, weil meine eigene Lebensgeschichte mit den kleinen und doch hoch bedeutsamen Augenblicken getriggert wird. Wie eine Momentaufnahme. Und oft wie eine Übertreibung. Da werden Gefühle erinnert, die jede und jeder kennt.

Da sind Glücksgefühle dabei, bis zum Bersten, da wird Vertrauen angespielt und Begehren geweckt mit Lust und Lachen. Da darf auch die schwarze Witwe »Schuld« ins Bild kommen und der Eigenbrötler »Liebeskummer«, es erinnert an Verlustängste und Enttäuschungen. Dabei ist ganz gleich, ob die Geschichten dies auf romantischer oder sentimentaler Frequenz senden, sie erreichen unsere Antennen und lösen aus, was sie bezwecken.

Wer es etwas weniger kitschig und visuell mag, geht halt in die Diskussion über die Liebe. Was lässt sich nicht vortrefflich debattieren über Treue. Über Ehe. Über Beziehungsmodelle. Hat er oder hat er nicht – darf er das? Oder darf er nicht? Wie auch immer: In der Debatte bleibt das alles weit weg. *Das* Umstrittene geht einen nichts an. Weil man ja nicht Teil der Geschichte ist, sondern drübersteht – nicht mittendrin.

Und genauso kann man auch über Gott sprechen und diskutieren. Im Laufe der Geschichte sind ausreichend Beweise für und gegen die Existenz Gottes vorgelegt worden. Gibt es ihn? Gibt es ihn nicht? Gibt es einen Gott, den es gibt – oder gibt es einen Gott, den es gibt, gar nicht? Solche theistischen Debatten haben nichts mit dem zu tun, worum es wirklich geht. Denn je nachdem, wie *ich es will*, kann ich zu dem einen oder zu dem anderen Ergebnis kommen. Da sind meistens vorher schon Entscheidungen getroffen worden. Eines aber bleibt bei beiden gleich: Gott ist als Gott in seiner Existenz von der Fähigkeit meiner intellektuellen Stärke oder Schwäche abhängig. *Ich kann* Gott nachweisen oder widerlegen. Was lächerlich ist. Weil er dann nicht Gott ist. Höchstens ein mehr oder weniger plausibles Bild von ihm.

So wie ich über die Liebe unbeteiligt räsonieren kann, so kann ich es über Gott. Und so kann ich auch beschreiben, dass ein Kuss lediglich die Berührung von Gesichtsmuskeln und Schleimhäuten ist. Mehr nicht. Und dann ist er auch nicht mehr – weil ich ihn nie erlebt habe. Den Kuss.

Gott ist seltsam. Er erwartet nicht, dass wir ihm aufgrund geistiger Brillanz oder religiöser Sentimentalität glauben, sondern dass wir ihm trauen, der Herr der Lage zu sein. Das klingt wenig. Ist aber erstaunlich viel. Denn wenn Gott Herr der Lage ist, muss ich es jedenfalls nicht sein. Was unglaublich entlastet. Und das kann ich nicht diskutieren. Darauf kann ich mich nur einlassen oder es sein lassen.

Ich glaube, dass wir deswegen auch Weihnachten leichter feiern als Ostern. In den dunklen Dezembernächten sind Bilder und Metaphern leicht nachzuempfinden, die vom Licht sprechen, von Geborgenheit und Wärme. Mit der Erzählung eines neugeborenen Kindes, mit dem Geschenk von familiärer Gemeinschaft und dem der Lichtspur, die Gott da legt, können wir etwas anfangen. Da wird etwas getriggert in uns.

Strategien gegen die Sterblichkeit

Mit Ostern tun wir uns schwerer. Denn Ostern feiert ein Geheimnis, das sich unserer Lebenswirklichkeit entzieht. Der Karfreitag kommt uns noch einigermaßen nahe, da wir alle schon den Verlust eines geliebten Menschen durch Trennung, Gewalt und Tod erleben mussten. Aber alles, was danach kommt, Jesus im Reich der Toten und die Nachricht von seiner Auferstehung, durchbricht unsere Vorstellungskraft. An Weihnachten kommt Gott in unsere vertraute Welt. An Ostern werden Grenzen durchbrochen, die noch keiner von uns überschritten hat.

Gott weiß, dass ich mit meiner Vergänglichkeit umzugehen habe und dies auch versuche. Gott weiß, dass ich das doch irgendwie aushalten muss, dass es ein Ende haben wird mit mir. Und mit meinen Lieben. (Was das Schlimmere von beiden ist, das kann ich aus unterschiedlichen Gründen gar nicht beantworten.) Gott weiß, dass wir alle dieses Bedürfnis zu stillen versuchen. Ob wir an Gott glauben oder nicht.

Und Gott sieht, wie wir Menschen permanent eigene Strategien gegen die Sterblichkeit entwickeln: Strategien für einen unsterblichen Körper, ein unsterbliches Ich oder auch nur für das kurzfristige Gefühl, unsterblich zu sein – und sei es während eines Rauschs.

Doch an Ostern macht Jesus einen dunklen Raum auf, geht mit der Lampe in der Hand voraus in eine unerschlossene Welt und macht uns Mut, ihm zu vertrauen und zu folgen. Das kann ich nicht mehr diskutieren. Das kann ich nur wagen. Diesen Kuss muss ich küssen, um zu wissen, wie er sich anfühlt und dass er tatsächlich mehr ist als nur eine weitere mögliche Bewältigungsstrategie meiner eigenen Vergänglichkeit.

Glauben und Wissen

Dass uns unsere offenen Fragen auf die Wirklichkeit über und nach uns den Magen flau machen, muss niemanden erschrecken. Wir sind Kinder unserer Zeit. Ich bin überzeugt: Wir leben in einer Zeit, in der das Denken den Glauben bezwungen hat. Absolut! Alle Lebensbereiche – etwa die Arbeit, Beziehungen, Gesundheit und Politik – sind vom Denken durchdrungen. Sie basieren auf Daten und auf Fakten und objektiv nachprüfbaren Ergebnissen – ja, sogar bis hinein in unsere zwischenmenschlichen Beziehungen.

Wenn ich in Not gerate – wen rufe ich an? Sicher nicht jemanden der »glaubt«, wie es gehen könnte, sondern jemanden, der nachgedacht hat – jemanden, der etwas weiß und aufgrund seiner Kenntnis helfen kann. Ich rufe meinen Arzt an, wenn ich Herzstolpern spüre. Bei seelischen Scherereien kontaktiere ich den Therapeuten. So machen wir das. Wir leben in einer Zeit, in der man sagt: Das muss man wissen. Das Denken ist mit Metaphern des Lichts verbunden. Ein Mensch, der besonders begabt ist nachzudenken, den nennen wir einen hellen Kopf. So jemandem geht regelmäßig ein Licht auf und der hat einen klaren Verstand.

Es scheint so, als ob das Denken den Glauben niedergerungen hat. Dieser Kampf ist schon länger entschieden und niemand kann dahinter zurück. Und ich sage: Zum Glück! Gut so. Doch damit ist die Sache noch nicht erledigt: Ich fürchte, schlicht gesagt, dass ein gewaltiges Missverständnis vorliegt, was den Glauben angeht.

Wenn ich als heutiger Mensch zwei Bilder malen müsste, eins vom Denken und eins vom Glauben, dann würde ich vom Denken ein klares Bild malen, einen weiten Ausblick. Als ob ich auf einem Gipfel stünde, der mir die Übersicht erlaubt, oder ich durch ein Mikroskop linse, das mir den Durchblick ermöglicht: Da klärt sich etwas. Klärt sich etwas auf. Beim Glauben hingegen entstünde ein anderes Bild. Es entstünde ein Bild des Nebels. Der Wolken. Der Ungewissheit. Der Verschleierung. Ein Bild der Spekulation.

Glauben hat für viele Menschen heute nichts mit Licht und nur mehr wenig mit Klarheit zu tun – da ist alles eher verschwommen und wolkig und weich und wechselhaft. »Wenn du das nicht glaubst – glaubst du halt was anderes. Hauptsache, es tut dir gut.« Völlig unabhängig davon, ob es letztlich und objektiv wahr ist oder nicht. Was du von den Momentaufnahmen aus dem Fernseher über das Oktoberfest glaubst – ja mei –, das ist ja auch gleich. Man weiß es halt nicht genau, wie das da so ist. Aber schräg ist es schon.« Nichts Genaues weiß man nicht, im Glauben.

Daraus folgt aber: Wenn mein Glaube Spekulation ist, wenn er nur verschleiert und nebulös ist, dann ist er für mein Leben nicht relevant. Wenn eine Welt, die so vom Wissen und vom Denken durchdrungen ist wie unsere, alle ihre für das Leben notwendigen Erkenntnisse ausschließlich aus Wissenschaft und Nachdenken ziehen, dann hat der Glaube – wie er gegenwärtig verstanden wird – keinerlei lebensrelevante Bedeutung. Natürlich, er ist *nice to have*, schmückendes Beiwerk. Er mag zum Leben ein paar wenige moralische oder ästhetische Bereicherungen beitragen – aber letztendlich relevant ist er nicht und daher leicht verzichtbar. Die Kirche tut also gut daran, nicht so zu tun, als sei sie irgendwie von unverzichtbarer Relevanz. Wenn der Glaube, den sie verkündet, ein Glaube ist, der im Vagen bleibt, im Nebel – der austauschbar ist, der ein wenig Anstand und Niveau konserviert, dann hört man das vielleicht zum Jahresende hin gern. Und spendet auch schnell was. Aber ansonsten hat er mit dem Leben nichts zu tun.

Gott ist seltsam – oh ja. Aber ist er vage? »Gott ist nicht das, was du begreifst«, sagt Augustinus. Aber ist er deswegen reine Spekulation? Freilich: Das Wort Glaube hat bei uns im Deutschen diese Bedeutung: »Nichts Genaues weiß man nicht.« Glaube ist Nichtwissen. Und auf dieses »Nichts-Genaues-weiß-man-nicht« kann kein Leben aufgebaut werden. Warum sollte ich mein Leben auf etwas gründen, das ohne Grund und Fundament ist, das im Dunkeln bleibt und vom Licht des Wissens und Denkens nicht durchleuchtet ist – ja sogar überstrahlt wird? Wer ernsthaft über den Glauben nachdenkt, wird an genau dieser Frage nicht vorbeikommen.

Woran halte ich mich fest?

Unsere Welt und unsere Weltdeutung bauen wir darauf auf, was wir zu *wissen* meinen. Wir denken in Fragmenten unter dem Wissen, dass es ein Zunehmen von Wissen gibt. Ein ständiges Fortschreiten des Wissens in der Welt und in mir. In einem Bild ausgedrückt: Ich lerne in der ersten Schulklasse die Buchstaben des Alphabets. Ich mache Schwungübungen und lerne in kleinen (Fort-)Schritten das Schreiben. Ich weiß mehr und mehr, wie Schreiben und Lesen geht. Und damit eigne ich mir mehr und mehr die Fähigkeit an, zu beurteilen, was richtig geschrieben ist und was falsch, was eine schöne Schrift ist und was eine fürchterliche. Ich selbst wachse in der Relation zum Schreiben. Es entwickelt sich eine Beziehung zur Schrift, die es ja schon länger gibt als mich.

So ähnlich, wie ich mir das Schreiben aneigne, so eigne ich mir auch weiteres Wissen an und die Fähigkeit zu denken und zu beurteilen. *Ich* bestimme, was wahr ist und falsch – aus der Relation meiner selbst zur Welt und aus dem Schatz meiner Erfahrung heraus. Ich binde mich an dieses Wissen und die Bewegung geht von mir aus: »Was wahr ist, bestimme ich.« Man könnte auch sagen: »Was Gott ist, das bestimme ich.« Ausgehend von meinem Wissen und Denken.

Das Wort »Glauben«, wie es im Neuen Testament verwendet wird, hat aber nun nur wenig mit der nebulösen Bedeutung des Wortes Glauben in unseren Tagen zu tun. Zunächst: Das Wort »Glauben« ist tatsächlich das Hauptwort des Neuen Testaments. Und es ist das genaue Gegenteil von Spekulation. Glaube ist dort ein dreifaches Vorgehen. Erstens: die Wahrnehmung: Es gibt eine Mächtigkeit außerhalb von mir. Es gibt zweitens: eine Mächtigkeit, die zu mir kommt.

Die selbst handelt und nicht von mir erst entdeckt oder erforscht, also gewusst werden muss –, sondern eine Mächtigkeit, die mich entdeckt. Und drittens: Da ist eine Mächtigkeit, gegenüber der ich mich öffne und die dann Macht über mich gewinnt, weil ich mich ihr anvertraue. Dieser ganze Vorgang zusammen heißt im Neuen Testament »Glauben«.

Die Frage ist also – im Denken und Wissen genauso wie im Glauben: An was bindet sich ein Mensch? Was darf Macht über einen Menschen haben? Worauf verlässt sich ein Mensch – angesichts seines kaum ernsthaft zu leugnenden Zwangs, sich zu binden. Wem liefert ein Mensch sich aus?

Jeder Mensch liefert sich aus – in der Regel an »Dinge«, von denen er das Leben erwartet. Er kann zum Beispiel sagen, ich erwarte das Leben von einem Menschen und öffnet sich diesem Menschen – hier würde das Neue Testament sagen: »und er glaubt« diesem Menschen. Dieser Mensch kommt also hinein ins Leben des anderen und nimmt Einfluss. Wenn ich einen Menschen liebe, öffne ich mich diesem Menschen. Von Beginn an prägt mich dieser Mensch. Er gewinnt mich. Er füllt mein Leben. Diesen Zustand nennt die Bibel: Glauben. Oder es gibt einen Menschen, der sagt, ich erwarte die Erfüllung meines Lebens vom Wohlstand. Folglich öffnet er sich dem Geld. Er stellt sein ganzes Leben auf Geld um. Er lässt das Geld in das Leben hinein und Geld beginnt über das Leben eines Menschen zu wirken. Ein Mensch öffnet sich. Ich weiß nicht, wer sich alles wem öffnet. Entscheidend ist nur: Wenn wir vom Glauben reden, dann reden wir nicht über etwas Verschleiertes, sondern wir reden von der Auslieferung an Mächtigkeiten, die das Leben machen.

Jeder weiß in seinem Leben von Mächtigkeiten, die das Leben bestimmen – die das Leben machen. Es gibt niemanden, dessen Leben nicht bestimmt wird, durch Menschen oder durch materielle Dinge, durch Sehnsüchte, durch Liebe, durch Gedanken oder was auch immer. Es ist spannend, darüber nachzudenken: »Was hat eigentlich mein Leben gemacht?« Was hat eigentlich mein Leben gestaltet? Ich fürchte, es ist etwas schlicht zu sagen: »Ich gestalte mein Leben!« Nein, das glaub ich nicht. Ich bin gestaltet. Ich bin gemacht. Menschen sind gemacht vom Beruf. Sind gemacht vom Geld. Sind gemacht von der Sehnsucht. Sind von tausend Dingen gemacht. Das heißt: Sie glauben. Sie sind offen für Mächtigkeiten. Und diese Mächtigkeiten machen ihr Leben.

Das ist das Geheimnis des ersten Glaubensartikels, der sagt:

Ich glaube an Gott den Vater,
den Schöpfer des Himmels und der Erde.

Das sagt nichts anders als: Ich bin gemacht! Ich verdanke mich nicht mir selbst und meiner Fähigkeit zu wissen oder zu denken. Das Seltsame an Gott ist – und damit werde ich zeitlebens nicht fertig –, dass er uns Menschen weder als Schöpfergott noch als himmlischer Vater zwingt, unter seine Mächtigkeit zu kommen. Im ersten Satz des Glaubensbekenntnisses steckt alles drin! Ich glaube an die Mächtigkeit, die größer ist als ich. Und wenn ich dieser Schöpfermacht glaube, dann sind alle folgenden Glaubensaussagen vergleichsweise »klein«. Wenn ich glauben kann, dass Gott tatsächlich Schöpfer des Himmels und der Erde ist, des Alls und aller Milliarden Galaxien, dann ist es keine große Sache ihm zuzutrauen, dass er auch durch eine Jungfrauengeburt in diese Welt kommen kann, dass er Jesus von den Toten auferweckt und am Ende der Zeiten sein Reich bauen wird.

Gott ist seltsam – er lässt uns frei, das zu glauben. Uns unter diese Mächtigkeit zu begeben oder einfach zu gehen. Auch unter andere Mächtigkeiten. Gott zwingt uns nicht. Wie anders kann der Beginn des Gleichnisses vom verlorenen Sohn gedeutet werden, als der jüngere Sohn vom Vater sein Erbteil verlangt und weggeht. Aus dem Vertrauen zum Vater hinein in eine Bindung an jemand anderes. Der Vater lässt ihn ziehen. Einfach so. Frei. Wir erfahren nicht, was der Vater – und auch die Mutter – des Sohnes für schreckliche Nächte durchgestanden haben müssen. Aber sie lassen ihn ziehen. Der Mensch muss und will sich binden – auch wenn er sich lösen will. Glauben bedeutet, sich dafür zu entscheiden, im Vertrauen auf Gott zu leben und die Welt zu gestalten. Es macht einen Unterschied, ob ich ihm misstraue oder ob ich ihm traue. Dem himmlischen Vater, dessen Tür immer offen ist und der bei unserer Heimkehr ein riesiges Fest schmeißt – weil die Freude am Leben so unermesslich groß ist.

In meinem zweiten Münchner Jahr war ich dann schon ein paar Mal auf der Wiesn. Und begann sie zu mögen. Zunächst noch zurückhaltend. Doch seitdem ich Pfarrer jener Gemeinde Münchens bin, in deren Parochie die Theresienwiese liegt, weiß ich sie zu lieben und bin quasi verpflichtet, jeden Tag des Oktoberfests zumindest einmal kurz zur Bavaria zu gehen, um nach dem Rechten zu sehen. Ein harter Job, ich weiß. Ach, die Wiesn. Herrlich! Ja, inzwischen liebe ich das Oktoberfest. Es macht Freude, bei sagenhaftem Spätsommerwetter oder auch bei frischem, frühherbstlichen Grau über die Festwiese zu gehen. Sich in einen der Biergärten zu setzen. Alte Bekannte zu treffen und neue Bekannte zu machen. In der Krachledernen auch dort dienstliche Termine wahrzunehmen, gut zu essen und ja: eine Maß Bier zu trinken. Oder auch mal drei.

Die Wiesn ist für mich heute mehr als 42 Hektar Theresienwiese und 7,3 Millionen Liter getrunkenes Bier. Auch die Klischees, die ich noch 2008 in meinem Kopf mit mir trug, haben sich nicht bewahrheitet. Ja, es gibt besoffene Menschen. Ja, man gibt viel Geld aus. Ja, manche Leute sind wirklich peinlich gekleidet – aber was soll's? *Das* ist nicht die Wiesn. Das ist, wenn überhaupt, ein winzig kleiner Ausschnitt vom größten Volksfest der Welt.

Zum Wohl!

Auf das Leben!

Oh mein Jesus

Der Turm mit den zwei abgewetzten Zifferblättern erzählt mir nun seit zehn Jahren, wie die Zeit vergeht. Ich sehe ihn vom Sofa aus, vom Esstisch und vom Klavierhocker. Nur in der Küche sehe ich die Uhren nicht. Da muss eine eigene Uhr hängen. Aus Glas. Und sonst brauch ich keine. Die zwei riesigen gotischen Zifferblätter sehe ich. Und höre den Klang der Glocke, viertelstündlich. Tag für Tag, Woche für Woche. Seit Jahren. Aber wie die Zeit vergeht, merke ich kaum. Ich erschrecke dann nur, wenn es schon wieder unmerklich Ende Juni wurde und der Himmel von vorne beginnt, die Tageslichtdauer zu kürzen und das erste halbe Jahr bereits rum ist. Dann macht die Uhr mir etwas Angst. Vergänglichkeit. Aber der Turm, an dem die Zeit hängt, zeigt, dass etwas bleibt. Oder besser: bleiben soll. Mögen die goldenen Zeiger der Uhren auch rotieren, der Turm steht unbeweglich und zeigt in den Himmel. Er selbst rührt sich nicht. Aber an ihm läuft die Zeit. Und er zeigt es der Stadt.

Manchmal meine ich, angekommen zu sein. Wie der Mönch in seinem Kloster. Stabilität für immer, *usque ad mortem*. Um zu bleiben und zu leben und zu arbeiten und zu tun, was zu tun ist. Und bin hier daheim. Für ein dauerndes Jetzt. Doch irgendwo weiß ich: Die Zeit fließt weiter, an mir vorbei wie ein breiter Fluss. Wie ein Strom aus Zufällen, Ereignissen, Irrem und Terminen. Und je älter ich werde und je mehr passiert – auch mir – und je mehr ich erfahre von dem, was geschah, auch bevor ich die Welt betrat aus Büchern und Geschichten –, desto breiter und tiefer erscheint mir der Fluss. Als junger Mensch kam es mir vor, als würde ich in diesem Strom auf einem Felsen stehen und runterschauen. Ein Beobachter. Nicht ganz Teil davon. Wie ein Gast im fremden, schönen Garten des Nachbarn, den ich betrete und betrachte. Wie einer, der ins Feuer starrt oder in plätscherndes Wasser.

Früher schien der Fluss langsamer zu fließen als heute. Und die Dichte der Zeit war lichter und frei. Schon längst steh ich nicht mehr trockenen Fußes auf dem Felsen. Heute stehe ich mit beiden Beinen im Wasser, werde umspült von den Fluten des Stroms, spüre den Sog und er tut sein Tagwerk an mir.

Kopfschütteln

Wie die Zeit vergeht, erkenne ich immer an Fotos – wenn sie mir in die Finger geraten und ich meine Eltern, meine Geschwister und Freunde sehe, gebannt für den einen Augenblick vor vielen Jahren. Beim Aufräumen neulich fielen mir solche Bilder in die Hände. Eins von 1998. Als wir aufbrechen wollten zum Snowboarden. Ich musste lachen. Die Haare waren noch mehr, die Kilos deutlich weniger. Bei uns allen. Ja! Und wir standen vor meinem damaligen Auto. Mit dem ich noch so einiges erleben sollte.

Die andere Tasche mit Bildern war von 2011. Bilder, die schon in München entstanden waren. St. Matthäus. Kirchentag. Isargrillen. Und die ersten Wochen und Monate als Gemeindepfarrer. Damals gab es eine Phase des gegenseitigen neugierigen Kennenlernens. Ich werde das erste oder zweite Mittagsgebet in der Matthäuskirche nie vergessen. Es war ein heißer Julitag. Ich trug ein Poloshirt, langes Hemd oder Pulli war mir einfach zu heiß, und hielt ohne Talar – wie es üblich ist bei uns – das Mittagsgebet. Ich war verwundert über das Kopfschütteln zweier Gemeindemitglieder. Ging die Lautsprecheranlange nicht richtig? Hatte ich etwas Flapsiges gesagt? War's die Hitze? Ich wusste es nicht. Nach dem Segen und der Musik, beim Verabschieden am Ausgang, kam eine der beiden empörten Damen zu mir: »Herr Roth, wir freuen uns – ich denke, das kann ich auch für die anderen Gemeindemitglieder sagen –, dass Sie bei uns sind. Aber ich erlaube mir, Sie darauf hinzuweisen, dass es sich nicht schickt für einen Pfarrer, tätowiert zu sein. Was steht da überhaupt?« Huch! Dachte ich mir und erklärte es. Sie hörte mir zu wie eine strenge Deutschlehrerin, ließ mich ausreden und schaute mir noch einmal eindringlich in die Augen. »Na gut!« Dann schaute sie noch mal auf das Tattoo und ging: »Ich wünsche Ihnen einen guten Tag. Auf Wiedersehen.«

Verliebte Freaks

Nur einmal wurde ich in der Gemeinde auf das Tattoo angesprochen. Nach diesem Mittwoch nie wieder. Eine besondere Geschichte mit dem Tattoo erlebte ich in Prag. Es war 1999. Ich studierte in Erlangen und das Tattoo war relativ frisch. Ich hatte es mir auf den rechten Oberarm stechen lassen. Eigentlich würde es links hingehören. Ans Herz. Aber da habe ich eine großflächige Narbe, seit ich als Kind verbrüht und fast schon in die Ewigkeit gezerrt wurde – was wieder eine andere Geschichte ist. In der Haut über meinem rechten Bizeps jedenfalls steht seither ein hebräischer Text.

Die Idee dazu kam mir, als ich etwas frustriert und verunsichert dasaß mit dem Stift in der Hand, vor mir mein Block, die *Hebraica* und verschiedene Wörterbücher. Meine Fähigkeiten, Hebräisch zu kapieren, geschweige denn es zu übersetzen, erwiesen sich als dauerhaft ausbaufähig. So richtig gefunkt hat es nie. Ich musste es zwei Mal versuchen. Vier gewinnt. Und womöglich aus Ablenkung, als ich am Hadern über meine Berufung war, aus Unlust, Rache oder aus welchem Grund auch immer oder vielleicht aus Sehnsucht – ich weiß nicht mehr genau warum – wusste ich: Das soll es werden. So will ich das haben. Ich mach's!

Damals war ich bei den *Jesus Freaks*. Einer verrückten jungen Jugendbewegung, die so etwas wie eine punkige Heilsarmee der Neunzigerjahre war. Laut, schrill, bunt und über beide Ohren verliebt in Jesus. Weil die Freaks zu einem großen Teil auch aus der Punkszene kamen – und hey, bevor Missverständnisse aufkommen: Ich bin in Oberfranken aufgewachsen und wusste bis siebzehn nicht einmal, dass es Punk gibt! –, war es ziemlich angesagt, sich tätowiert zu zeigen. Wer schon ein Tattoo hatte – aus dem alten Leben –, der trug es mit Stolz wie ein buntes Fotoalbum aus der Zeit »davor«. Und wer eines wollte – auch im neuen Leben –, der ließ sich eins stechen. Streng moralische Bedenken hatten wir Jesus Freaks da nie, auch wenn uns von bestimmten christlichen Kreisen biblisch nachgewiesen werden sollte, dass Tattoos des Teufels seien, genauso wie Piercings oder blaue Haare. Dämonisch wie ein Schlagzeug im Gottesdienst oder Alkohol und Zungenrede.

Deswegen liebe ich die Jesus Freaks bis heute. Das alles juckt sie nicht. Denn sie wollen nicht perfekt sein. Als wäre die Gemeinde Jesu die Versammlung der Guten und Anständigen. Ach pfeif drauf! Die vom Leben Hergenommenen und Gezeichneten und Gescheiterten – die suchen Jesus, weil sie wissen, dass sie ihn wirklich brauchen, und ihm zutrauen, dass er ihnen wirklich helfen kann. Die anderen brauchen ihn nicht. Die gebrauchen ihn nur. Die Jesus Freaks leben und glauben, dass mit Jesus die Angst vergeht, dafür aber Ehrfurcht bleibt.

In Kulmbach gab es ein kleines Tattoostudio, das einem Gemeindemitglied der Bayreuther Jesus Freaks gehörte. Dort ging ich hin. Ich hatte dem Tätowierer den hebräischen Text feinsäuberlich abgetippt und ließ ihn Buchstaben für Buchstaben stechen. Es dauerte mehrere Stunden. Wir brauchten beide Geduld. Mir war mehr bange darum, dass er einen Buchstaben vergessen könnte, als um die Schmerzen. Die waren leicht auszuhalten. Am Ende stand für immer auf meinem rechten Oberarm:

Höre Israel, der Herr ist unser Gott, der Herr ist einer. Und du sollst den Herrn deinen Gott lieben von ganzem Herzen, von ganzer Seele und all deiner Kraft.

Das *Schma Israel* in Form einer Spirale, die sich um den Oberarm schlingt. Wie ein gewundenes Band – ein Lederband – auf meiner Haut. Für immer.

Dieses für immer heißt, dass ich auch überall, wo ich hinkomme und nicht im Anzug oder der Winterjacke Menschen begegne, mit diesen Buchstaben auf der Haut gesehen werde. Nur ein einziges Mal gab es eine negative Reaktion darauf. Sonst immer nur Neugier und Nicken und Nachahmer.

Wochenendtrip mit Jesuskarre

Nach Prag fuhren wir damals zu dritt. Gute Freunde und ich. Wir hatten ein langes Wochenende Zeit. Die Spritpreise waren günstig, der Sommer jung und Prag nur zwei Autostunden weg. Es gab genug Gründe, nach Prag zu fahren. Also los! Wir brachen nach der Uni auf. Ich fuhr damals ein typisches Studentenauto. Billig, geräumig, um Snowboards und Vespateile gut transportieren zu können, rostig und schon endlos Kilometer drauf. Ein schwarzer VW Passat Kombi. Recht prollig, mit hässlichen Alufelgen, verdunkelten Scheiben und einem fetten »jesus.«-Aufkleber in Neonorange auf der Heckklappe.

Ich hatte mich vorher schlaugemacht, wo man gut und sicher unterkommt. Man hat ja schon öfter davon gehört, dass einem Dinge abhandenkommen können in Prag. So sollte das Hotel und darin das eigene Hab und Gut so sicher wie möglich sein. Wir kamen an, checkten ein, verbrachten den ersten Abend bei gutem böhmischen Essen und ein paar Bier in der Kneipe nebenan. Unsere Unterkunft war nördlich der Altstadt. Nicht ganz so schick, aber fürs Schlafen ging's schon. Am nächsten Tag standen einige Sightseeing-Punkte an. Zuallererst das Kloster Strahov. Ich kenne einen der Prämonstratenser dort und das Grab vom Heiligen Norbert von Xanten wollte ich auch endlich mal besuchen. Daher war unsere Unterkunft auch nicht weit von Strahov entfernt. Warum wir uns nicht gleich bei den Klosterbrüdern eingenistet haben, weiß ich bis heute nicht.

Wir gingen früh zu Bett, um am nächsten Morgen frühzeitig aufbrechen zu können. Um 10 Uhr sollte es losgehen. Deswegen suchte ich am Abend noch einen Parkplatz vor dem Hotel, so nah wie möglich an der Eingangstür, und stellte das Auto unter einer Straßenlaterne im bewachten Bereich des Hotelparkplatzes ab. Das Nokia Handy ließ ich damals im Auto. Ausgeschaltet. Und die geliebte Sonnenbrille auch. Wir gingen schlafen. Als wir das Hotel am nächsten Morgen verließen und ans Tageslicht traten, um das Auto zu beladen – wir redeten noch über alles Mögliche –, war der Platz, an dem ich meinte, das Auto wenige Stunden zuvor gelassen und abgesperrt zu haben, leer. Der Platz war leer! Ich lachte noch! Und meinte, ich hätte mich vertan. Aber mir dämmerte nach vier, fünf, sechs Minuten: Die Karre ist weg! Ich lief den Parkplatz einmal hoch, einmal runter, um nachzusehen, ob ich mich nicht täuschte und die hässlichen Alufelgen möglicherweise doch woanders stünden. Doch nein. Die Laterne war noch genau an ihrem Platz. Und unter ihrem erloschenen Licht sollte mein Wagen stehen. Tat er aber nicht. Man hat mir das Auto gerippt. Ich konnte es nicht fassen.

Ich ging zurück ins Hotel und fragte, ob sie etwa mein Auto umgeparkt hätten. Vielleicht hatte es ja ungünstig gestanden. Oder ob sie es hätten abschleppen lassen, weil ich dort zu lange geparkt hatte. Wir spielten alle Eventualitäten durch. Doch die Mitarbeiter schauten mich nur verwirrt an. Und erschrocken. Als sie mit nach draußen kamen und realisierten, dass es nicht mit rechten Dingen zuging, waren sie peinlich berührt, weil der Parkplatz als »bewacht« ausgewiesen war. Was offenbar nicht stimmte.

Mein Inneres sprang zwischen Panik, Wut, Schuldgefühlen und Das-kann-doch-nicht-wahr-Sein hin und her. Und ich musste zwischendrin auch zynisch lachen. Echt jetzt? Alle Klischees bedient. Du fährst mit dem Auto nach Tschechien und mit dem Zug wieder heim – oder was? Sie baten mich ins Hotel zurück und riefen die Polizei. Ich telefonierte inzwischen kurz mit Zuhause, kassierte einen elterlichen Anschiss und ließ das Handy sperren. Dann erklärten die Hotelmitarbeiter uns, dass wir persönlich zur nächsten Polizeistation gehen müssten, und beschrieben uns, wie wir dorthin kommen würden. Mit all dem Gepäck. Christoph hatte ja sogar Teile seines Schlagzeugs mitgenommen, weil er vor einer Prüfung stand und üben wollte. Was er spät abends auch noch getan und daher die Teile nicht im Auto gelassen hatte. Vielleicht würde die Karre ja geklaut, sagte er nachts. Haha, wie lustig! Da lachten wir noch drüber.

Jetzt trotteten wir also einige hundert Meter weiter zur Straßenbahnhaltestelle. Immer wieder drehten wir uns um, um nachzusehen, ob wir uns auch nicht aus Versehen verguckt hätten. Nein: Auto weg. Es waren vier Stationen zur nächsten Wache. Die Beamten erwarteten uns schon und ich versuchte mit Händen und Füßen, meinen paar Brocken Tschechisch sowie Englisch und Deutsch den Sachverhalt zu erklären, um für die Versicherung Anzeige erstattet zu haben. Aber auch für die tschechische Polizei, damit sie sich auf die Suche nach dem Wagen macht. So schnell wie möglich. Aber sehr eilig schienen sie es nicht zu haben. Jedenfalls haben sie sich nicht überschlagen, die Suche zu beginnen. Zumindest war das mein Eindruck. Was für meine Stimmung nicht sonderlich förderlich war. Daher nahm das Gespräch leider einen unerfreulichen Verlauf. Dem Chef der Wache schien es zu blöd zu werden, sich in mehreren Sprachen durchkämpfen zu müssen, und er reagierte von Satz zu Satz genervter. Er wurde ungeduldiger, schneller und vor allem lauter. Ich verstand immer weniger und reagierte auch nicht freundlicher. Das ging so lange, bis es schließlich eskalierte und er uns drei vor die Tür setzte.

Es war ein herrlicher Sommertag. Wir standen zwischen unseren Taschen vor der Polizeiwache und schimpften vor uns hin. Die Sonne schien. Ihr Licht glitzerte auf dem Beton aus sozialistischer Platte und die Blätter des Ahorns über uns rauschten. »Was machen wir jetzt?«, fragte Manuel, nachdem wir uns etwas beruhigt hatten. »Wir fahren zur Deutschen Botschaft«, sagte ich. »Ich weiß, wo die ist.« Ich kannte sie noch von unserer Abifahrt vor ein paar Jahren. Unser Lateinlehrer hatte da Kontakte und wir bekamen damals irgendwie eine Audienz. Damals. Völlig verkatert.

Also schleppten wir unsere Sachen wieder zur Straßenbahn. Fuhren die Strecke zurück, am Hotel und am leeren Parkplatz vorbei – ich schaute noch mal, ob ich den neonorangenen Aufkleber irgendwo leuchten sah. Leider nicht. Und rumpelten weiter in die Altstadt. Durch die enger werdenden Gassen. An der Prager Burg vorbei. Zu ihren Füßen liegt die Deutsche Botschaft. Richtig, das ist die, die man von den Fernsehbildern von 1989 kennt. Als Genscher die Ausreise in den Westen verkünden wollte für die damaligen Bürger der DDR, was aber unterging im Jubel der Menschen. Man erkennt die Fassade aus sonnengelbem Sandstein, den Balkon, das riesige Portal und das ganze Palais.

Wir wurden sofort vorgelassen und schilderten unsere Lage. Ich weiß noch, dass der nette Herr in Uniform sich das Grinsen verkniff, uns aber auf jeden Fall helfen wollte. Er organisierte eine Dolmetscherin, die in drei Stunden zu jener Polizeiwache kommen würde, von wo man uns eben verjagt hatte. Wir müssten dann aber auch wieder dort sein. Pünktlich.

Es war noch Zeit. So nahmen wir noch einen netten Kaffee mit den Leuten in der Botschaft ein, bevor wir wieder – mit sämtlichem Gepäck und Schlagzeugteilen – die Reise nordwärts zur Polizeiwache antraten. Wir standen an der Straßenbahnhaltestelle. Da kippte die Stimmung. Ich moserte vor mich hin und allein schon aus Trotz fuhr ich schwarz. Die doofen Tschechen – ein Volk der Autodiebe, keine Krone kriegen die mehr von mir, grummelte es in mir. Die Zuversicht von eben verging mir schnell, denn ich hatte mir das Wochenende ganz anders vorgestellt. Jetzt waren wir damit beschäftigt, von Pontius zu Pilatus zu rennen, um das wieder geradezubiegen, was andere angerichtet hatten.

Vertauschte Rollen

Wir stiegen ein und wussten, dass die Fahrt etwa eine halbe Stunde dauern würde. Diese roten Plastikstühle – eher: diese Sitzschalen, für die man keinen zu breiten Hintern haben durfte, waren in der Tram am Boden angeschraubt und mit braunem, kratzigen Stoff überzogen. Meine zwei Freunde verstummten, weil sie merkten, dass ich auf 180 war. Ich ärgerte mich. Bestohlen zu werden ist ein mieses Gefühl. Man ist so wehrlos. Wenn sich der Dieb doch wenigsten mit mir geprügelt hätte um das Auto. Dann hätte ich zumindest eine Chance gehabt. Aber so – in aller Heimlichkeit der Nacht das Auto von der Laterne wegzupflücken wie einen gestohlenen Apfel – Unverschämtheit! Das machte mich wütend. Ich fühlte mich in eine Rolle gedrängt, in der ich nicht sein wollte. In Prag wusste ich noch nicht, woher dieses fiese Gefühl kam.

Ich war in meinem Leben bisher nicht oft bestohlen worden. Bis heute kenne ich Geschichten von ausgeräumten Wohnungen oder aufgebrochenen Autos im Urlaub nur vom Hörensagen. So war das etwas Neues. Und emotional Ungreifbares. Erst später verstand ich, was da in mir passiert war. Das war vor zwei Jahren in Ägypten. Da wurde ich wieder, aber ganz anders, beklaut. Ich war mit einer Gruppe unterwegs. Wir standen irgendwo in Kairo, und schauten uns irgendwas an und lauschten angestrengt dem Reiseführer, der gegen den Straßenlärm Kairos anbrüllte. Ein kleiner Junge, der offensichtlich auf der Straße lebte, schlich sich immer wieder von hinten an uns heran. Ich hatte ihn wohl bemerkt, war aber abgelenkt und dachte nicht weiter über ihn nach. In einem überraschenden Moment schnappte sich der kleine Kerl dann meine provisorische Geldbörse aus der Gesäßtasche. In der hatte ich nichts weiter als ein paar wenige ägyptische Pfund für das, was man halt braucht, wenn man unterwegs ist. Den Rest, Pass, Euros und Tickets, hatte ich in der Unterkunft gelassen. Der kleine Kerl erwischte die Börse und entwischte mir und meinem Zugriff. Er war zu flink.

Diesen Diebstahl empfand ich anders als den in Prag. Zum einen hatte ich ein Gegenüber, ein Gesicht mit zwei Augen, die in meine Augen blickte – für den Bruchteil einer Sekunde, nachdem er mich »besiegt« hatte. Auch fand ich den Mut bemerkenswert, sich am helllichten Tag zu trauen, jemanden zu beklauen. Und zum Dritten – und das ist die Rolle, die mir in Kairo und vielleicht auch in Prag zukam – wurde mir klar, dass der Junge nicht nach meinen paar Ägyptischen Pfund griff, sondern nach meinem Leben: nach meinem Lebensstil, meinen Lebensmöglichkeiten, meinem Lebensstandard. Mir krampfte es das Herz zusammen, als mir das bewusst wurde. Ob ich ihm etwas gegeben hätte, wenn er bettelnd auf der Straße gesessen hätte, bezweifle ich. Aber für einen kurzen Moment, genau in dem Augenblick, als er mich schon überlistet hatte und floh, als sich unsere Blicke trafen und ich das kleine, schwarzhaarige Gesicht mit dem Straßendreck um die Nase sah, hätte ich ihm alles gegeben aus meiner Geldbörse. Mit einem diffusen Gefühl von Mitleid und Schuld sah ich dem kleinen Räuber hinterher. Es kostete mich ja nichts! Die paar Euro! Ich ekelte mich vor mir selbst. Wie wohlfeil. Aber ich nahm die Rolle an.

Beim Auto damals war das anders. Ich war wütend. Aber warum? Es hätte mir ja letztlich egal sein können. Denn ich wusste: Die Versicherung wird für den materiellen Schaden aufkommen. Ich wusste: Ich werde wohlbehalten nach Hause kommen. Ich wusste: Die alte Möhre war eh fertig. Und ob es die Diebe bis in die Ukraine (oder wo auch immer hin) schaffen würden, war alles andere als gewiss. Und selbst wenn sie es schaffen sollten, würde dort künftig ein Auto mit einem neonorangenen Jesus.-Aufkleber über die Schlaglöcher brettern. Ätsch!

Was machte mich also so wütend? War ich damals intuitiv schon über die Zuschreibung der Rolle verärgert, die mir aber erst in Kairo bewusst wurde? War mir insgeheim bewusst, dass die Diebe aus Not nach dem Wagen griffen, um ihr Überleben zu sichern? Und ihre Not mich zum herzlosen Kapitalisten machte, der seine materiellen Privilegierungen für selbstverständlich hält und nicht zugrunde gehen wird, selbst wenn man ihn bestiehlt? Oder war es meine Wehrlosigkeit? Nicht einmal die Chance gehabt zu haben, den Dieb am Diebstahl zu hindern? Um mein Hab und Gut zu kämpfen und möglicherweise besiegt zu werden? Im Talmud heißt es:

Ein Dieb muss härter bestraft werden als ein Räuber, obwohl der Dieb sein Opfer nicht überfällt und an Leib und Leben bedroht, sondern ihm nur heimlich sein Eigentum zu stehlen sucht. Der Räuber überfällt sein Opfer am helllichten Tag. Er hat vor den Menschen so wenig Furcht wie vor Gott. Der Dieb hingegen fürchtet die Menschen, Gott aber nicht. Darum soll seine Strafe härter sein als die für den Räuber.

Ich bin nicht Gott. Aber ich glaube, es ist diese Verschlagenheit, die Heimlichkeit, die mich so grantig werden ließ. Weil sie feige ist und zusätzlich noch die Rollen vertauscht: mich als Beklauten zum Täter macht.

Aber: Gehe ich nicht auch ähnlich mit Gott um? Ich fürchte es. Dass ich dem Kampf mit Gott feige ausweiche und mich verberge wie ein Dieb im Dunkeln, um in der Nacht den Apfel zu pflücken, der mir Leben und Erkenntnis verspricht und all meine Not lindert? Dass ich mir selbst nehme, worauf ich meine, ein Recht zu haben. Und dass mir die billigen Antworten lieber sind als die echten Fragen nach dem Woher und Wohin. Und dem Wozu. Vom Warum ganz zu schweigen. Dass ich Gott mir verfügbar mache und mir nehme, was ich will – ohne mich ihm zu stellen. Und mir selbst. Geistliche Selbstbedienung.

Und damit diese nicht allzu unverschämt daherkommt, bediene ich mich heimlich. Und versuche, mich in der weißen Wolle des Unschuldslamms zu verstecken. Die Heimlichkeit des vermeintlich Unterlegenen, der meint, zu kurz zu kommen und Gott zum Täter macht, indem er kurzerhand die Rollen vertauscht. Ich, der Gott für ungerecht und rechtfertigungsbedürftig hält. Warum enthältst du uns das vor, Ewiger? Mehr Lebenszeit! Warum enthältst du uns das vor, Allgütiger? Mehr Frieden! Warum enthältst du uns das vor, Allmächtiger? Mehr Gerechtigkeit! Warum? Und während ich so aufmerksamkeitsheischend plärre, merke ich, dass ich das ja gar nicht wirklich will: Gerechtigkeit, Frieden und Zeit. Jedenfalls will ich sie nicht so, dass ich etwas dazu beitragen müsste. Weil ich dann nämlich etwas hergeben müsste. Das will ich aber nicht. Was ich natürlich nie zugeben würde. Also schiebe ich die Schuld rüber: Du, Gott, nicht ich, sondern du! Du bist in der Schuld, Gott. Gib es denen, die es brauchen. Und wenn du es nicht gibst, so nehmen wir es uns selbst.

Irgendwann habe ich verstanden, warum der Sündenfall ein gestohlener Apfel ist und warum am Karfreitag ausgerechnet zwei Diebe links und rechts von Jesus gekreuzigt wurden. Je länger ich darüber nachdachte, warum es »nur« Diebe waren und keine expliziten Mörder oder Betrüger, warum es keine eindeutigen Aufrührer oder Sexualstraftäter, warum es keine KZ-Aufseher oder Schlepper oder Drogenbosse gewesen sind, wurde mir klar, dass alle Verbrecher eines gemeinsam haben: Sie alle nehmen sich etwas, was ihnen nicht gehört. Sie sind Diebe. Alle. Denn sie nehmen Leben, Geld und Zeit, Kindheit, Freiheit, Gesundheit, Unschuld und Würde. Sie machen sich etwas verfügbar. Der Diebstahl als Grundsünde. Die Urversuchung für uns alle. Dass wir uns aneignen, was uns nicht gehört. Dass wir uns nehmen, was jemand anderes uns womöglich gern geben würde. Aber unser Misstrauen ist größer als das Vertrauen. Hörbar im letzten Gespräch der drei sterbenden Männer auf Golgatha. Der eine fordert und würde es sich nehmen, wenn er es könnte: Rechtfertigung. »Bist du denn nicht der Messias? Dann hilf dir und auch uns!« Der andere bittet. »Jesus, denk an mich.« Mehr nicht. Und nicht weniger bekommt er.

Haltepunkt

Während ich so dasaß in der Straßenbahn, Menschen ein- und ausstiegen und wir durch die Straßen Prags zuckelten, bemerkte ich zwei ältere Damen, die mich die ganze Zeit anschauten. Ich saß in Fahrtrichtung links und spürte ihre Blicke auf mir, ohne selbst rüberzuschauen. Jenseits des Ganges, auf der rechten Seite, hatten sie Platz genommen. Ihre roten Sitzschalen waren mit der Rückenlehne an die Seitenwand montiert, sodass sie mit mir die Aussicht teilten. Die eine von beiden lächelte mich an und versuchte, meinen Blick zu fangen. Ich lächelte kurz zurück, nickte und ignorierte sie dann. Zählte die Kastanienbäume draußen, um die Wut innen nicht wieder hochkommen zu lassen, wenn ich an den Diebstahl dachte. Christoph und Manuel saßen zwei Reihen vor mir, tagträumten vor sich hin und wackelten auf ihren Sitzen synchron hin und her wie die Haltegriffe über ihnen, durch Prags holprige Straßen. Ich suchte meine Sonnenbrille. Ach Mist, die war ja im Auto. Um die war es wirklich schade. Und schon war sie wieder da, die Wut.

Ich hatte den Ellbogen auf den schwarzen Fenstergummi gestützt, der die zerkratzte Glasscheibe umgab, und schaute raus. Jedes Mal, wenn wir unter einer Kastanie durchfuhren, deren Laub das Sonnenlicht schattete, spiegelte sich in der Scheibe das Shirt, das ich trug. Ein mittelmeerblaues T-Shirt, das wir von unserer Gemeinde haben bedrucken lassen für unser Konzert am Altstadtfest. Auf dem Rücken stand fett gedruckt: »Jesus Freaks Kronach.« Und vorne darauf war ein brennendes Herz. So ein bisschen 90er-Jahre-Retrostyle, semikitschig. In dem Herz in breiten Buchstaben: »Jesus«. Ich las den Namen spiegelverkehrt und musste kurz zynisch grinsen. »Ach Jesus!«, dachte ich. »Vielen Dank für den Scheiß jetzt. Ich seh dich immer nur verkehrt.« Mehr als dieses ironische »Gebet« brachte ich nicht raus. Weil ein Teil in mir längst wusste: Alles halb so schlimm. Aber ich *wollte* mich aufregen. Ich *wollte* mir selbst leidtun. Wollte mich verstecken. Hey, wem wird schon das Auto geklaut? Zefix!

Wir hielten kurz an. Haltestelle Kloster Strahov. Ach ja. Die Prämonstratenser. Das stand eigentlich auf dem Plan am frühen Morgen. Ich schaute kurz nach rechts, weil die Tür auf der rechten Seite war und Leute einstiegen, und bemerkte wieder die Augen der zwei Frauen auf mir. Die beiden waren so um die Mitte sechzig, siebzig. Sie trugen die netten Kittelschürzen, wie sie Oma Lina auch gern anzog, ohne Ärmel und drunter ein kurzärmliges dünnes Pullöverchen mit rundem, kräuseligen Kragen, natürlich in Beige. Diese Kittelschürzen gibt's auf der ganzen Welt wohl nur in Lila, längs gestreift, mit Blumen drauf. Zwei freundliche böhmische Damen hinter großen Brillengläsern.

Jetzt hatten die beiden meinen Blick gefangen und riefen quer rüber, über den Krawall der Räder hinweg, und zuerst auf mich und dann sich auf den rechten Oberarm deutend und fragten: »*Žide?*« Sie zeigten auf mein Tattoo. Doch ich verstand nicht, hob die Augenbrauen, kräuselte die Lippen nach links und zuckte mit den Schultern. Sie fragte noch mal: »*Are you Jewish?*«

Ich kapierte, lächelte und schüttelte mit dem Kopf. Sie wandten sich kurz zueinander, redeten. Dann zeigte die eine wieder zuerst auf mich und dann auf ihre eigene Brust und sagte: »*Ah! Jesus, Jesus!*« Dann hob sie den Finger und tippte sich zwei Mal an die Schläfe. Beide strahlten und nickten mit lachenden Augen. Ich schaute mir selbst kurz auf die Brust, um mich zu vergewissern, und nickte auch. »*Ano, Jesus*«, sagte ich kurz, im Wissen, dass »Ja« auf tschechisch »*Ano*« heißt.

Ach, die Tschechen sind schon eigentlich ganz nette Leute und auch gut katholisch, dachte ich mir − wenn sie nicht gerade Autos klauen, um dann sofort den Kontakt wieder abzubrechen, um aus dem Fenster zu schauen. Sehr jesusmäßig war ich grad nicht drauf in meinem Grant. Wir rumpelten weiter.

Wenige Augenblicke später hörte ich ihre Stimme wieder. Sie sprachen mich an. Ich schaute rüber mit etwas genervtem Blick und den

Kopf so leicht nach oben links gehoben, was ihnen sagen sollte, dass ich sie schon hören könne, wenn auch nur widerwillig. *»Si Čech?«*, fragte mich die eine Dame. Ob ich Tscheche sei. Und ich antwortete, dass ich Deutscher bin: *»Ne, ja sem Němec.«* Nun hoben sie die Augenbrauen, wandten sich zueinander und sprachen wie eben auch schon miteinander, nickten, schauten tastend zu Boden und suchten etwas – in sich.

Ich wandte mich verlegen ab und meiner Scheibe wieder zu. War kurz irritiert. Und inzwischen bei Kastanie 43. Als wir wieder anhielten, schaute ich rüber zu den beiden. Und sie lächelten mich an auf eine Art und Weise, wie ich es in meinem Leben nie wieder vergessen werde. Ob ich das in dem Augenblick schon so empfand oder es erst realisierte, nachdem passiert war, was noch passieren sollte, weiß ich nicht mehr.

Manuel drehte sich kurz um und fragte wortlos, was die beiden denn wollten. Ich wüsste es auch nicht, sagte ich und dass wir in vier oder fünf Stationen aussteigen müssten. Der Waggon leerte sich nach und nach. Und scheinbar waren auch die beiden Damen bald am Ziel ihrer Fahrt. Jedenfalls drückte eine von den beiden auf den Halteknopf. Es machte kurz »ping«, was so ähnlich klang, wie wenn man zwei Silbermünzen aneinanderschlägt, und über dem Hinterkopf des Fahrers leuchtete ein roter Punkt auf. Ich schaute mal hierhin, mal dorthin, wie man das halt macht, wenn man in öffentlichen Verkehrsmitteln sitzt und die Reize nicht sortieren will nach wichtig und egal. Die beiden Frauen standen langsam auf. Neben der roten Sitzschale vor mir war eine Stange. Rot lackiert, vom Boden bis zur Decke angeschraubt. So eine, an der man sich festhalten kann, wenn man die von oben herunterbaumelnden Griffe nicht zu fassen kriegt, wenn die Kurve zu steil, die Bremse zu stark oder das Anfahren zu ruppig ist.

Als die beiden Damen ihre Taschen beieinanderhatten und standen – wir mussten noch einmal an einer roten Ampel halten –, schauten sie mich weiterhin an. Freundlich. Vertraut. Wie meine Großmutter, wenn ich daheim am Küchentisch saß und ein Butterbrot mit selbst gemachter Erdbeermarmelade mampfte und sie sich freute, dass ich es so mochte. Die Ampel schaltete auf Grün und weil die Anfahrt erwartbar ruppig war, musste eine der Frauen an diese Stange greifen, die vor mir war.

Mit einem Ruck war ihr Unterarm plötzlich auf der Höhe meiner Augen. Und ich sah auf der Unterseite ihres Arms diese Ziffern. Diese unglaublichen Ziffern. Diese unglaublich schrecklichen Ziffern auf ihrer Haut. Ich sah ihre Tätowierung. Ihr mit Gewalt gestochen. Für immer. Und es durchfuhr mich von oben bis unten. Ich riss den Kopf nach oben und schaute ihr in die Augen. Sie lächelte. Und ließ die Stange los und streichelte mir mit der Oberseite ihrer Finger über die Wange. Und dann über mein Tattoo. Danach küsste sie ihre Hand und ging raus.

Diese paar Sekunden dauerten ewig. Beide stiegen aus. Ich konnte den Blick nicht abwenden. Mein Herz raste und ich hatte Tränen in den Augen. Ich schämte mich so! Jesus! Ich schämte mich so sehr. O, mein Jesus. Sie drehten sich noch einmal um und blieben vor der Tür stehen. Sie sprachen wieder miteinander, nickten sich zu und lachten strahlend. Als sich die Tür schloss, winkten sie mir durch die Scheibe noch mal zu.

Ich winkte zurück.

Dank

Ich danke meinem geistlichen Begleiter Alois Emslander, der nie versuchte, mich in meiner Entscheidung zu beeinflussen. Und doch wäre ich ohne ihn nicht katholisch geworden. Er war es auch, der mich firmte. Ich danke Hans Langendörfer SJ, der in den entscheidenden Momenten meines Lebens immer da war. Andreas Lang danke ich für den Paulus; dem Chor für das Licht; Br. Elias König OSB für die Wintersonnenwende. Ich danke Norbert Roth, dem Lutheraner, der mir Katholisches nahebrachte, bevor ich daran dachte, katholisch zu werden, und mir Katholisches schenkte, als ich noch evangelisch war. Die wundertätige Medaille mit der Gottesmutter Maria zum Beispiel, die »Mary«. Augenzwinkernd zwar, aber nicht nur. Mein Dank gilt dem Herder Verlag, besonders Simon Biallowons, ohne dessen Begeisterung und Begeisterungsfähigkeit das Buch nicht entstanden wäre, und Johanna Oehler, die nicht nur umsichtig lektorierte, sondern auch kluge Ideen- und Ratgeberin war. Und ich danke Margarita. Ihr vor allen anderen.

Beatrice von Weizsäcker

Väter, Mütter – Geschwister prägen. Die leiblichen und die geistlichen. Sie alle hier dankend zu nennen, ist mir ein Anliegen. Nicht einzeln – und doch. Dankbar für sie und froh, dass der Himmel die Orte und Zeiten so wählt: passend für mich. Euch zu erleben. Uns. Ich danke Herrn Abt Maximilian und den Mitbrüdern der Abtei Heiligenkreuz. Für so vieles! Meiner Gemeinde St. Matthäus, für Heimat, Stabilität und Kollegialität. Danke Simon Biallowons für manchen Wein und manchen Streit. Johanna Oehler ist der Hammer! Ganz groß und fein im Gespür dafür, was wie zu sagen ist. Auch Margarita. Danke. Beatrice von Weizsäcker für alles Unverstellte und Ringende – im Mit- und Nebeneinander. Besonders im Füreinander. Ehrlichkeit ist Liebe, Freundschaft ist Gnade. Und unverfügbar. Danke Dominic, Flo, Markus und Osman.

Norbert Roth

Quellen und Literatur

Wir danken den Rechteinhabern für die Erteilung der Abdruckgenehmigung der Textauszüge.

Bibelübersetzung

Wo nicht anders angegeben, zitiert Beatrice von Weizsäcker aus der Einheitsübersetzung der Heiligen Schrift, vollständig durchgesehene und überarbeitete Ausgabe © 2016 Katholische Bibelanstalt, Stuttgart. Alle Rechte vorbehalten.

Norbert Roth hat die Bibelstellen in seinen Texten selbst übersetzt, es sei denn, es ist anders vermerkt.

Des Weiteren wurden verwendet:

Lutherbibel, revidiert 2017, © 2016 Deutsche Bibelgesellschaft, Stuttgart (LUT)

Die Bibel oder die ganze Heilige Schrift des Alten und Neuen Testaments. Revidierte Fassung der deutschen Übersetzung Martin Luthers, Stuttgart 1912. (LUT 1912)

BasisBibel. Altes und Neues Testament © 2021 Deutsche Bibelgesellschaft, Stuttgart.

Textauszüge

S. 5: Robert Menasse, Die Hauptstadt. Roman, S. 245 © Suhrkamp Verlag, Berlin 2017.

S. 69 f.: Kurt Marti, Leichenreden © 2001 Nagel & Kimche in der MG Medien-Verlags GmbH, München.

S. 74 ff.: Jacqueline Keune, Von Bedenken und Zusagen. Liturgische Texte, erschienen im db-Verlag, 2. Auflage: 2014, www.db-verlag.ch

S 81 f.: Herbert Jung, Gebet, aus: Gesegnet sollst du sein, hg. v. Georg Schwikart, S. 344 © Verlag Herder GmbH, Freiburg i. Br. 2008.

S. 124: 3. Station, Jesus fällt zum 1. Mal unter dem Kreuz, aus: Pfr. Johannes Lüdenbach, Der Kreuzweg 55, Text aus Werkblatt 3 /79, Hg.: Katholische Landvolkbewegung Deutschland, www.werkblaetter.de, Drachfelsstr. 23, 53604, Bad Honnef

S. 127 ff.: Kreuzweg des Papstes 2020 mit Betrachtungen aus dem Gefängnis von Padua, Herausgegeben von Verlag Herder / © 2020 Liberia Editrice Vaticana.

S. 202: Ehrfurcht bleibt © Mit freundlicher Genehmigung durch Gerhard Buchner.

Die Kapitel »Die Feder«, »Der Hund«, »Barfuß in die kommende Welt« sowie »Die Wahrheit: katholisch« erschienen als Spiritusblog auf www.evangelisch.de.

Der Text »Gott weint« wurde vom BR in der Sendung »Zum Sonntag« am 23. November 2019 gesendet.

Literatur

Michael Ende, Momo, Thienemann, Stuttgart 1973.

Friedrich Hölderlin, Gedichte, Reclam, Stuttgart 2003.

Hans Küng, Jesus, Piper, München 2012.

Robert Menasse, Die Hauptstadt, Suhrkamp, Berlin 2017.

Karl Rahner, Von der Not und dem Segen des Gebets, Herder, Freiburg i. Br. 2021.

Hartmut Rosa, Unverfügbarkeit, Suhrkamp, Berlin 2021.

Patrick Roth, Magdalena am Grab, Insel, Frankfurt a. M. 2003.

Dorothy Sayers, The Greatest Drama Ever Staged is the Official Creed of Christendom. The Sunday Times (2. April, 1938).

Bernardin Schellenberger, Die Stille atmen. Leben als Zisterzienser, Kreuz-Verlag, Stuttgart 2005.

Heinz Zahrnt, Glauben unter leerem Himmel, Piper, München 2000.